METAFÍSICA DOS COSTUMES

CONTENDO
A DOUTRINA DO DIREITO E A DOUTRINA DA VIRTUDE

O livro é a porta que se abre para a realização do homem.

Jair Lot Vieira

IMMANUEL KANT

METAFÍSICA DOS COSTUMES

CONTENDO
A DOUTRINA DO DIREITO E A DOUTRINA DA VIRTUDE

Tradução, textos adicionais e notas
Edson Bini

edipro

Título original: *Die Metaphysik der Sitten*. Publicado originalmente em 1797 na Prússia. Esta tradução foi baseada na edição alemã de 1977 da *Suhrkamp Verlag* (que corresponde à edição de 1956 de *Insel-Verlag*, Wiesbaden). Estas edições, por sua vez, se reportam diretamente às edições de 1797 e 1798 (para a *Doutrina do direito*) e exclusivamente à edição original de 1797 (para a *Doutrina da virtude*).

Grafia conforme o novo Acordo Ortográfico da Língua Portuguesa.

3ª edição, 2017.

Editores: Jair Lot Vieira e Maíra Lot Vieira Micales
Edição de texto: Marta Almeida de Sá
Produção editorial: Alexandre Rudyard Benevides e Carla Bitelli
Capa: Paulo Damasceno
Revisão: Júlia Carolina de Lucca, Lygia Roncel e Ticiano Curvelo Estrela de Lacerda (grego)
Editoração eletrônica: Estúdio Design do Livro

Dados Internacionais de Catalogação na Publicação (CIP)
(Câmara Brasileira do Livro, SP, Brasil)

Kant, Immanuel, 1724-1804.
Metafísica dos costumes / Immanuel Kant; tradução, textos adicionais e notas: Edson Bini / São Paulo: Edipro, 3ª ed., 2017.

Título original: *Die Metaphysik der Sitten*.
"Contendo a doutrina do direito e a doutrina da virtude."
Bibliografia

ISBN 978-85-521-0007-2

1. Direito – Filosofia 2. Ética 3. Usos e costumes I. Bini, Edson. II. Título.

17-07436 CDU-340.12

Índices para catálogo sistemático:
1. Direito : Doutrina : Filosofia 340.12

CÓPIA NÃO AUTORIZADA É CRIME
ABDR ASSOCIAÇÃO BRASILEIRA DE DIREITOS REPROGRÁFICOS
RESPEITE O DIREITO AUTORAL
EDITORA AFILIADA

edipro

São Paulo: (11) 3107-4788 • Bauru: (14) 3234-4121
www.edipro.com.br • edipro@edipro.com.br
@editoraedipro @editoraedipro

SUMÁRIO

APRESENTAÇÃO

O conjunto da obra kantiana constitui um exemplo marcante do espírito germânico da organização e disciplina no pensar e no agir.

Sistematização foi um farol fundamental a nortear a produção intelectual de Kant, em coerência, a propósito, com a própria vida pessoal do filósofo. Assim, a leitura e o estudo proveitosos de *Metafísica dos costumes* dependem necessariamente de situar esta importante obra no sistema do pensamento kantiano.

O próprio Kant, zeloso, meticuloso e metódico, esclarece o leitor a esse respeito a partir do primeiro parágrafo do seu prefácio a *Metafísica dos costumes*, de forma a bastar tecermos aqui apenas algumas considerações.

Como afirmamos nos *Dados bibliográficos*, o texto capital de Kant é a *Crítica da razão pura*. Neste trabalho encontra-se o cerne do criticismo, todas as demais obras, de algum modo, a ele se subordinando e se reportando direta ou indiretamente, inclusive a *Crítica da razão prática*.

Desta maneira, o estudo da MC, a qual é uma explicitação e aprofundamento de conceitos das doutrinas do direito e da virtude, não deve anteceder o estudo atento das três Críticas (incluindo a *Crítica do juízo*), dos *Prolegômenos a toda metafísica futura* e dos *Fundamentos da metafísica dos costumes*.

Tomados tais cuidados, a MC por certo se nos fará compreensível.

A *Metafísica dos costumes* foi publicada originalmente em duas partes, a *Rechtslehre* (*Doutrina do direito*) provavelmente em janeiro de 1797 e a *Tugendlehre* (*Doutrina da virtude*) somente em agosto desse ano.

Tudo indica não ter havido problema algum para a edição da obra, muito menos negligência por parte do editor ou do próprio Kant. Pelo contrário, teria havido, sim, excesso de zelo no sentido de antecipar a *Doutrina do direito*, em vez de publicar o conjunto, ou seja, a *Metafísica dos costumes*, em agosto de 1797.

Na verdade, a publicação foi condizente tanto com o projeto de Kant quanto com a ordem de sua efetiva produção intelectual.

Entretanto, embora as duas doutrinas possam respirar com pulmões próprios, sua conexão e mesmo imbricação são flagrantes (com efeito, é impossível distinguir fronteiras nítidas entre o direito e a moral), o que se destaca na visão do filósofo de Königsberg.

Esta tradução foi baseada na edição alemã de 1977 da *Suhrkamp Verlag* (que corresponde à edição de 1956 de *Insel-Verlag*, Wiesbaden). Estas edições, por sua vez, se reportam diretamente às edições de 1797 e 1798 (para a *Doutrina do direito*) e exclusivamente à edição original de 1797 (para a *Doutrina da virtude*).

Edson Bini

NOTA DO TRADUTOR

Há quase nada de literário em Immanuel Kant. Seu texto exclui rigorosamente o recurso a incursões pouco legítimas à linguagem livre, formalmente rica e colorida, dos artistas da palavra, para expor sua filosofia.

Ele se expressa, assim, de maneira segura e confiável, mas dura, seca, quase que asceticamente técnica. Se pensarmos que escreveu em alemão, um idioma já por si só estruturalmente enamorado da perfeição linguística e distante das suavidades e debilidades típicas das línguas latinas, teremos um perfil razoável do texto kantiano.

Esforçamo-nos para traduzir a MC como fiéis servidores do autor, mas atentos ao espírito do seu texto no que respeita ao teor das ideias.

O resultado, parece-nos, foi um texto denso, geralmente carente de beleza e graça, por vezes áspero e até um tanto avesso à elegância e leveza do nosso vernáculo. Mas, afinal, o objetivo primordial e inarredável foi preservar Kant e seu pensamento na roupagem da palavra.

Que os leitores julguem esse esforço e manifestem suas opiniões quanto às suas falhas e imperfeições, para que possamos aprender e nos aprimorar sempre.

DADOS BIOGRÁFICOS

Se a obra *e* a vida do homem que a produziu, são, em certo sentido, coisas distintas, a *primeira* – no que se refere a Immanuel Kant – superou em muito a *segunda*, e ainda mais as características do veículo físico que permitiu a manifestação de seu espírito brilhante e extraordinariamente fecundo.

Figura física miúda e inexpressiva, baixa estatura, quase franzino, enfermiço, Immanuel Kant não era, de modo algum, um indivíduo que atraísse muitos olhares ao transitar (o que ele, a propósito, fazia metodicamente) pelas ruas de Königsberg.

Mas aquele que, por uma razão ou outra, dele se aproximasse e o encarasse, contemplaria belos olhos azuis dotados de uma expressão profunda e penetrante, que contrastavam francamente com o porte irrisório.

Tal como outros filósofos, não despertava grande interesse nas mulheres, situação que não tardou a administrar optando conscientemente por um celibato, no qual viveu até o fim de seus dias. Houve e há, ainda, especulações, a nosso ver destituídas de importância e até levianas e fúteis, a respeito de sua inclinação e vida sexuais. Basta atestarmos que nada indica que fosse homossexual ou organicamente impotente, e que jamais desenvolveu, por conta da ausência em toda a sua vida de uma esposa ou amantes regulares, alguma forma de misoginia e que a tenha incorporado à sua doutrina filosófica, como o fizeram Schopenhauer e Nietzsche.

Tinha, até em função de sua debilidade física, temperamento que o predispunha à hipocondria, à introspecção e mesmo ao pesadume, conjunto antipático que poderia facilmente o ter levado à insociabilidade e, inclusive, a uma consumada misantropia.

Entretanto, parece ter vencido, à custa da própria determinação no sentido de criar e consolidar hábitos salutares e de civilidade, essa propensão, exibindo, como asseveram seus biógrafos, corriqueiras amostras de alegria e bom humor junto aos seus semelhantes no desenrolar de sua existência. Não nos cabe nestas breves linhas apurar a autenticidade ou não autenticidade desse comportamento. Quanto às suas ideias acerca das relações humanas, o leitor encontrará na própria *Metafísica dos costumes* (*Doutrina da virtude*) seu fundamentado repúdio à misantropia e à abominação em geral dirigida à humanidade (*Menschheit*).

Homem de costumes espartanos (especialmente na frugalidade criteriosa da dieta alimentar, nas horas de sono reparador mas não exageradas e nos exercícios físicos leves executados com absoluta assiduidade), Kant se converteu em um paradigma de vida moderada, pacata, ordenada e rigorosamente metódica, no que exercitou até sua morte, em idade avançada, um pragmatismo obstinado, caracterizado por uma disciplina monacal ou marcial. Dizem que as senhoras que moravam nas proximidades de sua casa não costumavam consultar relógios para seus afazeres, sendo suficiente se orientarem pelos horários meticulosamente observados pelo "homenzinho de Königsberg".

Difícil conciliar a estreiteza dessa vida com a amplitude da obra.

Quanto à repercussão e efeito de suas ideias divulgadas como docente da Universidade de Königsberg e constantes em suas obras publicadas (a quase totalidade no arco de sua existência), à única exceção de suas ideias sobre religião veiculadas no seu livro *A religião nos limites da simples razão*, de 1793, que lhe granjearam uma censura do censor imperial de Frederico Guilherme em 1794, Kant desfrutou inteiramente de uma liberdade de pensamento e de uma tranquilidade para viver que haviam sido impossíveis para pensadores do seu tempo, particularmente os franceses, como Rousseau.

Kant foi um filósofo longevo, ou seja, paradoxalmente o homem franzino e enfermiço viveu nada mais nada menos que oitenta anos. Desde a juventude às voltas com a profissão do saber, dedicou uma vida inteira a uma companheira única, a uma vez exigente e fascinante: a filosofia, com a qual convivia contínua e extensivamente... em casa e na Faculdade de Filosofia de Königsberg.

Mas nos seus derradeiros anos experimentou, inevitavelmente, o declínio de suas forças, primeiro as físicas; os ímpetos de seu espírito, ainda fértil, não encontravam mais o respaldo da energia do corpo.

Logo veio a decadência do intelecto e o grande pequeno homem teve de capitular.

No último ano de sua vida (1803) ficou cego e perdeu completamente a memória. Mas seu projeto de vida saudável e produtiva se concretizara: a senilidade não acontecera para ele em um processo longo e doloroso – só conseguiu tomá-lo de assalto quando ele se tornou quase octagenário.

Em 12 de fevereiro de 1804, Immanuel Kant morreu devido, por assim dizer, ao *mero esgotamento das forças vitais*, pois não era portador de nenhuma doença específica, se excetuarmos os suplícios da cegueira e da falta de memória.

O fato é que aquele homenzinho *enfermiço* jamais fora acometido por uma enfermidade grave e crônica.

DADOS BIBLIOGRÁFICOS

A obra do pensador Kant, contrastando com sua compleição física atarracada e o pacato de sua vida, é vasta, arrojada e contundente (ver o elenco na Cronologia).

Embora Kant não tenha sido, historicamente falando, um dos fundadores da filosofia moderna ocidental, sua contribuição à história da filosofia moderna supera quantitativa e qualitativamente a de todos os grandes vultos que o precederam de perto (de Descartes a Leibniz, incluindo Montesquieu e Rousseau, embora Kant não tenha se destacado na filosofia política).

Sua produção filosófica é enorme, mas é o que menos colaborou para elegê-lo como o mais importante filósofo moderno ocidental.

O mais legitimamente decisivo para isso foi a verdadeira revolução que ele produziu no seio da filosofia, mudando parâmetros, paradigmas, metodologias, conceitos e, inclusive, alterando o próprio eixo do objeto filosófico.

Não é à toa que a quase totalidade dos historiadores da filosofia o faz ombrear com Sócrates, Platão e Aristóteles.

Kant não podia conceber a reflexão filosófica fecunda e produtiva sem uma rigorosa crítica preliminar e fundamental das próprias técnicas, métodos, mecanismos e instrumentos do filosofar.

Fiel a essa postura, ele não envereda *diretamente* pelos caminhos da ontologia, da ética ou da política, sendas estas tão trilhadas anteriormente. Para ele, a grande e inescapável discussão filosófica situa-se no domínio da teoria do conhecimento, que é o fundamento de tudo o mais.

Na sua obra máxima, a *Crítica da razão pura*, à qual todas as outras estão subordinadas de uma forma ou outra, ele se concentra com rigor em fazer a *Crítica*, ou seja, a investigação esmiuçada do aparato metodológico para a produção de conhecimento filosófico e, *principalmente,* a exposição de um sistema gnosiológico efetivamente capaz de fornecer instrumentos e subsídios úteis e eficientes para a elaboração de especulações funcionais e frutíferas na esfera das demais disciplinas ou ciências filosóficas.

Esse foi o repto que o filósofo de Königsberg se impôs e a ingente tarefa que empreendeu.

E é por isso mesmo que certos historiadores da filosofia afirmam que a filosofia kantiana se reduz ou se esgota numa teoria do conhecimento.

Se considerarmos que Kant coloca a própria lógica como subsidiária da gnosiologia (se ele combate Aristóteles, ao mesmo tempo aprende lições preciosas com o Estagirita), concluiremos que sua preocupação (gigantesca, mas homogênea e una) foi construir uma nova propedêutica para todas as ciências.

No seu estilo pouco atraente (o texto kantiano da maturidade é geralmente rico em conteúdo e pobre na forma), Kant se detém sistematicamente em *fundamentos* e *princípios*, numa discussão apenas paralela e secundária dos conceitos específicos das ciências particulares, deixando claro, ao menos nas entrelinhas, que, uma vez que se disponha de fundamentos sólidos, vigorosos e estáveis, a tarefa da construção do edifício da filosofia será um trabalho menos árduo e, simultaneamente, mais confiável e capaz de oferecer possíveis soluções aos grandes questionamentos setorizados do conhecimento.

Assim, a *Metafísica dos costumes*, por exemplo, *que não é uma obra de gnosiologia*, requer de Kant básica e simplesmente o inventariamento e a discussão específica dos conceitos de direito (incluindo os de política) e de ética, já que os fundamentos já haviam sido estabelecidos (ver os *Fundamentos da metafísica dos costumes*, que é uma obra que trata evidentemente da ética, mas estritamente de seus fundamentos).

E a MC é prova incontestável da propriedade desse sistema, pois até a atualidade sua teoria jurídica e sua teoria da moral permanecem objeto de vivo interesse e estudo nos centros de saber humanístico, exercendo intensa influência sobre os novos pensadores da questão moral, questão crucial e basilar que envolve o ser humano, que é, acima de tudo, o *ser moral*.

Edson Bini
Bauru, agosto de 2002

METAFÍSICA DOS COSTUMES

PARTE PRIMEIRA

PRINCÍPIOS METAFÍSICOS DA DOUTRINA DO DIREITO

PREFÁCIO

A *crítica da razão prática* era para ser seguida por um sistema, nomeadamente a *metafísica dos costumes*, que se divide em princípios metafísicos da *doutrina do direito*[1] e princípios metafísicos da *doutrina da virtude*[2] (como a contraparte dos princípios metafísicos da *ciência natural*[3] já publicados).[4] A introdução que se segue apresenta e, em certo grau, torna intuitiva a forma que o sistema assumirá em ambas essas partes.

No que toca à doutrina do direito, a primeira parte da doutrina dos costumes, requer-se um sistema derivado da razão que poderia ser chamado de *metafísica do direito*. Mas, visto que o conceito de direito é um conceito puro que se baseia na prática (aplicação a casos que surgem na experiência), um *sistema metafísico* do direito teria também de considerar, em suas divisões, a diversidade empírica de tais casos, a fim de tornar completa a sua divisão (posto ser isto essencial à construção de um sistema da razão). Porém, não é possível submeter a uma divisão completa *aquilo que é empírico* e, se isso for tentado (ao menos, em termos aproximativos), conceitos empíricos não podem ser introduzidos no sistema como partes integrais deste, podendo somente ser utilizados como exemplos em observações. Assim, o único título apropriado para a primeira parte de *Metafísica dos costumes* será *Princípios metafísicos da doutrina do direito*, pois, no que respeita à aplicação desses princípios a casos, não se pode ter expectativas com o próprio sistema, mas apenas com uma aproximação dele. Em conformidade com isso, sua abordagem será como nos *Princípios metafísicos da ciência natural*, a saber, o direito pertencente ao sistema esboçado *a priori* estará contido no texto, ao passo que os *direitos* tomados de casos particulares da experiência serão encerrados em observações, que às vezes serão extensas; de outro modo, seria difícil distinguir aqui o que é metafísica do que é aplicação empírica dos direitos.[5]

1. *Rechtslehre*. (N. T.)
2. *Tugendlehre*. (N. T.)
3. *Naturwissenschaft*, ou seja, a física. (N. T.)
4. Em 1786. (N. T.)
5. *Rechtspraxis* (N. T.)

Os tratados filosóficos são com frequência acusados de ser obscuros, na verdade deliberadamente destituídos de clareza com o fito de afetar uma ilusão de profundo entendimento. Não há melhor forma de me prevenir ou remediar quanto a essa acusação do que prontamente me conformar a um dever que Garve,[6] um filósofo no autêntico sentido da palavra, estabelece para todos os escritores, mas especialmente para os autores de filosofia. Minhas únicas limitações são impostas pela natureza da ciência a ser retificada e ampliada.

Esse sábio exige com acerto (em sua obra *Vermischte Aufsätze*,[7] págs. 352 e segs.) que todo ensino filosófico possa ser popularizado (isto é, tornado suficientemente claro aos sentidos a ponto de ser comunicável a todos) sob pena de o mestre tornar-se suspeito de estar desnorteado em meio às próprias concepções. É com contentamento que admito isso, salvo unicamente pela crítica sistemática da própria faculdade da razão, juntamente com tudo o que só pode ser estabelecido por meio dela, pois isto tem a ver com a distinção entre o sensível em nossa cognição e aquilo que é suprassensível, mas ainda assim concernente à razão. Isso jamais pode ser popularizado – nenhuma metafísica formal o pode –, embora seus resultados possam ser tornados bastante esclarecedores para a razão saudável (de um metafísico inciente). A popularidade (linguagem comum) está fora de cogitação aqui, sendo imperioso, ao contrário, que se insista na precisão escolástica, mesmo que isto seja censurado com sutileza (posto que se trata da linguagem das escolas); pois somente por tal meio a razão precipitada será levada a entender a si mesma antes de realizar suas asserções dogmáticas.

Mas, se os pedantes supõem dirigir-se ao público (dos púlpitos ou em escritos populares) mediante termos técnicos exclusivamente concernentes às escolas, o filósofo crítico não é mais responsável por isso do que o é o gramático pela insensatez daqueles que produzem sofismas com as palavras (*logodaedalus*). Neste caso o ridículo só toca ao homem, não à ciência.

Soa arrogante, presunçoso o depreciar dos que ainda não renunciaram ao seu velho sistema, asseverando que antes da chegada da filosofia crítica não havia filosofia alguma. A fim de decidir acerca dessa aparente presunção, basta indagar *se poderia haver realmente mais do que uma filosofia*. Não só tem havido distintas formas de filosofar e de remontar aos primeiros princípios da razão, com a finalidade de fundamentar neles um sistema, com maior ou menor êxito, como também era mister que houvesse muitos experimentos desse gênero, cada um destes tendo feito sua contribuição à filosofia hodierna.

6. Christian Garve (1742-1798) ministrou cursos de filosofia em Leipzig. (N. T.)
7. *Miscelâneas*. (N. T.)

Contudo, visto que, se o considerarmos objetivamente, pode haver somente uma razão humana, não pode haver muitas filosofias; em outras palavras, só pode haver um sistema verdadeiro de filosofia a partir de princípios, a despeito de muitas formas diferentes e mesmo conflitantes em que se tenha filosofado sobre uma mesma proposição. Assim, o *moralista* diz acertadamente que há apenas uma virtude e uma doutrina da virtude, ou seja, um único sistema que por meio de princípios conecta todos os deveres morais; o *químico*, que há uma única química (a de Lavoisier);[8] o *professor de medicina*, que há um único princípio para a classificação sistemática das doenças (o de Brown).[9] Embora o novo sistema exclua todos os demais, não atua como detrator dos méritos dos anteriores moralistas, químicos e professores de medicina, uma vez que, sem suas descobertas e mesmo suas tentativas malogradas, não teríamos atingido aquela unidade do princípio verdadeiro que unifica o todo da filosofia em um sistema. Assim, quem quer que anuncie um sistema filosófico como sua própria obra diz, com efeito, que antes dessa filosofia não havia nenhuma, pois, se ele se dispusesse a admitir que tinha havido uma outra (e verdadeira), haveria então duas filosofias diferentes e verdadeiras versando sobre o mesmo objeto de estudo, o que é contraditório. Se, por conseguinte, a filosofia crítica qualifica a si mesma como uma filosofia antes da qual não houve, de maneira alguma, qualquer filosofia, não faz mais do que o que foi feito, será feito e, em verdade, tem de ser feito por qualquer um que esboça uma filosofia segundo projeto próprio.

A censura de que algo que caracteriza essencialmente a filosofia crítica não lhe é original, mas foi, talvez, emprestado de outra filosofia (ou da matemática) seria menos grave, porém de modo algum desprezível. Um revisor em Tübingen[10] afirma ter descoberto que a definição de filosofia que o autor da *Crítica da Razão Pura* apresenta como sua própria e não desconsiderável descoberta fora formulada muitos anos antes por outra pessoa quase com as mesmas palavras.[11] Deixo a critério de qualquer indivíduo julgar se as palavras *intellectualis quaedam construtio* poderiam ter produzido a ideia *da apresentação de um dado conceito numa intuição* a priori, a qual de imediato distingue completamente a filosofia da matemática. Estou certo de que o

8. Antoine Laurent Lavoisier (1743-1794). (N. T.)

9. John Brown (1735-1788), médico escocês. (N. T.)

10. Provavelmente Johann Friedrich Flatt. Kant refere-se a ele no prefácio à *Crítica da Razão Prática*. (N. T.)

11. *Porro de actuali constructione hic non quaeritur, cum ne possint quidem sensibiles figurae ad rigorem definitionem effingi; sed requiritur cognitio eorum, quibus absolvitur formatio, quae intellectualis quaedam constructio est.* (*) C. A. Hausen, *Elem. Mathes. Pars I*, p. 86A (1734). [(*) Ademais, o que se acha em questão aqui não é uma construção real, visto que figuras sensíveis não podem ser concebidas de acordo com o rigor de uma definição; o que se requer é, ao contrário, cognição daquilo que cabe para constituir a figura e, isto é, por assim dizer, uma construção feita pelo intelecto. (N. T.)].

próprio Hausen[12] não teria permitido que suas palavras fossem interpretadas dessa maneira; pois a possibilidade de uma intuição *a priori* – e este espaço é uma intuição *a priori* e não (como o explica Wolff)[13] uma justaposição de uma variedade de itens exteriores entre si e dados meramente à intuição empírica (percepção) – já o teria intimidado, uma vez que ele teria sentido que isso o estaria levando a se enredar em investigações filosóficas de amplas consequências. A este arguto matemático a apresentação feita, *por assim dizer*, por meio do entendimento nada mais significava do que um traçado (empírico) de uma linha correspondente a um conceito, no qual se presta atenção apenas na regra, fazendo-se abstração de desvios inevitáveis na sua execução, como pode também ser percebido em igualdades construídas na geometria.

No que tange ao espírito da filosofia crítica, a consideração minimamente importante é o dano que certos imitadores dela provocaram mediante o uso de alguns de seus termos, os quais na própria *Crítica da Razão Pura* não podem ser devidamente substituídos por vocábulos mais costumeiros fora da *Crítica* no intercâmbio público de pensamentos. Isto certamente merece ser condenado, ainda que, condenando-o, Nicolai se guarda de julgar se é possível prescindir inteiramente de tais termos em seu próprio campo, como se eles fossem usados em todos os lugares meramente para ocultar a pobreza de pensamento. Entrementes, é mais divertido rir de um pedante impopular do que de um ignorante não crítico (pois, de fato, um metafísico que se prende obstinadamente ao seu próprio sistema, desatento de qualquer crítica, pode ser classificado como um ignorante não crítico, mesmo que este arbitrariamente ignore o que não deseja deixar difundir-se, visto que não pertence a sua escola de pensamento mais antiga). Mas, se for verdadeiro, como assevera Shaftesbury,[14] que a capacidade de uma doutrina de resistir ao ridículo não é uma má pedra de toque de sua verdade (especialmente no caso de uma doutrina prática), então será forçoso finalmente, ao chegar a vez da filosofia crítica de rir, que ria por último e, assim, ria melhor ao contemplar os sistemas daqueles que por muito tempo gargantearam ruírem como castelos de cartas um após o outro e seus adeptos dispersarem, destino para eles inevitável.

Rumo ao fim do livro laborei menos minuciosamente do que se poderia esperar em torno de certas seções, se compararmos com as anteriores, em

12. Christian August Hausen (1693-1745): autor dos *Elementa matheseos* e professor de matemática em Leipzig. (N. T.)

13. Christian Wolff (1679-1754), um dos filósofos do qual Kant foi inicialmente discípulo. A explicação de Wolff à qual Kant alude encontra-se na obra *Ontologia* do primeiro. (N. T.)

14. O terceiro conde de Shaftesbury, cujo nome era Anthony Ashley Cooper (1651-1713). (N. T.)

parte porque me parece que podem ser facilmente inferidas das anteriores e, em parte, também, porque as seções posteriores (que tratam do direito público) são atualmente objeto de muita discussão e, ainda, tão importantes que podem muito bem justificar que se postergue por algum tempo um parecer decisivo.

Espero ter o texto dos *Princípios metafísicos da doutrina da virtude* pronto em breve.[15]

15. Ver a *Apresentação* do tradutor. (N. T.)

QUADRO DA DIVISÃO DA DOUTRINA DO DIREITO

PARTE I

Direito privado no que toca aos objetos externos (A soma das leis que não precisam ser promulgadas)

Capítulo I – Como ter alguma coisa externa como sua

Capítulo II – Como adquirir alguma coisa externa
Divisão da aquisição externa
Seção I – Do direito de propriedade
Seção II – Do direito contratual
Seção III – Do direito pessoal que tem afinidade com o direito a coisas
Seção episódica – Da aquisição ideal

Capítulo III – Da aquisição que depende subjetivamente da decisão de uma corte de justiça pública

PARTE II

Direito público (A soma das leis que precisam ser promulgadas)

Capítulo I – O direito de um Estado

Capítulo II – O direito das gentes

Capítulo III – Direito cosmopolita

INTRODUÇÃO À METAFÍSICA DOS COSTUMES

I – Da ideia e da necessidade de uma metafísica dos costumes

Numa outra parte foi demonstrado que, no que tange à ciência natural, a qual diz respeito a objetos sensorialmente externos, é preciso contar com princípios *a priori* e que é possível, com efeito necessário, preestabelecer um sistema desses princípios, chamado de *uma ciência metafísica da natureza*, para a ciência natural aplicada a experiências particulares, ou seja, à física. Esses princípios têm de ser originados de bases *a priori* para que tenham validade universal no sentido estrito. Mas a física (ao menos quando se trata de manter suas proposições isentas de erro) é capaz de admitir muitos princípios como universais com base na evidência da experiência. Assim, Newton[16] supôs, com base na experiência, o princípio da igualdade da ação e reação na influência recíproca dos corpos e mesmo o estendeu a toda a natureza material. Os químicos vão ainda além e baseiam suas leis mais universais da combinação e separação das substâncias devido às suas próprias forças inteiramente na experiência, e confiam a tal ponto na universalidade e necessidade dessas leis que não temem detectar um erro nos experimentos realizados em conformidade com elas.

Com as leis morais, porém, é diferente. Retêm sua força de leis somente na medida em que se possa vê-las como possuidoras de uma base *a priori* e sejam necessárias. Com efeito, conceitos e juízos sobre nós mesmos e nossas ações e omissões não têm significado moral algum, se o conteúdo deles puder ser aprendido meramente a partir da experiência. E caso alguém se permitisse ser desviado, transformando alguma coisa proveniente dessa fonte em um princípio moral, correria o risco de cometer os erros mais grosseiros e perniciosos.

16. Sir Isaac Newton (1642-1727).

Se a doutrina dos costumes fosse simplesmente a doutrina da felicidade, seria absurdo buscar princípios *a priori* para ela, uma vez que, por mais plausível que possa parecer afirmar que a razão, mesmo antes da experiência, poderia entrever os meios para a consecução de um gozo duradouro das genuínas alegrias da vida,[17] ainda assim tudo o que é ensinado *a priori* acerca desse assunto é ou tautológico ou presumido sem base alguma. Somente a experiência é capaz de ensinar o que nos traz alegria. Tão só os impulsos naturais por alimento, sexo, repouso e movimento, e (à medida que nossas predisposições naturais se desenvolvem) por honra, pela ampliação de nosso conhecimento, e assim por diante, são capazes de informar a cada um de nós, e cada um apenas no seu modo particular, no que encontrará essas alegrias; e, identicamente, tão somente a experiência é capaz de ensinar os meios pelos quais buscá-las. Toda a racionalização aparentemente *a priori* sobre isso dissolve-se em nada, salvo a experiência promovida pela indução para a generalidade, uma generalidade (*secundum principia generalis, non universalis*) ainda tão tênue que é necessário que a todos sejam permitidas inumeráveis exceções para o ajuste de suas escolhas de um modo de vida às suas inclinações particulares e suas suscetibilidades à satisfação e, ainda, no final, se tornarem prudentes somente a partir dos infortúnios próprios ou alheios.

Porém, algo diverso ocorre relativamente aos preceitos da moralidade. São comandos para todos, que desconsideram as inclinações, meramente porque e na medida em que todos são livres e dispõem de razão prática; cada um não extrai instrução nas suas leis a partir da observação de si mesmo e de sua natureza animal ou da percepção dos modos do mundo, o que acontece e como se comportam os homens (ainda que a palavra alemã *Sitten*, como a latina *mores*, signifique apenas maneiras e modo de vida). Em lugar disso, a razão ordena como cabe aos homens agir, mesmo que nenhum exemplo disso possa ser encontrado, e não leva em consideração as vantagens que pudéssemos com isso granjear, o que somente a experiência poderia nos ensinar, pois, embora a razão nos permita buscar nossa vantagem de todas as formas possíveis a nós, e possa, inclusive, nos prometer, com o testemunho da experiência, que provavelmente nos será mais vantajoso no conjunto obedecer aos seus comandos do que transgredi-los, especialmente se a obediência for acompanhada de prudência, ainda assim a autoridade de seus preceitos na qualidade de comandos não é baseada nessas considerações. Em vez disso, ela os utiliza (como conselhos) somente como um contrapeso contra induzimentos

17. ...*Freuden des Lebens*... O substantivo *Freude* significa tanto prazer quanto alegria; psicologicamente falando, só é possível experimentar alegria com base na fruição de um prazer, ou, em outras palavras, a dor não gera alegria. (N. T.)

para o contrário, a fim de compensar antecipadamente o erro de pesagens tendenciosas na avaliação prática, e somente então assegurar que o peso de fundamentos *a priori* de uma razão prática pura fará os pratos da balança oscilar a favor da autoridade de seus preceitos.

Se, portanto, um sistema de cognição *a priori* a partir exclusivamente de conceitos é denominado *metafísica*, uma filosofia prática, que não tem a natureza, mas a liberdade de escolha por seu objeto, pressuporá e requererá uma metafísica dos costumes, isto é, é ela mesma um dever de ter uma tal metafísica e todo ser humano também a tem dentro de si mesmo, ainda que em geral somente de uma forma obscura, pois, sem princípios, *a priori* como poderia ele crer que tem dentro de si mesmo uma lei universal? Mas precisamente, como deve haver princípios numa metafísica da natureza para a aplicação desses princípios universais mais elevados de uma natureza em geral a objetos da experiência, uma metafísica dos costumes não pode prescindir de princípios de aplicação, e teremos amiúde de tomar como nosso objeto a natureza particular dos seres humanos, a qual é conhecida unicamente pela experiência, com a finalidade de nela mostrar o que pode ser inferido a partir de princípios morais universais. Mas isso de modo algum prejudicará a pureza desses princípios ou lançará a dúvida sobre sua fonte *a priori*, o que equivale a dizer, de fato, que uma metafísica dos costumes não pode ser baseada na antropologia, embora possa, não obstante, ser aplicada a esta.

A contraparte de uma metafísica dos costumes, o outro membro da divisão da filosofia prática como um todo, seria a antropologia moral, a qual, entretanto, trataria apenas das condições subjetivas na natureza humana que obstam ou auxiliam as pessoas a cumprir as leis de uma metafísica dos costumes; ela se ocuparia do desenvolvimento, difusão e fortalecimento dos princípios morais (na educação escolar e na instrução popular), e de outros ensinamentos e preceitos similares baseados na experiência. É indispensável, mas não deve preceder uma metafísica dos costumes ou ser a esta mesclada, pois se esse fosse o caso correr-se-ia o risco de produzir leis morais falsas ou, ao menos, indulgentes, as quais representariam enganosamente como inatingível o que somente não fosse atingido simplesmente porque a lei não foi vista e apresentada em sua pureza (no que consiste sua força) ou porque incentivos espúrios ou impuros foram usados para o que está ele mesmo em conformidade com o dever e o bem. Isto não resultaria em princípios morais acertados, quer para orientarem os juízos, quer para disciplinarem as mentes na observância do dever, cujos preceitos têm de ser dados *a priori* somente pela razão pura.

No que tange à divisão maior na qual se enquadra a divisão que acabamos de mencionar, nomeadamente aquela da filosofia em filosofia teórica e prática, já apresentei minhas explicações em outra parte (na *Crítica do Juízo*) e expliquei que a filosofia prática não pode ser outra coisa senão sabedoria moral. Qualquer coisa que é prática e possível de acordo com as leis da natureza (o que é distintivo da arte) depende, para seus preceitos, inteiramente da teoria da natureza: somente aquilo que é prático de acordo com as leis da liberdade pode conter princípios independentes de qualquer teoria, pois inexiste teoria daquilo que vai além das propriedades da natureza. Daí, a filosofia não pode compreender mediante sua parte prática (enquanto cotejada com sua parte teórica) doutrina *tecnicamente prática* alguma, mas somente uma doutrina *moralmente prática*; e, se chamarmos também aqui de *arte* a competência da escolha em harmonia com as leis da liberdade, em contraste com as leis da natureza, por esta palavra será necessário entender um tipo de arte que possibilita um sistema de liberdade como um sistema de natureza, verdadeiramente uma arte divina se estivéssemos numa posição também de realizar plenamente por meio dela o que é prescrito pela razão e transformar a sua ideia em atos.

II – Da relação entre as faculdades da mente humana[18] e as leis morais

A faculdade do desejo é a faculdade de mediante as próprias representações ser a causa dos objetos dessas representações. A faculdade de um ser atuar em conformidade com suas representações é denominada *vida*.

Em primeiro lugar, o prazer ou o desprazer, a cuja suscetibilidade designamos como *sentimento*, está sempre ligado ao desejo ou à aversão; contudo, o inverso nem sempre ocorre, uma vez que pode haver um desejo que não esteja ligado a qualquer desejo por um objeto, mas que esteja já ligado com uma mera representação que se forma de um objeto (independentemente de o objeto da representação existir ou não). Em segundo lugar, o prazer ou o desprazer num objeto de desejo não precede sempre o desejo e nem sempre precisa ser considerado como a causa do desejo, podendo, todavia, também ser considerado como o efeito dele.

A capacidade de experimentar prazer ou desprazer numa representação é chamada de sentimento porque ambos envolvem o que é meramente subjetivo na relação de nossa representação e não contêm relação alguma com

18. *...menschlichen Gemüts...*: mente no sentido de alma (*psiquê*), sede dos instintos, apetites, paixões, emoções, pensamento, vontade e as respectivas faculdades. (N. T.)

um objeto para uma possível cognição deste[19] (ou mesmo cognição de nossa condição). Enquanto até mesmo sensações, à parte da qualidade (de serem, por exemplo, vermelho, doce, etc.) que possuem devido à natureza do sujeito, são, não obstante, referidas a um objeto como elementos em nossa cognição dele, o prazer ou o desprazer (no que é vermelho ou doce) nada expressa de modo algum no objeto, porém simplesmente uma relação com o sujeito. E por essa própria razão não é possível explicar mais claramente o prazer e o desprazer em si mesmos; em lugar disso, pode-se apenas especificar os resultados que apresentam em certas circunstâncias, de modo a torná-los reconhecíveis na prática.

O prazer necessariamente ligado ao desejo (por um objeto cuja representação afeta deste modo o sentimento) pode ser chamado de prazer prático, quer seja a causa ou o efeito do desejo. Por outro lado, o prazer não ligado necessariamente ao desejo por um objeto – e assim não é, no fundo, um prazer na existência do objeto de uma representação, estando apenas vinculado à representação por si mesma – pode ser chamado de prazer meramente contemplativo ou prazer inativo. Denominamos *gosto* o sentimento desse último tipo de prazer. Em conformidade com isso, a filosofia prática fala de prazer contemplativo apenas episodicamente e não como se o conceito lhe fosse inerente. No que toca ao prazer prático, a determinação da faculdade do desejo que é gerada e, portanto, necessariamente precedida por tal prazer é chamada de *apetite*; o apetite habitual[20] é denominado *inclinação*; e uma conexão do prazer com a faculdade do desejo, que o entendimento julga encerrar como uma regra geral (a despeito de o ser somente para o sujeito), é chamada de *interesse*. Assim, se um prazer precede necessariamente um desejo, o prazer prático, neste caso, deve ser qualificado como um *interesse da inclinação*. Entretanto, se um prazer for capaz apenas de suceder uma determinação antecedente da faculdade do desejo, será um prazer intelectual, e o interesse no objeto deve ser classificado como interesse da razão, pois, se o interesse fosse baseado nos sentidos, e não exclusivamente em princípios racionais

19. Pode-se caracterizar a sensibilidade como o aspecto subjetivo de nossas representações em geral, pois é o entendimento que começa por referir representações a um objeto, isto é, somente ele pensa alguma coisa por meio delas. É possível que o que é subjetivo em nossas representações o seja tal a ponto de ser também capaz de ser referido a um objeto para conhecimento deste (seja em termos de sua forma, caso em que é chamado de pura intuição, seja em termos de sua matéria, caso em que é chamado de sensação); neste caso a sensibilidade, como suscetibilidade a uma tal representação, é *sentido*. Ou então o que é subjetivo em nossas representações não é capaz de se tornar um elemento em nosso conhecimento porque envolve apenas uma relação da representação ao sujeito e nada que possa ser utilizado para o conhecimento de um objeto; e neste caso a suscetibilidade à representação é chamada de sentimento, que é o efeito de uma representação (que pode ser sensível ou intelectual) sobre um sujeito e pertence à sensibilidade, muito embora a representação ela própria possa pertencer ao entendimento ou à razão.

20. *...habituelle Begierde...* (N. T.)

puros, seria forçoso então que a sensação tivesse prazer a ela vinculado e, deste modo, fosse capaz de determinar a faculdade do desejo. Embora onde se tenha de presumir simplesmente um puro interesse da razão nenhum interesse da inclinação possa ser substituído por ele, a fim de nos conformarmos ao discurso ordinário podemos falar de uma inclinação pelo que pode ser um objeto somente de um prazer intelectual como um desejo habitual[21] proveniente de um puro interesse da razão, uma inclinação deste gênero, entretanto, não seria a causa, mas o efeito de puro interesse da razão e poderíamos designá-la como uma inclinação livre dos sentidos[22] *(propensio intellectualis).*

É preciso também distinguir a *concupiscência* (apetite por algo) do desejo, sendo ele um estímulo para a determinação do desejo. A concupiscência é sempre uma determinação sensível da mente, mas uma alteração que não se converteu ainda num ato da faculdade do desejo.

A faculdade do desejo, em consonância com os conceitos – na medida em que o fundamento que a determina à ação reside nela mesma e não em seu objeto –, é denominada faculdade *de fazer ou deixar de fazer conforme aprouva a cada um.* Na medida em que está unida à consciência de cada um, a capacidade de realizar seu objeto mediante ação própria chama-se *escolha*; se não unida a essa consciência, seu ato é denominado *aspiração.* A faculdade do desejo cujo fundamento determinante – e daí até mesmo o que lhe é agradável – se encontra na razão do sujeito é chamada de *vontade.* A vontade é, portanto, a faculdade do desejo considerada não tanto em relação à ação (como o é a escolha), mas em relação ao fundamento que determina a escolha para a ação. A vontade ela mesma, estritamente falando, não possui fundamento determinante; na medida em que é capaz de determinar a escolha, ela é, ao contrário, a própria razão prática.

Porquanto a razão pode determinar a faculdade do desejo como tal, não somente a escolha como também a simples aspiração podem ser incluídas sob a vontade. Dá-se o nome de *livre-arbítrio* à escolha que pode ser determinada pela razão pura; a que pode ser determinada somente pela inclinação (impulso sensível, estímulo) seria o arbítrio animal (*arbitrium brutum*). O arbítrio humano, contudo, é uma escolha que, embora possa ser realmente afetada por impulsos, não pode ser determinada por estes, sendo, portanto, de *per si* (à parte de uma competência da razão) não pura, podendo, não obstante isso, ser determinada às ações pela vontade pura. A liberdade da escolha é essa independência do ser determinado por impulsos sensíveis. Esse é o conceito negativo de liberdade. O conceito positivo de liberdade é aquele da capacidade

21. ...*habituelles Begehren*... (N. T.)
22. ...*sinnenfreie Neigung*... (N. T.)

da razão pura de ser, por si mesma, prática. Mas isto não é possível, salvo pela sujeição da máxima de toda ação à condição de sua qualificação como lei universal, uma vez que, como razão pura aplicada à escolha independentemente de seus objetos, não contém em si a matéria da lei; assim, como uma faculdade de princípios (aqui princípios práticos, daí uma faculdade legisladora), nada mais pode fazer, exceto erigir em lei suprema e em fundamento determinante da escolha a forma da aptidão das máximas da própria escolha como sendo lei universal. E, visto que as máximas dos seres humanos, sendo baseadas em causas subjetivas, não se conformam por si mesmas com esses princípios objetivos, a razão pode prescrever essa lei somente como um imperativo que comanda ou proíbe absolutamente.

Em contraste com as leis da natureza, essas leis da liberdade são denominadas *leis morais*. Enquanto dirigidas meramente a ações externas e à sua conformidade à lei, são chamadas de *leis jurídicas*; porém, se adicionalmente requererem que elas próprias (as leis) sejam os fundamentos determinantes das ações, são *leis éticas* e, então, diz-se que a conformidade com as leis jurídicas é a legalidade de uma ação, e a conformidade com as leis éticas é sua moralidade. A liberdade à qual as primeiras leis se referem só pode ser liberdade no uso externo da escolha, mas a liberdade à qual as últimas se referem é liberdade tanto no uso externo como no interno da escolha, porquanto é determinada por leis da razão. Na filosofia teórica se diz que somente objetos do sentido externo estão no espaço, enquanto objetos do sentido externo, bem como do interno, estão no tempo, uma vez que as representações de ambos são sempre representações e como tais pertencem conjuntamente ao sentido interno. Consequentemente, também, seja a liberdade no uso externo ou interno da escolha considerada, suas leis, como puras leis práticas da razão para o livre-arbítrio em geral, têm também de ser fundamentos determinantes internos da escolha, ainda que não devessem sempre ser consideradas nesse aspecto.

III – Conceitos preliminares da metafísica dos costumes (*Philosophia practica universalis*)

O conceito de liberdade é um conceito racional puro e que por isso mesmo é transcendente para a filosofia téorica, ou seja, é um conceito tal que nenhum exemplo que corresponda a ele pode ser dado em quaquer experiência possível, e de cujo objeto não podemos obter conhecimento algum teórico: o conceito de liberdade não pode ter validade como princípio constitutivo da razão especulativa, mas unicamente como princípio regulador desta e, em verdade, meramente negativo. Mas, no uso prático da razão, o conceito de liberdade prova sua realidade através de princípios práticos, que são leis de uma causalidade da razão pura para determinação da escolha, independentemente de quaisquer condições empíricas (da sensibilidade em geral) e revelam uma vontade pura em nós, na qual conceitos e leis morais têm sua fonte.

Nesse conceito de liberdade, que é positivo (de um ponto de vista prático), estão baseadas leis práticas incondicionais, denominadas *morais*. Para nós, cuja escolha é sensivelmente afetada, e por isso não se conforma por si mesma à vontade pura, mas a esta se opõe amiúde, as leis morais são *imperativos* (comandos ou proibições) e realmente imperativos (incondicionais) categóricos; como tais, eles se distinguem dos imperativos técnicos (preceitos da arte), que sempre comandam apenas condicionalmente. Através dos *imperativos categóricos* certas ações são *permitidas* ou *proibidas*, isto é, moralmente possíveis ou impossíveis, enquanto algumas delas ou seus opostos são moralmente necessários, ou seja, obrigatórios. Para estas ações, então, surge o conceito de dever, cuja observância ou violação está efetivamente ligada a um prazer ou desprazer de um tipo distintivo (o *sentimento moral*), embora nas leis práticas da razão não levamos esses sentimentos em conta, uma vez que eles nada têm a ver com a base das leis práticas, mas somente com o efeito subjetivo na mente quando nossa escolha é determinada por eles, o que pode diferir de um sujeito para outro (sem objetivamente, ou seja, no julgamento da razão, de modo algum acrescer ou diminuir a validade ou influência dessas leis).

Os conceitos que se seguem são comuns a ambas as partes da *Metafísica dos costumes*.

Obrigação é a necessidade de uma ação livre sob um imperativo categórico da razão.

Um *imperativo* é uma regra prática pela qual uma ação em si mesma *contingente* é tornada *necessária*. Um imperativo difere de uma lei prática em que uma lei efetivamente representa uma ação como necessária, mas não considera se esta ação já é inerente por força de uma necessidade interna ao sujeito agente (como num *ser* santo) ou se é contingente (como no ser humano), pois quando ocorre o primeiro desses casos não há imperativo. Por conseguinte, um imperativo é uma regra cuja representação torna necessária uma ação que é subjetivamente contingente e assim representa o sujeito como aquele que tem de ser *constrangido* (compelido) a conformar-se à regra. Um *imperativo categórico* (incondicional) é aquele que representa uma ação como objetivamente necessária e a torna necessária não indiretamente, através da representação de algum fim que pode ser atingido pela ação, mas através da mera representação dessa própria ação (sua forma) e, por conseguinte, diretamente. Nenhuma outra doutrina prática é capaz de fornecer exemplos de tais imperativos, exceto aquela que prescreve obrigação (a doutrina dos costumes). Todos os demais imperativos são *técnicos*, e são, sem exceção, condicionais. O fundamento da possibilidade dos imperativos categóricos é o seguinte: não se referem a nenhuma outra propriedade da escolha (pela qual algum propósito possa ser atribuído a ela), salvo simplesmente a sua liberdade.

A ação *permitida* (*licitum*) é a que não contraria a obrigação; e esta liberdade que não é limitada por nenhum imperativo contrário é chamada de *autorização* (*facultas moralis*); consequentemente, é óbvio o que significa *o proibido* (*illicitum*).

Dever é a ação à qual alguém está obrigado. É, portanto, a matéria da obrigação, e pode haver um único e mesmo dever (do ponto de vista da ação), embora possamos estar obrigados a ele de diferentes maneiras.

Um imperativo categórico, porque impõe uma obrigação com respeito a certas ações, é uma lei moralmente prática. Mas, visto que a obrigação envolve não meramente a necessidade prática (tal como uma lei em geral afirma), como também compulsão, um imperativo categórico é uma lei que ou comanda ou proíbe, dependendo de se representa na qualidade de um dever o realizar ou não realizar uma ação. Uma ação que não é nem comandada nem proibida é meramente *permitida*, uma vez que não há lei alguma que limita a liberdade de alguém (a autorização de alguém) no tocante a ela e, também, dever algum. Uma tal ação é qualificada de moralmente indiferente (*indifferens, adiaphoron, res merae facultatis*). A questão que pode ser levantada é se há tais ações e, se há, se deve haver leis permissivas (*lex permissiva*) a se somarem a leis que comandam e proíbem (*lex praeceptiva, lex mandati* e *lex prohibitiva, lex vetiti*), a fim de responder por alguém que seja livre para fazer ou não fazer algo que lhe agrade. Se assim for, a autorização nem sempre teria a ver com uma ação indiferente (*adiaphoron*), pois, considerando-se a ação em termos de leis morais, nenhuma lei especial seria para ela requerida.[23]

Designa-se uma ação como *feito*[24] na medida em que esteja sujeita a leis obrigatórias e, consequentemente, na medida em que o sujeito, ao executá-lo, é considerado em termos da liberdade de sua escolha. Por tal ação, o agente é tido como o *autor* de seu efeito, e este, juntamente com a própria ação, pode ser imputado a ele, caso se esteja previamente familiarizado com a lei em virtude da qual haja sobre eles[25] a imposição de uma obrigação.

23. Kant se refere mais particularmente às *leis permissivas* em *Da paz perpétua.* (N. T.)
24. ...*Tat*... (N. T.)
25. Quais sejam, a ação e seu efeito. (N. T.)

Uma *pessoa* é um sujeito cujas ações lhe podem ser imputadas. A *personalidade* moral não é, portanto, mais do que a liberdade de um ser racional submetido a leis morais (enquanto a *personalidade psicológica* é meramente a faculdade de estar consciente da própria identidade em distintas condições da própria existência). Disto resulta que uma pessoa não está sujeita a outras leis senão àquelas que atribui a si mesma (ou isoladamente ou, ao menos, juntamente com outros).

Uma *coisa* é aquilo ao que nada pode ser imputado. Dá-se, portanto, o nome de *coisa* (*res corporalis*) a qualquer objeto do livre-arbítrio que seja ele próprio carente de liberdade.

Um ato é correto ou incorreto (*rectum aut minus rectum*) em geral na medida em que se conforma ao dever ou é contrário a este (*factum licitum aut illicitum*); o dever ele mesmo, em termos de seu conteúdo ou origem, pode ser de qualquer tipo. Um feito contrário ao dever é chamado de *transgressão* (*reatus*).

Uma transgressão *não intencional* que ainda é imputável ao agente é chamada de uma mera *culpa* (*culpa*). Uma transgressão *intencional* (isto é, uma transgressão acompanhada da consciência de ser uma transgressão) é chamada de *crime* (*dolus*). O que é correto de acordo com leis externas é chamado de *justo* (*iustum*); o que não é, *injusto* (*iniustum*).

Um *conflito de deveres* (*collisio officiorum, s. obligationum*) seria uma relação recíproca na qual um deles cancelasse o outro (inteira ou parcialmente). Mas, visto que dever e obrigação são conceitos que expressam a necessidade prática objetiva de certas ações, e duas regras mutuamente em oposição não podem ser necessárias ao mesmo tempo, se é um dever agir de acordo com uma regra, agir de acordo com a regra oposta não é um dever, mas mesmo contrário ao dever; por conseguinte, uma colisão de deveres e obrigações é inconcebível (*obligationes non colliduntur*). Entretanto, um sujeito pode ter numa regra que prescreve para si mesmo dois fundamentos de obrigação (*rationes obligandi*), sendo que um ou outro desses fundamentos não é suficiente para submeter o sujeito à obrigação (*rationes obligandi non obligantes*), de sorte que um deles não é um dever. Quando dois fundamentos tais conflituam entre si, a filosofia prática diz não que a obrigação mais forte tem precedência (*fortior obligatio vincit*), mas que o *fundamento de obrigação* mais forte prevalece (*fortior obligandi ratio vincit*).

Leis obrigatórias para as quais é possível haver uma legislação externa são chamadas de *leis externas* (*leges externae*) em geral; aquelas entre elas que podem ser reconhecidas como obrigatórias *a priori* pela razão, mesmo sem legislação externa, são de fato leis externas, porém *naturais*, ao passo que aquelas que não obrigam sem efetiva legislação externa (e, assim, sem esta não seriam leis) são chamadas de *leis positivas*. Pode-se, portanto, conceber uma legislação externa que contivesse somente leis positivas, mas neste caso ainda assim uma lei natural teria de precedê-la, o que estabeleceria a autoridade do legislador (isto é, sua autorização de obrigar outros mediante sua mera escolha).

Um princípio que converte certas ações em deveres é uma *lei prática*. Uma regra da qual o próprio agente faz seu princípio sobre fundamentos subjetivos é chamada de *máxima própria*; daí diferentes agentes podem ter máximas muito diferentes relativamente à mesma lei.

O imperativo categórico, que como tal se limita a afirmar o que é a obrigação, pode ser assim formulado: *age com base em uma máxima que também possa ter validade como uma lei universal*. Tens, portanto, que primeiramente considerar tuas ações em termos dos princípios subjetivos delas; porém, só podes saber se esses princípios têm também validade objetiva da seguinte maneira: quando tua razão os submete à prova, que consiste em conceber a ti mesmo como também produtor de lei universal através deles, e ela qualifica essa produção como lei universal.

A simplicidade dessa lei comparativamente com as amplas e várias consequências que podem dela ser extraídas deve forçosamente parecer, a princípio, espantosa, como também o deve sua autoridade de comandar sem parecer portar consigo qualquer incentivo. Mas, ao nos maravilharmos com uma capacidade de nossa razão de determinar escolha mediante a mera ideia de que uma máxima qualifica a universalidade de uma lei prática, aprendemos que justamente essas leis (morais) práticas começam por fazer conhecida uma propriedade da escolha, qual seja, sua liberdade, à qual a razão especulativa jamais teria tido acesso, seja sobre fundamentos *a priori*, seja através de qualquer experiência, e que, uma vez tivesse a razão a ela acesso, não poderia, de modo algum, ter sua possibilidade demonstrada teoricamente, a despeito de essas leis práticas mostrarem irrefutavelmente que nossa escolha possui essa propriedade. Parecerá, então, menos estranho descobrir que essas leis, como postulados matemáticos, são indemonstráveis, ainda que apodícticas, e perceber, ao mesmo tempo, a abertura diante de si de um campo inteiro de conhecimento prático no qual a razão vê que em teoria não apenas a ideia de liberdade, como qualquer outra de suas ideias do suprassensível, se lhe deparam herméticas. A conformidade de uma ação com a lei do dever[26] é sua *legalidade* (*legalitas*); a conformidade da máxima de uma ação com uma lei é a *moralidade* (*moralitas*) da ação. Uma *máxima* é um princípio subjetivo de ação, um princípio que o próprio sujeito converte em

26. ...*Pflichtgesetze*... (N. T.)

sua regra (como ele deseja agir); um princípio de dever, por outro lado, é um princípio que a razão a ele prescreve absolutamente e, assim, objetivamente (como ele *deve* agir).

O princípio supremo da doutrina dos costumes é, portanto: *age com base em uma máxima que pode também ter validade como uma lei universal*. Qualquer máxima que não seja assim qualificada é contrária à moral.

Leis procedem da vontade, máximas da escolha. No que tange ao homem, essa última é um livre-arbítrio; a vontade, que não é dirigida a nada que ultrapassa a própria lei, não pode ser classificada como livre ou não livre, uma vez que não é dirigida a ações, mas de imediato à produção de leis para as máximas das ações (sendo, portanto, a própria razão prática). Consequentemente, a vontade dirige com absoluta necessidade e não é ela mesma sujeita a nenhum constrangimento. Somente a escolha pode, portanto, ser chamada de *livre*.

Mas não é possível definir a liberdade de escolha – como alguns tentaram defini-la – como a capacidade de realizar uma escolha a favor ou contra a lei (*libertas indifferentiae*), mesmo que a escolha como um *fenômeno* forneça frequentes exemplos disso na experiência, isto porque conhecemos a liberdade (na medida em que primeiramente se torna manifesta a nós através da lei moral) somente como uma propriedade negativa em nós, nomeadamente a de não ser forçada a atuar através de quaisquer fundamentos determinantes sensíveis. Mas não podemos apresentar *teoricamente* a liberdade como um *nôumeno*, isto é, a liberdade considerada como a faculdade do homem meramente como uma inteligência, e mostrar como ela pode *exercer constrangimento* sobre a escolha sensível dele; somos incapazes, portanto, de apresentar a liberdade como uma propriedade positiva. Mas estamos capacitados, com efeito, a ver que, embora a experiência mostre que o ser humano, como um *ser sensível*, seja capaz de escolher tanto *em oposição* quanto *em conformidade* com a lei, sua liberdade como um *ser inteligível* não pode ser definida por esta, uma vez que aparências não podem tornar qualquer objeto hiperfísico (tal como o livre-arbítrio) compreensível. É igualmente perceptível para nós que a liberdade jamais pode estar localizada no ser de um sujeito racional capaz de escolher em oposição à sua razão (legisladora), ainda que a experiência prove com suficiente frequência que isso acontece (embora ainda não compreendamos como isso é possível), pois uma coisa é aceitar uma proposição (com base na experiência) e outra coisa, transformá-la no princípio de definição (do conceito de livre-arbítrio) e na característica universal para distingui-la (do *arbitrio bruto s. servo*),[27] uma vez que a primeira coisa não sustenta que a característica diz respeito

27. Capacidade de escolha animal ou escravizada. (N. T.)

necessariamente ao conceito, enquanto a segunda o requer. Somente a liberdade em relação à legislação interna da razão é realmente uma capacidade; a possibilidade de dela se desviar é uma incapacidade. Como pode a primeira ser definida pela última? Seria uma definição que acrescentaria ao conceito prático o *exercício* dele, como o ensina a experiência, uma *definição híbrida* (*definitio hybrida*) que apresenta o conceito sob uma falsa luz.

Uma *lei* (moralmente prática) é uma proposição que contém um imperativo categórico (um comando). Aquele que comanda (*imperans*) através de uma lei é o legislador (*legislator*). Ele é o autor (*autor*) da obrigação de acordo com a lei, mas nem sempre o autor da lei. Nesse último caso, a lei seria uma lei positiva (contingente) e do arbítrio. Uma lei que nos obriga *a priori* e incondicionalmente por meio de nossa própria razão também pode ser expressa como procedente da vontade de um legislador supremo, isto é, alguém que possui somente direitos e nenhum dever (daí, da vontade divina); porém, isso significa apenas a ideia de um ser moral cuja vontade constitui uma lei para todos, sem que seja pensado como o autor da lei.

A imputação (*imputatio*), no sentido moral, é o *julgamento* pelo qual alguém é considerado como o autor (*causa libera*) de uma ação, que é então chamada de um *feito* (*factum*) e se submete a leis. Se o julgamento também traz consigo as consequências jurídicas desse feito, é uma *imputação judiciária ou válida* (*imputatio iudiciaria s. valida*); de outra maneira, é meramente uma *imputação avaliativa* (*imputatio diiudicatoria*) do feito. A pessoa (física ou moral) que está autorizada a imputar com força jurídica é chamada de *juiz* ou de *corte* (*iudex s. forum*).

Se alguém realiza *mais* em matéria de dever do que o que pode ser constrangido pela lei a realizar, o que realiza é *meritório* (*meritum*); se o que realiza é precisamente o que a lei *exige*, ele realiza *o que é devido* (*debitum*); finalmente, se o que realiza é *menos* do que aquilo que a lei exige, é moralmente *culpável* (*demeritum*). O efeito *legal* do que é culpável é a *punição* (*poena*); o do feito meritório é a *recompensa* (*praemium*) (supondo-se que a recompensa, prometida na lei, tenha sido o motivo do feito); a conduta que se conforma ao que é devido não tem efeito jurídico algum. A retribuição bondosa (*remuneratio s. repensio benefica*) não guarda nenhuma relação jurídica com um feito.

Os bons ou maus resultados de uma ação que é devida, como os resultados da omissão de uma ação meritória, não podem ser imputados ao sujeito (*modus imputationis tollens*).

Os bons resultados de uma ação meritória, como os maus resultados de uma ação ilegal, podem ser imputados ao sujeito (*modus imputationis ponens*).

Subjetivamente, o grau ao qual uma ação *pode ser imputada* (*imputabilitas*) tem de ser avaliado pela magnitude das barreiras que tiveram de ser vencidas. Quanto maiores as barreiras naturais (da sensibilidade) e menor a barreira moral (do dever), tanto maior será o mérito da boa ação, como, por exemplo, com considerável autossacrifício salvo um completo estranho de um grande perigo.

Por outro lado, quanto menores os obstáculos naturais e maior o obstáculo procedente dos fundamentos do dever, tanto mais imputável (como culpável) é a transgressão. Por conseguinte, a disposição de alma do sujeito – se cometeu a ação num estado de agitação ou mediante fria deliberação – produz uma diferença na imputabilidade, redundando em resultados.

IV – Da divisão de uma metafísica dos costumes[28]

Em toda legislação (quer prescreva ações internas ou externas e quer as prescreva *a priori* pela razão somente ou pela escolha de um outro) há dois elementos: em primeiro lugar, uma *lei*, que representa uma ação que precisa ser realizada como *objetivamente* necessária, isto é, que faz da ação um *dever*; em segundo lugar, um motivo, o qual relaciona um fundamento para determinação da escolha a essa ação subjetivamente com a representação da lei. Daí o segundo elemento é o seguinte: que a lei torne dever o motivo. Pelo primeiro, a ação é representada como um dever e isto constitui um conhecimento meramente teórico de uma determinação possível de escolha, isto é, de regras práticas. Pelo segundo, a obrigação de assim agir está relacionada no sujeito com um fundamento para determinar a escolha geralmente.

Toda legislação pode, portanto, ser distinguida com respeito ao motivo (mesmo que concorde com outro tipo com respeito à ação que transforma em dever, por exemplo, ações que podem ser externas em todos os casos). Essa legislação que faz de uma ação um dever, e também faz desse dever o motivo, é *ética*. Porém, a legislação que não inclui o motivo do dever na lei e, assim, admite um motivo distinto da ideia do próprio dever é *jurídica*. Está claro que no último caso esse motivo, que é algo distinto da ideia do dever, tem de ser extraído de fundamentos determinantes *patológicos* da escolha, inclinações e aversões e, entre estas, principalmente dessas últimas, pois se trata de uma legislação que constrange, não de um engodo que seduz.

28. Uma dedução da divisão de um sistema, isto é, uma prova de que é tanto íntegro quanto contínuo, ou seja, que uma transição a partir do conceito dividido nos componentes da divisão acontece sem um salto (*divisio per saltum*), é uma das mais difíceis condições a serem cumpridas pelo arquiteto de um sistema. Até mesmo o que seria *o conceito dividido superior*, cujas divisões são corretas ou incorretas (*aut fas aut nefas*), requer reflexão. Este conceito é o ato do livre-arbítrio em geral. Os professores de ontologia analogamente iniciam com os conceitos de *alguma coisa* e *nada*, sem estarem cientes de que estes já são componentes de uma divisão para a qual está faltando o conceito dividido. Este conceito só pode ser o de um objeto em geral.

A simples conformidade ou não conformidade de uma ação com a lei, independentemente do motivo para ela, denomina-se sua *legalidade* (*licitude*);[29,30] mas aquela conformidade na qual a ideia de dever que emerge da lei é também o motivo da ação é chamada de sua *moralidade*.[31]

Os deveres de acordo com a legislação jurídica[32] podem ser somente deveres externos, visto que essa legislação não requer que a ideia desse dever, que é interna, seja ela mesma o fundamento determinante da escolha do agente; e, posto que necessita ainda de um motivo que se ajuste à lei, só pode relacionar motivos externos a si. Por outro lado, a legislação ética,[33] embora também transforme ações internas em deveres, não exclui ações externas, mas se aplica a tudo que seja um dever em geral. Porém, precisamente porque a legislação ética inclui no interior de sua lei o motivo interno da ação (a ideia do dever), e esse aspecto não deve estar presente na legislação externa, a legislação ética não pode ser externa (nem mesmo a legislação externa de uma vontade divina), ainda que realmente assuma deveres que se apoiam em uma outra, a saber, uma legislação externa ao torná-los, *como deveres*, motivos em sua legislação.

Disso se pode ver que todos os deveres, simplesmente por serem deveres, pertencem à ética; mas não se segue que a legislação para eles está sempre contida na ética: para muitos deles se acha fora da ética. Assim, a ética me ordena a ainda cumprir um contrato assumido, mesmo que a outra parte não pudesse coagir-me a fazê-lo; mas ela toma a lei (*pacta sunt servanda*) e o dever a esta correspondente da doutrina do direito, como aqui já apresentada. Em conformidade com isto, a proposição da lei de que compromissos assumidos em comum acordo têm de ser mantidos não reside na ética mas no *direito*.[34] Tudo que a ética ensina é que, se o motivo que a legislação jurídica relaciona com aquele dever, *nomeadamente* o constrangimento externo, estiver ausente, a ideia do dever por si mesma será suficiente como um motivo, uma vez que, se este não fosse o caso e se a própria legislação não fosse jurídica de maneira que o dever que dela surge não fosse realmente um dever de direito (como distinto de um dever de virtude), então o cumprimento fiel (na manutenção de compromissos assumidos num contrato) seria colocado na mesma

29. Kant utiliza entre parênteses o termo *Gesetzmässigkeit*, que significa tanto legalidade quanto regularidade. Seu objetivo provavelmente é apenas reforçar a conceituação, uma vez que esse último vocábulo é um sinônimo de origem saxônica do *Legalität*, de origem latina. A ideia prevalecente é a de *regulamentação legal*. (N. T.)

30. Aqui parece ocorrer um hiato, já que a *não conformidade* denomina-se *ilegalidade*. (N. T.)

31. Por razão análoga à que aventamos na nota 29, o autor acresce entre parênteses *Sittlichkeit*, o termo de origem saxônica correspondente ao latino *Moralität*. (N. T.)

32. ...*rechtlichen Gesetzgebung*... (N. T.)

33. ...*ethische Gesetzgebung*... (N. T.)

34. Em latim no original (*ius*). (N. T.)

classe das ações de benevolência e a obrigação para com estas, o que não deve acontecer. Manter os próprios compromissos não constitui dever de virtude, mas dever de direito, a cujo cumprimento pode-se ser forçado. Mas prossegue sendo uma ação virtuosa (uma demonstração de virtude) fazê-lo mesmo onde nenhuma coerção possa ser aplicada. A doutrina do direito e a doutrina da virtude não são, consequentemente, distinguidas tanto por seus diferentes deveres como pela diferença em sua legislação, a qual relaciona um motivo ou o outro com a lei.

A legislação ética (mesmo se os deveres pudessem ser externos) é aquela que *não pode* ser externa; a legislação jurídica é aquela que pode ser também externa. Assim, constitui um dever externo manter um compromisso assumido num contrato; o comando, contudo, de fazê-lo meramente porque se trata de um dever, sem consideração por qualquer outro motivo, pertence somente à legislação interna. Assim, a obrigação é atribuída à ética não porque o dever seja de um tipo particular (um tipo particular de ação à qual alguém está obrigado) – pois há deveres externos na ética, bem como no direito –, mas porque a legislação neste caso é uma legislação interna e não pode ter legislador externo. Pela mesma razão, deveres de benevolência, embora sejam deveres externos (obrigações para com ações externas), são ainda atribuídos à ética porque a legislação que lhes diz respeito só pode ser interna. A ética também possui seus deveres especiais (por exemplo, deveres para consigo mesmo), mas igualmente possui deveres em comum com o direito; o que não possui em comum com o direito é somente o tipo de *obrigação*, pois o que é distintivo na legislação ética é dever alguém realizar ações simplesmente porque são deveres e tornar o princípio do dever ele mesmo, não importa de onde provenha o dever, o motivo suficiente para a escolha. Assim, embora haja muitos deveres *diretamente éticos*, a legislação interna torna o resto deles, sem qualquer exceção, indiretamente éticos.

INTRODUÇÃO À DOUTRINA DO DIREITO

Parágrafo A
O que é a doutrina do direito?

Denomina-se *doutrina do direito* (*ius*) a soma daquelas leis para as quais é possível uma legislação externa. Se houve realmente uma tal legislação, é a doutrina do direito positivo, e diz-se daquele nesta versado – o jurista (*iurisconsultus*) – que é experiente na lei (*iurisperitus*) quando não somente conhece leis externas, como também as conhece externamente, isto é, na sua aplicação a casos que ocorrem na experiência. Pode-se também dar o nome de jurisprudência[35] (*iurisprudentia*) a tal conhecimento; porém, na falta de ambas as condições, ele permanece mera *ciência jurídica* (*iurisscientia*). Esse último título diz respeito ao conhecimento sistemático da doutrina do direito natural (*ius naturae*), embora alguém versado nesta tenha de suprir os princípios imutáveis a qualquer legislação do direito positivo.

Parágrafo B
O que é o direito?

Tal como a muito citada indagação "o que é a verdade?" formulada ao lógico, a questão "o que é o direito?" poderia certamente embaraçar o jurista, se este não quiser cair numa tautologia ou, em vez de apresentar uma solução universal, aludir ao que as leis em algum país em alguma época prescrevem. Ele pode realmente enunciar o que é estabelecido como direito (*quid sit iuris*), ou seja, aquilo que as leis num certo lugar e num certo tempo dizem ou disseram. Mas se o que essas leis prescreviam é também direito e qual o critério universal pelo qual se poderia reconhecer o certo e o errado (*iustum et iniustum*), isto permaneceria oculto a ele, a menos que abandonasse esses princípios empíricos por enquanto e buscasse as fontes desses juízos exclusivamente

35. ...*Rechtsklugheit*... (N. T.)

na razão, visando a estabelecer a base para qualquer produção possível de leis positivas (ainda que leis positivas possam servir de excelentes diretrizes para isso). Como a cabeça de madeira da fábula de Fedro, uma doutrina do direito meramente empírica é uma cabeça possivelmente bela, mas infelizmente falta-lhe cérebro.

O conceito de direito, enquanto vinculado a uma obrigação a este correspondente (isto é, o conceito moral de direito), tem a ver, *em primeiro lugar*, somente com a relação externa e, na verdade, prática de uma pessoa com outra, na medida em que suas ações, como fatos, possam ter influência (direta ou indireta) entre si. Mas, *em segundo lugar*, não significa a relação da escolha de alguém com a mera aspiração (daí, por conseguinte, com a mera necessidade) de outrem, como nas ações de beneficência ou crueldade, mas somente uma relação com a escolha do outro. *Em terceiro lugar*, nessa relação recíproca de escolha, não se leva de modo algum em conta a *matéria* da escolha, isto é, o fim que cada um tem em mente com o objeto de seu desejo; não é indagado, por exemplo, se alguém que compra mercadorias de mim para seu próprio uso comercial ganhará com a transação ou não. Tudo que está em questão é a *forma* na relação de escolha por parte de ambos, porquanto a escolha é considerada meramente como livre e se a ação de alguém pode ser unida com a liberdade de outrem em conformidade com uma lei universal.

O direito é, portanto, a soma das condições sob as quais a escolha de alguém pode ser unida à escolha de outrem de acordo com uma lei universal de liberdade.

Parágrafo C
O princípio universal do direito

"Qualquer ação é justa se for capaz de coexistir com a liberdade de todos de acordo com uma lei universal, ou se na sua máxima a liberdade de escolha de cada um puder coexistir com a liberdade de todos de acordo com uma lei universal."

Se, então, minha ação ou minha condição pode geralmente coexistir com a liberdade de todos de acordo com uma lei universal, todo aquele que obstaculizar minha ação ou minha condição me produz injustiça, pois este obstáculo (resistência) não pode coexistir com a liberdade de acordo com uma lei universal.

Disso também resulta que não se pode requerer que esse princípio de todas as máximas seja ele próprio, por sua vez, minha máxima, isto é, não pode ser exigido que *eu dele faça a máxima* de minha ação, pois qualquer um pode ser livre enquanto eu não prejudicar sua liberdade mediante minha ação externa, ainda que eu seja inteiramente indiferente à sua liberdade ou quisesse de coração violá-la. Que eu constitua como minha máxima *agir justamente* é uma exigência que a ética me impõe.

Assim, a lei universal do direito, qual seja, *age externamente de modo que o livre uso de teu arbítrio possa coexistir com a liberdade de todos de acordo com uma lei universal*, é verdadeiramente uma lei que me impõe uma obrigação, mas não guarda de modo algum a expectativa – e muito menos impõe a exigência – de que eu próprio devesse restringir minha liberdade a essas condições simplesmente em função dessa obrigação; em lugar disso, a razão diz apenas que a liberdade está limitada àquelas condições em conformidade com sua ideia e que ela pode também ser ativamente limitada por outros; e ela o diz como um postulado não suscetível de prova adicional. Quando o objetivo de alguém não é ensinar virtude, mas somente expor o que é o direito, não é permissível e nem deveríamos representar aquela lei do direito como ela mesma sendo o motivo da ação.

Parágrafo D
O direito está ligado à competência de exercer coerção

A resistência que frustra o impedimento de um efeito promove este efeito e é conforme ele. Ora, tudo o que é injusto é um obstáculo à liberdade de acordo com leis universais. Mas a coerção é um obstáculo ou resistência à liberdade. Consequentemente, se um certo uso da liberdade é ele próprio um obstáculo à liberdade de acordo com leis universais (isto é, é injusto), a coerção que a isso se opõe (como um *impedimento de um obstáculo à liberdade*) é conforme à liberdade de acordo com leis universais (isto é, é justa). Portanto, ligada ao direito pelo princípio de contradição há uma competência de exercer coerção sobre alguém que o viola.

Parágrafo E
Um direito estrito pode também ser representado como a possibilidade de um uso inteiramente recíproco de coerção que é compatível com a liberdade de todos de acordo com leis universais

Esta proposição exprime, efetivamente, que o direito não deveria ser concebido como constituído por dois elementos, a saber, uma *obrigação* de acordo com uma lei e uma competência de quem, por meio de sua escolha, submete outrem à obrigação para coagi-lo a cumpri-la. Ao contrário, pode-se localizar o conceito do direito diretamente na possibilidade de vincular coerção recíproca universal com a liberdade de todos, isto é, tal como o direito geralmente tem como seu objeto somente o que é externo nas ações, o direito estrito – a saber, aquele que não está combinado com nada ético – requer apenas fundamentos externos para determinar a escolha, pois somente então é ele puro e não mesclado a quaisquer preceitos da virtude. Somente um direito completamente externo pode, assim, ser chamado de *estrito* (direito em sentido restrito). Este realmente se baseia na consciência de obrigação de todos de acordo com uma lei; mas, se for para permanecer puro, não é permissível e nem se pode recorrer a essa consciência como um motivo para determinar a própria escolha de acordo com essa lei. Ao contrário, o direito estrito se apoia no princípio de lhe ser possível usar constrangimento externo capaz de coexistir com a liberdade de todos de acordo com leis universais. Assim, quando se diz que um credor dispõe de um direito de exigir de seu devedor que pague sua dívida, isto não significa que ele pode lembrar o devedor que sua razão ela mesma o coloca na obrigação de fazer isso; significa, ao contrário, que a coerção que constrange a todos a pagar suas dívidas pode coexistir com a liberdade de todos, inclusive a dos devedores, de acordo com uma lei externa universal. Direito e competência de empregar coerção, portanto, significam uma e única coisa.

A lei de uma coerção recíproca necessariamente em harmonia com a liberdade de todos sob o princípio da liberdade universal é, por assim dizer, a *construção* daquele conceito, ou seja, a sua apresentação numa pura intuição *a priori*, por analogia com a apresentação da possibilidade dos corpos se movendo livremente sob a lei da *igualdade da ação e reação*. Na matemática pura não podemos deduzir as propriedades de seus objetos de forma imediata a partir de conceitos, podendo conhecê-las somente através da construção de conceitos. Analogamente, não é tanto o *conceito* de direito quanto, ao contrário, uma coerção plenamente recíproca e igual trazida sob uma lei universal e compatível com esta que torna possível a exposição desse conceito. Ademais, tal como um conceito puramente formal de matemática pura (por exemplo, da geometria) forma a base desse conceito dinâmico, a razão cuidou de fornecer o entendimento na medida do possível com intuições *a priori* para a construção do conceito de direito. Uma linha direita (*rectum*), que é reta, se opõe a uma que é curva, por um lado, e a uma que é oblíqua, por outro lado. Enquanto oposta a uma linha que é curva, a *retidão* é aquela *propriedade interna* de uma linha, de maneira que haja apenas *uma* linha entre dois pontos dados; enquanto oposta a uma linha oblíqua, a *retidão* é aquela posição de uma linha na direção de uma outra que a cruza ou a toca de tal modo que possa haver somente *uma* linha (a perpendicular) que não se incline mais para um lado do que para o outro e que divide o espaço igualmente em ambos os lados. Analogamente a isto, a doutrina do direito deseja estar certa de que *aquilo que pertence a cada um* foi determinado (com precisão matemática). Tal precisão não pode constituir expectativa na doutrina da virtude, a qual não pode recusar algum espaço para exceções (*latitudinem*). Mas, sem que façamos incursões no domínio da ética, encontramos dois casos reivindicatórios de uma decisão em torno de direitos, embora ninguém possa ser encontrado para decidi-los, e que pertencem, por assim dizer, aos *intermundia* de Epicuro.[36] Devemos, primeiramente, separar esses dois casos da doutrina do direito propriamente dita, a qual estamos na iminência de abordar, de sorte que seus princípios inconstantes não venham a afetar os sólidos princípios básicos da doutrina do direito.

Apêndice à introdução à doutrina do direito

Do direito equívoco (*Ius aequivocum*)

Uma competência para exercer coerção está relacionada a qualquer direito em sentido restrito (*ius strictum*). Mas as pessoas pensam também em um direito num sentido *mais lato* (*ius latium*), no qual nenhuma lei existe pela qual uma competência de exercer coerção pudesse ser determinada. Desses verdadeiros ou pretensos direitos há dois: a *equidade* e o *direito de necessidade*. A primeira admite um direito sem coerção; o segundo, a coerção sem um direito. Pode-se facilmente perceber que essa ambiguidade realmente surge do fato de haver casos nos quais um direito está em questão, mas para o qual não é possível apontar juiz algum para produzir uma decisão.

I - Equidade (*Aequitas*)

A *equidade* (considerada objetivamente) não é, de modo algum, uma base para meramente intimar outrem a cumprir um dever ético (ser benevolente e bondoso). Alguém que exige alguma coisa apoiado nessa base, ao contrário, se funda em seu *direito*, porém não possui as condições necessárias a um juiz para determinar em quanto ou de que maneira sua reivindicação poderia ser satisfeita. Supõe que os termos nos quais uma companhia comercial foi formada foram que os sócios deveriam dividir igualmente os lucros, mas que um sócio, entretanto, *fez* mais do que os outros e assim *perdeu* mais

36. Epicuro de Samos (342? – 270 a.C.), filósofo grego. (N. T.)

quando a companhia se defrontou com reveses. Por meio da *equidade,* ele pode exigir mais da companhia do que apenas uma partilha igual juntamente com os outros. De acordo com o direito próprio (estrito), contudo, sua exigência encontraria uma recusa, pois, se alguém cogitasse de um juiz neste caso, ele não disporia de dados (*data*) definidos que o capacitassem a decidir quanto é devido segundo o contrato. Ou supõe que um servo doméstico recebeu seus salários, no fim de um ano, em dinheiro que sofreu depreciação no intervalo, de modo que não pode comprar com ele o que poderia ter comprado com ele quando concluiu o contrato. O servo se vê impossibilitado de apelar para o seu direito de ser compensado quando obtém idêntica quantia de dinheiro, mas este apresenta valor desigual. Ele só pode apelar sob o fundamento da equidade (uma divindade muda que não pode ser ouvida), uma vez que nada foi especificado sobre isso no contrato e um juiz não pode fazer seu pronunciamento em conformidade com condições indefinidas.

Disso também se segue que uma *corte de equidade* (num conflito com outras em torno de seus direitos) envolve uma contradição. Somente onde concerne aos próprios direitos do juiz, e pode este tratar o caso para sua própria pessoa, pode e deveria ele dar ouvidos à equidade, como, por exemplo, quando a própria Coroa suporta os danos aos quais outros incorreram a seu serviço e em relação aos quais eles solicitam a ela que os indenize, ainda que ela possa indeferir a reivindicação deles com base no direito estrito sob o pretexto de que eles empreenderam esse serviço sob seu próprio risco.

A divisa (*dictum*) da equidade é: "o direito mais estrito é a maior injustiça (*summum ius summa iniuria*)". Mas este mal não pode ser remediado por meio do que é estabelecido como direito, embora diga respeito a uma reivindicação a um direito, pois essa reivindicação pertence apenas ao *tribunal da consciência* (*forum poli*), ao passo que toda questão do que é estabelecido como direito tem de ser apresentada ante o *direito civil* (*forum soli*).

II – O direito de necessidade (*Ius necessitatis*)

Supõe-se que este pretenso direito seja uma autorização a tirar a vida de outrem que nada faz para causar-me dano, quando corro o risco de perder a própria vida. É evidente que, se houvesse tal direito, a doutrina do direito teria de estar em contradição consigo mesma, pois a questão aqui não é a de um agressor injusto que atenta contra minha vida e do qual me defendo privando-o de sua vida (*ius inculpatae tutelae*), caso no qual uma recomendação de mostrar moderação (*moderamen*) não tange ao direito, mas somente à ética. Trata-se, ao contrário, de uma questão de violência sendo permitida contra alguém que não empregou violência alguma contra mim.

Está claro que tal asserção não é para ser compreendida objetivamente, em termos do que prescreve uma lei, mas apenas subjetivamente, como a sentença que seria dada por uma corte. Em outras palavras, não pode haver lei penal que condene à morte alguém num naufrágio que, a fim de salvar a própria vida, empurra uma outra pessoa, cuja vida está igualmente em risco, para apanhar uma tábua mediante a qual salva a si mesmo, pois a punição com a qual a lei ameaça não poderia ser maior do que a perda de sua própria vida. Uma lei penal desse tipo seria incapaz de produzir o efeito desejado, uma vez que a ameaça de um mal que é ainda *incerto* (a morte determinada por uma sentença judicial) não é capaz de superar o medo de um mal que é *certo* (ou seja, o afogamento). Consequentemente, o ato de salvar a própria vida por meio de violência não é para ser julgado *inculpável* (*inculpabile*), mas apenas *impunível* (*impunibile*), e, graças a uma estranha confusão, os juristas consideram ser *impunidade objetiva* (conformidade com a lei) essa impunidade subjetiva.

A divisa do direito de necessidade é: "a necessidade não tem lei (*necessitas non habet legem*)". No entanto, não poderia haver necessidade alguma que fizesse o que é injusto se conformar à lei.

Vê-se que em ambas as avaliações do que é direito (em termos de um direito de equidade e um direito de necessidade), a equivocidade ou ambiguidade (*aequivocatio*) nasce do confundir a base objetiva com a subjetiva de exercer o direito (perante a razão e perante um tribunal). O que alguém por si mesmo reconhece com bons fundamentos como *direito*[37] não será confirmado por uma corte e o que ele deve necessariamente julgar como sendo por si *não direito*[38] é tratado com indulgência por uma corte, pois o conceito de direito nesses dois casos não é tomado no mesmo sentido.

Divisão da doutrina do direito

A) Divisão geral dos deveres de direito

Pode-se acatar Ulpiano[39] na elaboração desta divisão, desde que se atribua às suas fórmulas um sentido que talvez ele não tenha nelas intelectualmente

37. ...*recht*... abriga os sentidos próximos e correlacionados, às vezes intercambiáveis, às vezes não, de direito, correto, certo, justo. Neste contexto o adjetivo *recht* parece não apresentar um sentido específico e restrito, mas suficientemente amplo para também incluir o sentido primordial de *justo*. (N. T.)

38. ...*unrecht*..., injusto. (N. T.)

39. Jurisconsulto romano do século III – ver sua *Regras de Ulpiano* (edição bilíngue – Latim/Português, obra presente em Clássicos Edipro).

distinguido com clareza, mas que pode ser desenvolvido a partir delas ou nelas introduzido. São elas as seguintes:

1) *Sejas um ser humano honesto* (*honeste vive*). A honestidade em direito (*honestas iuridica*) consiste em afirmar a própria dignidade como um ser humano em relação aos outros, um dever expresso pelas palavras: "Não faças de ti mesmo apenas um meio para os outros, mas sejas simultaneamente um fim para eles." Este dever será explicado mais tarde como obrigação oriunda do direito de humanidade em nossa própria pessoa (*lex iusti*).

2) *Não prejudica ninguém* (*neminem laede*), mesmo que para evitá-lo devas romper o relacionamento com os outros e fugir de toda a sociedade (*lex iuridica*).

3) (Se não puderes deixar de relacionar-te com os outros), *participa de uma associação com eles na qual cada um seja capaz de conservar o que é seu* (*suum cuique tribue*). Se traduzíssemos essa última fórmula por "Dá a cada um o que é seu", o que exprime seria absurdo, uma vez que não se pode dar a quem quer que seja alguma coisa que já tem. Para que tal fórmula fizesse sentido teria de se ler da seguinte maneira: "Participa de uma condição na qual o que pertence a cada um possa lhe ser assegurado contra todos os outros." (*lex iustitiae*).

Assim, as três fórmulas clássicas acima servem também como princípios para a divisão do sistema de deveres de direito em *deveres internos*, *deveres externos* e deveres que envolvem a dedução dos últimos do princípio dos primeiros por inclusão.

B) Divisão geral dos direitos

1) Os direitos,[40] como doutrinas sistemáticas, são divididos em *direito natural*, o qual se apoia somente em princípios *a priori*, e *direito positivo* (estatutário), o qual provém da vontade de um legislador.

2) A divisão superior dos direitos, como faculdades (morais) de submeter outrem a obrigações (isto é, como base legal, *titulum* para fazê-lo), é a divisão em direito *inato* e *adquirido*. Um direito inato é aquele que pertence a todos por natureza, independentemente de qualquer ato que estabelecesse um direito; um direito adquirido é aquele para o qual se requer tal ato.

O que é *inatamente* meu ou teu também pode ser qualificado como o que é *internamente* meu ou teu (*meum vel tuum internum*), pois o que é externamente meu ou teu tem sempre de ser adquirido.

---

40. ...*Der Rechte*... (N. T.)

Só há um direito inato

A liberdade (a independência de ser constrangido pela escolha alheia), na medida em que pode coexistir com a liberdade de todos os outros de acordo com uma lei universal, é o único direito original pertencente a todos os homens em virtude da humanidade destes. Esse princípio de liberdade inata implica as seguintes competências, que não são realmente distintas dela (como se fossem integrantes da divisão de algum conceito superior de direito): igualdade inata, isto é, independência de ser obrigado por outros a mais do que se pode, por sua vez, obrigá-los; daí uma qualidade humana de ser o seu próprio senhor (*sui iuris*), bem como ser um ser humano *irrepreensível* (*iusti*), visto que, antes de realizar qualquer ato que afete direitos, não causou dano algum a ninguém; e, finalmente, está autorizado a fazer aos outros qualquer coisa que em si mesma não reduza o que é deles, enquanto não quiserem aceitá-la – coisas como meramente comunicar suas ideias a eles, dizendo-lhes ou prometendo-lhes algo, quer o que diga seja verdadeiro e sincero ou falso e insincero (*veriloquium aut falsiloquium*), pois lhes cabe inteiramente se disporem a nele acreditar ou não.[41]

O propósito de introduzir tal divisão no sistema do direito natural (na medida em que concernente ao direito inato) é que, quando ocorre uma disputa em torno de um direito adquirido e surge a questão de sobre quem recai o ônus da prova (*onus probandi*) sobre um fato controvertido ou, se isto é estabelecido, sobre um direito controvertido, alguém que se negue a aceitar essa obrigação pode recorrer metodicamente ao seu direito inato à liberdade (que é agora especificado em suas várias relações), como se estivesse recorrendo a vários fundamentos de direitos.

No tocante ao que é inatamente e, portanto, internamente *meu* ou *teu*, não há diversos direitos, mas sim apenas *um* direito. Visto que essa divisão superior consiste de dois componentes de conteúdo bastante desigual, pode

41. Dizer uma falsidade intencionalmente, ainda que por mera leviandade, é qualificado usualmente como uma *mentira* (*mendacium*) porque pode, inclusive, prejudicar alguém, ao menos na medida em que, se esse alguém ingenuamente repeti-la, os outros o ridicularizarão como ingênuo. Entretanto, o único tipo de falsidade que pretendemos classificar como mentira, no sentido jurídico, é aquela que viola diretamente o direito alheio, por exemplo, a falsa alegação de que um contrato foi celebrado com alguém, feita com o fim de privá-lo do que é seu (*falsiloquium dolosum*). E essa distinção entre conceitos intimamente correlacionados não é destituída de fundamento, pois, quando alguém meramente diz o que pensa, uma outra pessoa sempre permanece livre para tomá-lo como lhe agrade. Mas um falatório, que possui algum fundamento, de que se trata de um ser humano cuja palavra não é confiável se aproxima a tal ponto do opróbrio de classificá-lo de mentiroso que a linha fronteiriça que separa o que pertence ao *Ius* (*) do que tem de ser destinado à ética só pode ser traçada precisamente dessa forma. [(*) Kant registra o termo latino com inicial maiúscula e não *Recht*. (N. T.)].

ser inserida nos prolegômenos, e a divisão da doutrina do direito pode se referir apenas ao que é externamente meu ou teu.

Divisão da metafísica dos costumes como um todo

I

Todos os deveres são ou *deveres de direito* (*officia iuris*), quais sejam, deveres para os quais a legislação externa é possível, ou *deveres de virtude* (*officia virtutis s. ethica*), para os quais a legislação externa não é possível. Deveres de virtude não são suscetíveis de estarem submetidos à legislação externa simplesmente porque eles têm a ver com um fim o qual (ou cuja posse) é também um dever. Nenhuma legislação externa é capaz de fazer alguém estabelecer um fim para si mesmo (já que isto constitui um ato interno da mente), a despeito de lhe ser possível prescrever ações externas que conduzem a um fim sem que o sujeito o torne seu fim.

Mas por que é a doutrina dos costumes (moral) geralmente (em especial por Cícero)[42] chamada de doutrina dos *deveres,* e não também doutrina dos *direitos*, ainda que os direitos sejam correlatos aos deveres? A razão é que conhecemos nossa própria liberdade (da qual provêm todas as leis morais e assim todos os direitos, bem como os deveres) somente através do *imperativo moral*, que é uma proposição que ordena o dever, a partir do qual a faculdade de obrigar outrem, ou seja, o conceito de um direito, pode posteriormente ser desenvolvida.

II

Conforme a doutrina dos deveres, um ser humano pode e deve ser representado em termos de sua faculdade de liberdade, a qual é completamente suprassensível e, assim, também meramente em termos de sua *humanidade*, sua personalidade independente de atributos físicos (*homo noumenon*), na sua distinção do mesmo sujeito representado como afetado por atributos físicos, *um ser humano* (*homo phaenomenon*). Consequentemente, direito e finalidade, relacionados, por sua vez, ao dever nessa propriedade dupla, resultam na seguinte divisão:

42. Marco Túlio Cícero (106-43 a.C.), orador, advogado, político e filósofo eclético romano; defensor ardoroso da República romana e inimigo político de Caio Júlio César e dos adeptos do sistema imperial de governo. Seu assassinato foi ordenado pelo segundo triunvirato (formado por Otaviano, Antônio e Lépido). (N. T.)

Divisão de acordo com a relação objetiva da lei com o dever

Dever perfeito

Dever para consigo mesmo			Dever para com os outros
	1 O direito da humanidade em nossa própria pessoa	2 O direito dos seres humanos	
	(de direito) Dever (de virtude)		
	3 A finalidade da humanidade em nossa própria pessoa	4 A finalidade dos seres humanos	

Dever imperfeito

III

Os sujeitos entre os quais se pode cogitar de uma relação de direito com dever (se admissível ou não) podem permanecer correlacionados de diferentes maneiras, o que possibilita também uma divisão desse ponto de vista.

Divisão de acordo com a relação do sujeito que impõe obrigação com o sujeito submetido à obrigação

1 A relação em termos de direitos dos seres humanos com seres que não possuem nem direitos nem deveres.	2 A relação em termos de direitos dos seres humanos com seres que possuem direitos bem como deveres.
Vacat (não há)... pois estes são seres aos quais falta razão, que não podem nem nos obrigar nem pelos quais possamos ser obrigados.	*Adest (há)...* pois esta é uma relação de seres humanos com seres humanos.
3 A relação em termos de direitos dos seres humanos com seres que possuem apenas deveres, mas não direitos.	4 A relação em termos de direitos dos seres humanos com um ser que possui somente direitos, mas não deveres (Deus).
Vacat (não há)... pois estes seriam seres humanos sem personalidade (servos, escravos).	*Vacat (não há)...* ao menos na filosofia, uma vez que este ser não é um objeto de experiência possível.

Assim, unicamente no número 2 é encontrada uma relação *real* entre direito e dever. A razão para não ser encontrada no número 4 é que este seria um dever *transcendente*, isto é, um dever para o qual nenhum sujeito externo correspondente impondo a obrigação pode ser dado, de modo que a relação aqui é somente *ideal* de um ponto de vista teórico, isto é, uma relação com uma *entidade de pensamento*. Nós mesmos produzimos o conceito desse ser, mas esse conceito não é completamente vazio; em lugar disso, é fecundo com referência a nós mesmos e às máximas da moralidade interna, e assim para um propósito prático interno, na medida em que todo o nosso *dever imanente* (realizável) reside unicamente nessa relação, a qual só pode ser *pensada*.

Da divisão da moral[43] *como um sistema de deveres em geral*

<table>
<tr><th colspan="3">Doutrina dos elementos</th><th colspan="2">Metodologia</th></tr>
<tr><td colspan="2">Deveres de direito</td><td>Deveres de virtude</td><td>Didática</td><td>Ascética</td></tr>
<tr><td>Direito privado</td><td>Direito público</td><td></td><td></td><td></td></tr>
<tr><td colspan="2">...e assim por diante, tudo...</td><td></td><td></td><td></td></tr>
</table>

...o que envolve não somente o conteúdo de uma doutrina científica dos costumes, mas também sua forma arquitetônica, uma vez que seus princípios metafísicos estabeleceram por completo seus princípios universais.

A divisão superior do direito natural não pode ser a divisão (por vezes feita) em direito *natural* e direito *social*; em lugar disso, tem de ser a divisão em *direito natural* e *direito civil*, o primeiro sendo chamado de *direito privado* e o segundo, de *direito público*, pois o estado de natureza não se opõe à condição *social*, mas sim à condição *civil*, visto ser certamente possível haver sociedade no estado de natureza, mas não sociedade *civil* (a qual garante o que é meu e teu mediante leis públicas). Essa é a razão porque o direito num estado de natureza é chamado de direito privado.

43. Kant utiliza aqui o termo *Moral* e não *Sittlichkeit*. (N. T.)

A DOUTRINA UNIVERSAL DO DIREITO

Parte I – Direito privado

No tocante ao que é externamente meu ou teu em geral

Capítulo I
COMO TER ALGUMA COISA EXTERNA COMO SUA

§ 1

É juridicamente meu (*meum iuris*) aquilo com o que estou de tal forma ligado que o seu uso por parte de outrem sem meu consentimento me prejudicaria. A condição subjetiva de qualquer uso possível é a *posse.*

Mas alguma coisa externa seria minha somente se eu pudesse assumir que poderia ser prejudicado pelo uso de uma coisa por outrem, ainda que eu não esteja de posse dela. Assim, seria contraditório dizer que tenho alguma coisa externa como pertencente a mim se o conceito de posse não pudesse ter distintos significados, a saber, *posse sensível* e *posse inteligível*, podendo-se entender pela primeira a posse física, mas pela segunda tão só uma posse jurídica do mesmo objeto.

Porém, a frase "um objeto é exterior a mim" pode significar ou que é um objeto meramente distinto de mim (o sujeito) ou, então, que ele também é para ser encontrado numa outra localização (*positus*) no espaço ou tempo. Somente se entendida no primeiro sentido pode a posse ser pensada como posse racional; se tomada no segundo sentido, teria de ser chamada de posse empírica. A posse *inteligível* (se é que isto é possível) é posse de um objeto sem que dele se tenha a ocupação (*detentio*).

§ 2 – Postulado da razão prática no que tange aos direitos

É possível para mim ter qualquer objeto externo de minha escolha como meu, isto é, uma máxima segundo a qual, se fosse para se tornar uma lei, um objeto de escolha teria *em si mesmo* (objetivamente) de pertencer a ninguém (*res nullius*) é contrária à lei.

Assim é porque um objeto de minha escolha é alguma coisa para cujo uso disponho de poder físico. Se não estivesse, contudo, absolutamente em meu poder jurídico dele fazer uso, ou seja, se seu uso não pudesse coexistir com a liberdade de todos de acordo com uma lei universal (fosse injusto), então a liberdade estaria privando a si mesma do uso de sua escolha quanto a um objeto de escolha, colocando objetos utilizáveis além de qualquer possibilidade de serem usados; em outras palavras, os aniquilaria no aspecto prático e os transformaria em *res nullius*, ainda que no uso das coisas a escolha fosse formalmente compatível com a liberdade externa de todos de acordo com leis universais. Mas, visto que a pura razão prática formula apenas leis formais como a base para o uso da escolha e, deste modo, faz abstração de sua matéria, isto é, de outras propriedades do objeto *desde apenas que se trate de um objeto de escolha*, pode não conter proibição absoluta alguma contrária ao uso de um tal objeto, uma vez que isto seria uma contradição da liberdade exterior consigo mesma. Mas um objeto de minha *escolha* é aquele para o qual disponho de capacidade física de usar como me agrade, aquele cujo uso está em meu *poder* (*potentia*). Isto deve ser distinguido de ter o mesmo objeto sob meu controle (*in potestatem meam redactum*), o que pressupõe não apenas uma capacidade, mas também um *ato* de escolha. Mas para *pensar em* alguma coisa simplesmente como um objeto de minha escolha basta-me estar consciente de tê-lo no meu poder. É, portanto, uma pressuposição *a priori* da razão prática considerar e tratar qualquer objeto de minha escolha como algo que pudesse objetivamente ser meu ou teu.

Esse postulado pode ser chamado de lei permissiva (*lex permissiva*) da razão prática, a qual nos concede uma competência que não poderia ser obtida de meros conceitos de direito enquanto tais, *a saber*, submeter todos os demais a uma obrigação que, de outra maneira, não teriam de se abster de usar certos objetos de nossa escolha porque fomos os primeiros a ter deles a posse. É vontade da razão que isto seja válido como um princípio e ela o faz como razão *prática*, a qual se estende *a priori* por esse postulado de razão.

Um princípio[44] *teórico a priori*, nomeadamente, uma intuição *a priori* teria de constituir a base do conceito dado (como estabelecemos na *Crítica da*

44. No original, *In einem* (Num). (N. T.)

Razão Pura); e assim alguma coisa teria de ser somada ao conceito de posse de um objeto. Entretanto, com esse princípio prático, segue-se o procedimento oposto e todas as condições da intuição que estabelecem a posse empírica têm de ser eliminadas (desconsideradas) a fim de estender o conceito de posse além de posse empírica e capacitar-se a dizer: é possível a qualquer objeto externo de minha escolha ser estimado como juridicamente meu se eu tiver o controle dele (e somente na medida em que eu tiver o controle dele) sem que tenha a posse dele.

A possibilidade desse tipo de posse e, assim, a dedução do conceito de *posse não empírica* se fundam no postulado da razão prática no que toca aos direitos, a saber: "que é um dever de direito agir com os outros de sorte que o que é externo (utilizável) possa também se tornar de alguém", juntamente com a exposição do conceito de um objeto externo que pertença a alguém, uma vez que esse conceito se apoia simplesmente naquele de posse não física. Não há, contudo, meio de provar de *per si* a possibilidade da posse não física ou de ter qualquer discernimento dela (exatamente porque se trata de um conceito racional para o qual não pode ser dada nenhuma intuição correspondente); sua possibilidade é, ao contrário, uma consequência imediata do postulado referido, pois, se é necessário agir de acordo com esse princípio de direito, sua condição inteligível (uma posse meramente jurídica) tem, então, também que ser possível. Que ninguém se surpreenda que princípios teóricos sobre objetos externos que são meus ou teus se percam no inteligível e não representem ampliação alguma de conhecimento, visto que nenhuma dedução teórica pode ser dada à possibilidade do conceito de liberdade no qual estão baseados. Só pode ser inferida da lei prática da razão (o imperativo categórico) como um fato da mesma.

§ 3

Quem quiser afirmar que tem uma coisa como pertencente a si tem de estar de posse de um objeto, posto que de outra maneira não poderia ser prejudicado pelo uso que outrem dele fizesse sem seu consentimento, pois, se alguma coisa exterior a esse objeto, que não está a este ligada mediante direitos, afetasse o objeto, não seria capaz de afetar ele mesmo (o sujeito) e causar-lhe qualquer mal.

§ 4 – Exposição do conceito de objetos externos que são meus ou teus

Só pode haver três objetos externos de minha escolha: 1) uma coisa (corpórea) externa a mim; 2) a escolha de outrem de realizar um ato específico (*praestatio*); 3) o estado de outrem em relação a mim. Estes são objetos de minha escolha em termos das categorias de *substância*, *causalidade* e *comunidade* entre eu mesmo e objetos externos de acordo com leis da liberdade.

a) Não posso qualificar um objeto no espaço (uma coisa corpórea) como *meu*, a menos que, embora não tenha a posse física dele, eu possa ainda afirmar que tenho uma outra (por conseguinte, não física) posse dele. Assim, não qualificarei de minha uma maçã por tê-la na mão (possuí-la fisicamente), mas somente se puder dizer que a possuo mesmo que a deposite em algum lugar, não importa qual. Do mesmo modo, não serei capaz de dizer que a terra na qual me instalei é minha porque me encontro nela, mas somente se puder afirmar que ainda permaneço de posse dela ainda que eu tenha abandonado o lugar; pois alguém que tentasse no primeiro caso (da posse empírica) tirar à força a maçã de minha mão ou arrastar-me para longe do meu leito efetivamente me prejudicaria no tocante ao que é *internamente* meu (a liberdade); porém, não me prejudicaria no tocante ao que é *externamente* meu, a não ser que eu pudesse asseverar que estou de posse do objeto, mesmo sem dele me apossar. Não poderia, então, qualificar de meus esses objetos (a maçã e o leito).

b) Não posso qualificar de *minha* a prestação de alguma coisa por escolha de outro, se tudo que estou capacitado a dizer é que ela passou à minha posse ao mesmo tempo que ele a prometeu (*pactum re initum*), mas somente se eu puder afirmar que estou de posse da escolha do outro (para determinar essa prestação) ainda que o tempo para a prestação ainda esteja por chegar. A promessa do outro está, portanto, incluída nos meus pertences e bens (*obligatio activa*) e eu posso computá-la como minha não apenas se (como no primeiro caso) eu já tiver em minha posse o que foi prometido, mas mesmo que ainda não o possua. Assim, *devo* ser capaz de pensar que estou de posse desse objeto independentemente de estar limitado por condições temporais e, portanto, independentemente da posse empírica.

c) Não posso qualificar de *meus* uma mulher, uma criança, um criado e, em geral, uma outra pessoa porque agora os tenho a meu cargo como membros de minha casa ou os tenho sob minha força e meu controle, estou de posse deles, mas somente se, a despeito de terem se afastado desse constrangimento e eu não os possua (empiricamente), possa eu ainda dizer que os possuo meramente por meio de minha vontade – daí tão só juridicamente – enquanto eles existirem em algum lugar ou em algum tempo. Somente se e na medida em que eu possa afirmá-lo estarão eles incluídos em meus pertences.

§ 5 – Definição do conceito de objetos externos que são meus ou teus

A *definição nominal* do que é externamente *meu* – aquela que basta apenas para distinguir o objeto de todos os demais e emerge de uma exposição completa e determinada do conceito – seria esta: que fora de mim é externamente meu o que constituísse uma lesão (uma violação à minha liberdade que pode coexistir com a liberdade de todos de acordo com uma lei universal) para impedir-se um uso arbitrário. Mas a *definição real* desse conceito – aquele que também é suficiente para a dedução dele (cognição da possibilidade do objeto) – é expressa assim: alguma coisa externa é minha se eu fosse lesado ao ser perturbado no meu uso dela, *ainda que eu não esteja de posse dela* (sem me apoderar do objeto). Tenho de estar de alguma forma de posse de um objeto externo, se for para qualificá-lo como meu, pois de outra maneira alguém que afetasse esse objeto contra minha vontade não me afetaria também e, assim, não me lesaria. Portanto, em consequência do parágrafo 4, é necessário supor a possibilidade da posse inteligível (*possessio noumenon*) se é para alguma coisa externa ser minha ou tua. A posse empírica (ocupação) é então apenas posse *aparente* (*possessio phaenomenon*), embora o objeto ele mesmo que possuo não seja aqui tratado, como foi na Analítica transcendental, como uma aparência, mas como uma coisa em si, pois lá a razão dizia respeito ao conhecimento teórico da natureza das coisas e até que ponto podia se estender; aqui, todavia, diz respeito à determinação prática da escolha de acordo com leis da liberdade, quer o objeto possa ser conhecido através dos sentidos ou através do puro entendimento somente, e o direito é um *conceito racional* puro, prático da escolha sob as leis da liberdade.

Pela mesma razão não é apropriado falar de possuir um direito a este ou àquele objeto, mas de possuí-lo *apenas juridicamente*, pois um direito já é uma posse intelectual de um objeto e não faria sentido falar de possuir uma posse.

§ 6 – Dedução do conceito de posse meramente jurídica de um objeto externo (*possessio noumenon*)

A questão *como é possível que alguma coisa externa seja minha ou*[45] *tua?* se resolve na questão: *como é possível a posse* meramente jurídica (inteligível)*?*,

45. Aqui, e em geral em todo o contexto da doutrina do direito, Kant emprega *und* e não *oder*, mas a ideia expressa sempre implica distinção entre o *meu* e o *teu* e não adição, pelo que preferimos *ou*. (N. T.)

e esta, por sua vez, numa terceira questão: *como é possível uma proposição* sintética a priori *sobre o direito?*

Todas as proposições sobre o direito são proposições *a priori,* uma vez que são leis de razão (*dictamina rationis*). Uma proposição *a priori* sobre o direito relativa à posse empírica é *analítica*, porque nada mais expressa do que o resultante da posse empírica de acordo com o princípio de contradição, *qual seja, que, se estou* em poder *de uma coisa*[46] (e assim fisicamente ligado a ela), alguém que a afete sem meu consentimento (por exemplo, arrebata uma maçã de minha mão) afeta e diminui o que é internamente meu (minha liberdade), de sorte que sua máxima está em direta contradição com o axioma do direito.[47] Assim, a proposição sobre posse empírica em conformidade com direitos não ultrapassa o direito de uma pessoa com respeito a si mesma.

Por outro lado, uma proposição sobre a possibilidade de possuir uma coisa *externa a mim mesmo*, que põe de lado quaisquer condições de posse empírica no espaço e tempo (e, daí, pressupõe a possibilidade da *possessio noumenon*), vai além dessas condições limitadoras; e, visto que afirma a posse de alguma coisa sem sua *ocupação*, como necessário ao conceito de alguma coisa externa que é minha ou tua, é *sintética.* Cabe à razão, então, a tarefa de mostrar como uma tal proposição – que ultrapassa o conceito de posse empírica – é possível *a priori.*

Desta forma, por exemplo, tomar posse de um pedaço de terra separado é um ato de escolha particular sem ser, por isso, arbitrário. O possuidor funda seu ato numa posse inata em comum da superfície da terra e numa vontade geral que lhe corresponde *a priori*, que permite sua posse privada (de outra maneira, coisas desocupadas seriam tornadas em si mesmas, e de acordo com uma lei, coisas que a ninguém pertencem). Por ser o primeiro a tomar posse, ele originariamente adquire um definido pedaço de terra e resiste mediante o direito (*iure*) a qualquer outra pessoa que lhe barrasse fazer uso privado dele. Contudo, posto que ele se acha num estado de natureza, não pode fazê-lo por meio de procedimentos legais (*de iure*) porque realmente não existe qualquer lei pública nesse estado.

Mesmo que um pedaço de terra fosse considerado livre ou declarado como tal, isto é, aberto ao uso de qualquer um, poder-se-ia ainda não dizer que é livre por natureza ou originalmente livre antes de qualquer ato estabelecendo

---

46. ... *dass nämlich, wenn ich* Inhaber *einer Sache*... Kant se refere ao conceito de *occupatio* do direito romano. (N. T.)

47. Acerca do axioma do direito, ver o ensaio de Kant intitulado *Do pretenso direito de mentir por motivos benevolentes.* (N. T.)

um direito, pois se trataria novamente de uma relação com coisas, nomeadamente com a terra, a qual negaria a posse de si mesma a qualquer um; ao contrário, dir-se-ia que essa terra é livre devido a uma proibição dirigida a todos quanto a dela se fazer uso, e por isso se requer a posse dela em comum, o que não pode ocorrer sem um contrato. Entretanto, a terra que só pode ser livre dessa maneira tem realmente de estar de posse de todos aqueles (reunidos) que proíbam ou suspendam o uso recíproco dela.

Essa comunidade original da terra e juntamente de tudo o que toca a ela (*communio fundi originaria*) é uma ideia que possui realidade objetiva (juridicamente prática). Esse tipo de comunidade deve ser nitidamente distinguido de uma comunidade primitiva (*communio primaeva*), a qual é uma ficção, pois uma comunidade primitiva teria de ser a que fosse instituída e que surgisse de um contrato pelo qual todos renunciassem às posses particulares e, unindo suas posses àquelas de todos os outros, as transformassem numa posse coletiva – e a história teria de nos fornecer evidência de um tal contrato. Mas é contraditório afirmar que um tal procedimento seja um *tomar posse original* e que cada homem pudesse e devesse ter baseado nele a sua posse particular.

Residir na terra (*sedes*) deve ser distinguido de estar de posse (*possessio*) dela, e *instalar-se* ou *fixar-se* (*incolatus*), que é uma posse privada duradoura de um lugar dependente da presença do sujeito nele, deve ser distinguido de tomar posse da terra com a intenção de algum dia adquiri-la. Não estou falando aqui sobre instalar-se como um segundo ato de estabelecer um direito, o que pode ou seguir-se à tomada de posse ou não ocorrer de modo algum, pois o instalar-se deste tipo não seria posse original, mas seria posse derivada do consentimento de outros.

A posse meramente física da terra (sua ocupação) já é um direito a uma coisa, embora certamente não por si suficiente para considerá-la como minha. Relativa a outros, visto que (na medida do que se sabe) é primeira posse, é coerente com o princípio da liberdade externa e também está envolvida na posse original em comum, que proporciona *a priori* a base sobre a qual qualquer posse privada é possível. Consequentemente, interferir com o uso de um pedaço de terra pelo seu primeiro ocupante significa lesá-lo. Realizar a primeira tomada de posse tem, portanto, uma base jurídica (*titulus possessionis*), que é posse original em comum; e o brocardo "Felizes são aqueles que têm a posse" (*beati possidentes*), porque ninguém ser obrigado a certificar sua posse é um princípio básico de direito natural, o qual estabelece o tomar a primeira posse como uma base jurídica de aquisição com a qual pode contar todo primeiro possuidor.

§ 7 – Aplicação a objetos da experiência do princípio de que é possível para alguma coisa externa ser minha ou tua

O conceito de *posse meramente jurídica* não é um conceito empírico (dependente de condições de espaço e tempo) e, no entanto, detém realidade prática, ou seja, tem de ser aplicável a objetos da experiência, cujo conhecimento depende dessas condições. A maneira de proceder com o conceito de um direito no que respeita a tais objetos, de sorte que possam ser objetos externos que sejam meus ou teus, é a que se segue. Uma vez que o conceito de um direito é simplesmente um conceito racional, não pode ser aplicado *diretamente* a objetos da experiência e ao conceito de posse empírica, tendo de ser primeiramente aplicado ao conceito puro do entendimento de *posse* em geral. Assim, o conceito ao qual o conceito de um direito é diretamente aplicado não é o de *ocupação* (*detentio*), que é um modo empírico de pensar a posse, mas o conceito de *ter*, no qual é feita abstração de todas as condições espaciais e temporais e o objeto *é pensado* somente como *sob meu controle* (*in potestate mea positum esse*). Assim, também, a expressão *externo* não significa *existente num lugar distinto de onde eu estou*, ou que minha decisão e aceitação estão ocorrendo num tempo diferente daquele da oferta; significa apenas um objeto *distinto* de mim. Ora, a razão prática exige de mim, por força de sua lei do direito, que eu aplique *meu* ou *teu* aos objetos, não de acordo com condições sensíveis, mas as abstraindo, visto que tem a ver com uma determinação de escolha de acordo com leis da liberdade e também de mim exige que pense na posse deles dessa forma, posto que somente um *conceito do entendimento* pode ser incluído sob conceitos de direito. Direi, portanto, que possuo um campo, ainda que esteja num lugar completamente diferente de onde estou realmente, pois estamos falando aqui somente de uma relação intelectual com um objeto, na medida em que o tenho *sob meu controle* (o *conceito de posse* do entendimento *independente* de determinações espaciais) e o objeto é *meu* porque minha vontade para usá-lo como me agrade não entra em conflito com a lei da liberdade externa. Aqui a razão prática requer que pensemos a posse *separada* da posse desse objeto de minha escolha na aparência (ocupando-o), pensá-la não em termos de conceitos empíricos, mas conceitos do entendimento, aqueles que possam conter condições *a priori* de conceitos empíricos. Nisto está baseada a validade de tal conceito de posse (*possessio noumenon*), como uma legislação que é válida para todos, pois essa legislação está envolvida na expressão "este objeto externo é *meu*", visto que por ela uma obrigação é estabelecida sobre todos os outros, que de outra maneira não teriam de se abster do uso do objeto.

Assim, a forma de *ter* alguma coisa externa como o que é *meu* consiste numa ligação meramente jurídica da vontade do sujeito com aquele objeto de acordo com o conceito de posse inteligível, independentemente de qualquer relação com ele no espaço e tempo. Não é porque ocupo um lugar sobre a Terra com meu corpo que esse lugar é alguma coisa externa que é minha (pois concerne somente à minha liberdade externa, daí somente a posse de mim mesmo, não uma coisa externa a mim, de modo que é apenas um direito interno). É meu se eu ainda o possuir, embora o tenha abandonado por outro lugar; somente então é meu direito externo envolvido. E qualquer um que queira fazer da minha contínua ocupação desse lugar por minha pessoa a condição de eu *tê-lo* como *meu* terá ou que asseverar que não é, de modo algum, possível ter alguma coisa externa como minha (o que conflitua com o postulado do § 2), ou exigir que, para tê-lo como meu, eu esteja em dois lugares ao mesmo tempo: posto que isto equivale a dizer que me cabe estar num lugar e também não estar neste, ele se contradiz.

Isso também pode ser aplicado ao caso de eu ter aceitado uma promessa, pois meu *ter* e posse no que foi prometido não são anulados pelo fato de o promitente declarar numa ocasião que "esta coisa é para ser tua" e, então, numa ocasião posterior declarar sobre a mesma coisa que "é agora minha vontade que ela não seja tua", pois em tais relações intelectuais é como se o promitente houvesse dito, sem qualquer tempo entre as duas declarações de sua vontade, "isto é para ser teu" e também "isto não é para ser teu", o que é contraditório.

O mesmo vale para o conceito de posse jurídica de uma pessoa, enquanto incluída nos haveres do sujeito (sua mulher, criança, criado). Essa comunidade doméstica e a posse de sua respectiva *condição* de todos os seus membros face a face entre si não são extintas por estes serem autorizados a se separar uns dos outros e se dirigirem para lugares distintos, pois o que os liga é uma relação *em termos de direito* e o que é externamente meu ou teu aqui está baseado, como nos casos anteriores, inteiramente na hipótese de que a posse puramente racional sem ocupação mútua é possível.

A razão juridicamente prática é forçada a uma crítica de si mesma no conceito de alguma coisa externa que é minha ou tua, e isto mediante uma antinomia de proposições concernentes à possibilidade de um tal conceito, *ou seja*, somente mediante uma dialética inevitável na qual tanto tese quanto antítese realizam iguais reivindicações pela validade de duas condições incompatíveis entre si é a razão forçada, mesmo em seu uso prático (que tem a ver com direitos), a fazer uma distinção entre *posse* como aparência e *posse* pensável meramente pelo entendimento.

A tese diz: *é possível* ter alguma coisa externa como minha, ainda que eu não esteja de posse dela.

A antítese diz: *não é possível* ter alguma coisa externa como minha, a menos que eu esteja de posse dela.

Solução: ambas as proposições são verdadeiras, a primeira, se eu entender, pela palavra *posse*, posse empírica (*possessio phaenomenon*); a segunda, se eu por ela entender pura posse inteligível (*possessio noumenon*). Todavia, não podemos compreender como é possível a posse inteligível e, assim, como é possível que alguma coisa externa seja minha ou tua, tendo nós de inferi-lo do postulado da razão prática. No tocante a este postulado, cumpre destacar em especial que a razão prática amplia a si mesma sem intuições e sem mesmo necessitar de quaisquer que sejam *a priori*, meramente omitindo condições empíricas, como lhe é justificado fazer pela lei da liberdade. Deste modo pode formular proposições sintéticas *a priori* sobre o direito, cuja prova (como será em breve demonstrado) pode ser posteriormente aduzida, num aspecto prático, de um modo analítico.

§ 8 – É possível ter alguma coisa externa como sua somente numa condição jurídica, sob uma autoridade que legisla publicamente, ou seja, numa condição civil

Quando declaro (por palavras ou atos) que *é minha vontade que alguma coisa externa deve ser minha*, declaro com isso que todos os demais estão obrigados a se abster do uso daquele objeto de minha escolha, uma obrigação que ninguém teria se não fora por esse meu ato de estabelecer um direito. Esta pretensão, entretanto, envolve o reconhecimento de que eu, por minha vez, estou obrigado em relação a todo outro a me abster de usar o que é externamente seu, pois a obrigação aqui surge de uma regra universal que tem a ver com relações jurídicas externas. Não estou, por conseguinte, obrigado a deixar intocáveis objetos externos pertencentes a outros, a menos que todos os demais me proporcionem garantia de que se comportarão segundo o mesmo princípio com respeito ao que é meu. Essa segurança não requer um ato especial para estabelecer um direito, mas já está encerrada no conceito de obrigação correspondente a um direito externo, uma vez que a universalidade, e com esta a reciprocidade, da obrigação surge de uma regra universal. Ora, uma vontade unilateral não pode servir como uma lei coercitiva para todos no que toca à posse que é externa e, portanto, contingente, já que isso violaria a liberdade de acordo com leis universais. Assim, é somente uma vontade submetendo todos à obrigação, consequentemente somente uma vontade coletiva e geral (comum) e poderosa é capaz de suprir a todos tal garantia. Contudo, a condição de estar submetido a uma legislação externa geral (isto é, pública) acompanhada de poder é a *condição civil*. Conclui-se que apenas numa condição civil pode alguma coisa externa ser minha ou tua.

Consequência: se fosse necessariamente possível, do ponto de vista dos direitos, ter um objeto externo como seu, ao sujeito teria também de ser permitido constranger a todos os outros com os quais entrasse em conflito, relativamente a um objeto externo ser seu ou alheio, a ingressar com ele numa Constituição civil.

§ 9 – Em um estado de natureza, alguma coisa externa pode realmente ser minha ou tua, mas apenas provisoriamente

Quando as pessoas vivem sob uma Constituição civil, as leis estatutárias existentes nesta condição não podem violar o direito natural (isto é, o direito deduzível de princípios a favor da Constituição civil); e, assim, o princípio jurídico "quem quer que aja com base numa máxima que impossibilita que eu tenha um objeto de minha escolha como meu me prejudica" permanece em vigor, pois uma Constituição civil é precisamente a condição jurídica pela qual o que pertence a cada um é apenas assegurado, porém não realmente estabelecido e determinado. Qualquer garantia, então, já pressupõe o que pertence a alguém (a quem ela assegura). Antes de uma Constituição civil (ou na abstração desta), a possibilidade de objetos externos que são meus ou teus tem, portanto, de ser assumida e com eles um direito de constranger a todos com os quais pudéssemos entreter quaisquer negociações para que conosco ingressassem numa Constituição na qual objetos externos podem ser assegurados como meus ou teus. A posse em antecipação e preparação para a condição civil, que pode ser baseada somente numa lei de uma vontade comum, posse esta que, por conseguinte, se harmoniza com a possibilidade de uma tal condição, é posse *provisoriamente jurídica*, enquanto a posse encontrada numa condição civil real seria posse *definitiva*. Antes de ingressar nessa condição, um sujeito que está pronto para ela resiste com direito àqueles que não desejam se submeter a ela e que querem interferir com sua posse presente, pois a vontade de todos os outros, exceto ele mesmo, a qual propõe submetê-lo à obrigação de renunciar a uma certa posse, é meramente *unilateral* e, consequentemente, tem tão pouca força legal em negar-lhe a posse quanto tem ele em afirmá-la (uma vez que esta só pode ser encontrada numa vontade geral), ao passo que ele, ao menos, detém a vantagem de ser compatível com a introdução e o estabelecimento de uma condição civil. Em síntese, o modo de ter alguma coisa externa como sua num *estado de natureza* é posse física que tem a seu favor a presunção jurídica de que será convertida em posse jurídica através de sua união com a vontade de todos numa legislação pública, e em antecipação a isto é válida *comparativamente* como posse jurídica.

De acordo com a fórmula *Felizes são aqueles que têm a posse* (*beati possidentes*), essa prerrogativa do direito resultante da posse empírica não consiste em ser desnecessário ao possuidor – visto que se presume ser ele um homem honesto – fornecer prova de que sua posse se conforma ao direito (pois isto vale somente em disputas acerca de direitos). Essa prerrogativa, ao contrário, nasce da faculdade por todos possuída, segundo o postulado da razão prática, de ter um objeto externo de sua escolha como seu. Consequentemente, qualquer ocupação de um objeto externo é uma condição cuja conformidade com o direito é baseada naquele postulado por meio de um prévio ato da vontade, e, enquanto essa condição não conflituar com a posse anterior de outrem do mesmo objeto, o possuidor estará provisoriamente justificado, de acordo com a lei da liberdade externa, a impedir qualquer um que não queira ingressar com ele numa condição de liberdade pública legal de usurpar o uso daquele objeto para dispor para seu próprio uso, em conformidade com o postulado da razão, uma coisa que, de outra maneira, seria praticamente aniquilada.

Capítulo II
COMO ADQUIRIR ALGUMA COISA EXTERNA

§ 10 – Princípio geral da aquisição externa

Eu adquiro alguma coisa quando faço (*efficio*) com que se torne *minha*. Alguma coisa externa é originalmente minha quando me pertence sem qualquer ato que estabeleça um direito a ela. Mas a aquisição original é a que não é derivada daquilo que é de outrem.

Nada externo é originalmente meu, porém pode ser realmente adquirido originalmente, isto é, sem ser derivado do que é de outrem. Uma condição de comunidade (*communio*) do que é meu ou teu jamais pode ser pensada como sendo original, mas tem de ser adquirida (por um ato que estabelece um direito externo), ainda que a posse de um objeto externo possa originalmente ser somente posse em comum. Mesmo se alguém pensar (problematicamente) numa comunidade *original* (*communio mei et tui originaria*), deve ainda assim ser distinguida de uma comunidade *primitiva* (*communio primaeva*), a qual se supõe ter sido instituída no mais remoto tempo das relações de direitos entre seres humanos e não pode ser baseada, como a primeira, em princípios, mas apenas na história; embora primitiva, teria sempre de ser pensada como sendo adquirida e derivada (*communio derivata*).

O princípio da aquisição externa é o seguinte: é meu o que trago para o meu controle (de acordo com a lei da liberdade exterior); o que, como um objeto de minha escolha, é alguma coisa para cujo uso tenho capacidade (conforme o postulado da razão prática); e o que, finalmente, *quero* que seja meu (em conformidade com a ideia de uma *vontade* unida possível).

Os aspectos (*attendenda*) da aquisição original são, portanto: 1) *Apreensão* de um objeto que não pertence a ninguém, já que de outra maneira a apreensão entraria em conflito com a liberdade alheia de acordo com leis universais. A apreensão é tomar posse de um objeto de escolha no espaço e no tempo, de modo que a posse na qual me instauro é *possessio phaenomenon*; 2) *Indicação* (*declaratio*) de minha posse desse objeto e de meu ato de escolha no sentido de excluir qualquer outra pessoa dele; 3) *Apropriação* (*appropriatio*) como o ato de uma vontade geral (em ideia) produzindo uma lei externa pela qual todos ficam obrigados a assentir com minha escolha. A validade desse último aspecto da aquisição, sobre o qual repousa a conclusão "este objeto externo é meu", ou seja, a conclusão de que minha posse é válida como posse *meramente por direito* (*possessio noumenon*), é baseada no seguinte: uma vez que todos esses atos têm a ver com um direito e, assim, procedem da razão prática na questão do que é formulado como direito, pode-se fazer abstração das condições empíricas de posse, de sorte que a conclusão "o objeto externo é meu" é corretamente tirada da posse sensível para a inteligível.

A aquisição original de um objeto externo de escolha é chamada de *apoderamento* ou *ocupação* (*occupatio*) deste e somente coisas corpóreas (substâncias) podem ser adquiridas originalmente. Quando ocorre, o que requer como condição de posse empírica é anterioridade no tempo em relação a qualquer outro que deseja se apoderar do objeto (*qui prior tempore potior iure*).[48] Como original, é somente o resultado de uma escolha unilateral, pois, se exigisse uma escolha bilateral, a aquisição seria derivada do contrato de duas (ou mais) e, assim, do que é de um outro. Não é fácil compreender como um ato de escolha desse tipo poderia estabelecer o que pertence a alguém. Entretanto, se uma aquisição é *primeira* não é, portanto, *original*, pois a aquisição de uma condição jurídica pública através da união da vontade de todos para a produção de lei universal seria uma aquisição tal que nenhuma outra poderia precedê-la, e ainda assim seria derivada das vontades particulares de cada um e seria *onilateral*, ao passo que a aquisição original só pode provir de uma vontade unilateral.

48. *Quem no tempo é o primeiro tem o direito mais forte.* (N. T.)

Divisão da aquisição de alguma coisa externa que é minha ou tua

1. No que tange à matéria (o objeto), adquiro ou uma coisa corpórea (substância), ou a prestação (causalidade) de uma outra pessoa, ou a própria outra pessoa, isto é, o estado desta pessoa na medida em que eu obtenha um direito de dispor em torno dela (ter relações com ela).

2. No que tange à forma (o tipo de aquisição), é ou um direito a uma coisa (*ius reale*) ou um direito a uma pessoa (*ius personale*), ou um direito a uma pessoa em afinidade com um direito a uma coisa (*ius realiter personale*), isto é, posse (embora não uso) de uma outra pessoa como uma coisa.

3. No que tange à base da aquisição no direito (*titulus*), alguma coisa externa é adquirida através do ato de uma escolha unilateral, bilateral ou onilateral (*facto, pacto, lege*). Embora esta não seja, estritamente, um membro especial da divisão dos direitos, é, de qualquer modo, um aspecto da maneira como a aquisição é realizada.

SEÇÃO I
DO DIREITO DE PROPRIEDADE

§ 11 – O que é o direito a uma coisa?

A explicação usual de *um direito a uma coisa* (*ius reale, ius in re*) segundo a qual "é um direito *contra todo possuidor dela*" é uma definição nominal correta. Mas o que me torna capaz de recuperar um objeto externo de qualquer um que o está *ocupando* e de constrangê-lo (*per vindicationem*) a reinstaurar-me em sua posse? Poderia esta relação jurídica externa de minha escolha ser uma relação *direta* com uma coisa corpórea? Alguém que pensa que seu direito é uma relação direta com coisas e não com pessoas teria de pensar (ainda que apenas obscuramente) que, visto que aí existe a correspondência de um direito, de um lado, com um dever, do outro, uma coisa externa sempre permanece *sob obrigação* relativamente ao primeiro possuidor, muito embora tenha deixado suas mãos; que, uma vez que já se encontra obrigada a ele, rejeita qualquer outro que pretenda ser o seu possuidor. Desta forma, ele pensaria no meu direito como se este fosse um espírito guardião que acompanhasse a coisa, sempre me apontando destacadamente quaisquer outras pessoas que quisessem dela tomar posse e a protegendo contra qualquer arremetida delas. É, portanto, absurdo pensar numa obrigação de uma pessoa em relação a coisas ou o contrário, mesmo que talvez seja permissível, se houver necessidade para tanto, tornar essa relação jurídica perceptível retratando-a e expressando-a desta maneira.

Assim, a definição real deveria ser nos seguintes termos: *um direito a uma coisa* é um direito ao uso privado de uma coisa da qual estou de posse (original ou instituída) em comum com todos os outros, pois esta posse em comum é a única condição sob a qual é possível a mim excluir todo outro possuidor do uso privado de uma coisa (*ius contra quemlibet huius rei possessorem*), visto que, a menos que tal posse em comum seja assumida, é inconcebível como eu, que não estou de posse da coisa, poderia ainda ser prejudicado por outros que estão de posse dela e a estão usando. Por minha escolha unilateral não posso obrigar um outro a abster-se do uso de uma coisa, uma obrigação que, de outro modo, ele não teria; consequentemente, só sou capaz de fazê-lo através da escolha conjunta de todos que a possuem em comum; de outra maneira, teria de conceber um direito a uma coisa como se a coisa tivesse uma obrigação comigo, da qual meu direito contra todo outro possuidor dela é então derivado, o que constitui uma concepção absurda.

Pela expressão *direito de propriedade* (*ius reale*) deveria ser entendido não apenas um direito a uma coisa (*ius in re*), mas também a *soma* de todas as leis que têm a ver com coisas que são minhas ou tuas. Mas está claro que alguém que estivesse totalmente sozinho sobre a Terra não poderia realmente nem ter nem adquirir qualquer coisa externa como sua, uma vez que não há relação alguma de obrigação entre ele, como uma pessoa, e qualquer outro objeto externo, como uma coisa. Consequentemente, falando estrita e literalmente, não há também direito (direto) a uma coisa. Aquilo que se designa como *um direito a uma coisa* é somente o direito que alguém tem contra uma pessoa que está de posse dela em comum com todos os outros (na condição civil).

§ 12 – A primeira aquisição de uma coisa pode ser somente a aquisição de terra

A *terra* (entendida como todo solo habitável) deve ser considerada como a *substância* com respeito a tudo o que se move sobre ela, ao passo que a existência do que se move sobre ela deve ser considerada somente como *inerência*. Tal como num sentido teórico acidentes não podem existir à parte de uma substância, num sentido prático ninguém pode ter o que é móvel sobre um pedaço de terra como seu, a menos que se suponha estar ele já na posse jurídica da terra.

A esse propósito, supõe que a terra não pertencesse a ninguém. Eu poderia, então, remover todas as coisas móveis existentes sobre ela de seus lugares e tomá-la para mim mesmo até que todas houvessem desaparecido, sem com isso violar a liberdade de qualquer outra pessoa que agora não a estivesse ocupando; mas tudo que possa ser destruído, uma árvore, uma casa, e assim por diante, é móvel (ao menos sob o prisma de sua matéria), e, se uma coisa que não pode ser movida sem que isto acarrete a destruição de sua forma é chamada de *imóvel*, então pelo que é meu ou teu com relação a isso entende-se não sua substância, mas o que a esta adere, o que não é a coisa ela mesma.

§ 13 – Qualquer pedaço de terra pode ser adquirido originalmente, e a possibilidade de tal aquisição está baseada na comunidade original da terra em geral

A primeira proposição apoia-se no postulado da razão prática (§ 2). A prova da segunda proposição se segue.

Todos os seres humanos estão originalmente (isto é, anteriormente a qualquer ato de escolha que estabeleça um direito) numa posse de terra que está em conformidade com o direito, ou seja, eles detêm um direito de estar onde quer que seja que a natureza ou o acaso (independentemente da vontade deles) os colocou. Esse tipo de posse (*possessio*) – que deve ser distinguido de residência (*sedes*), uma posse escolhida e, portanto, uma posse adquirida *duradoura* – é uma posse em comum porque a superfície esférica da Terra une todos os lugares sobre si, pois, se essa superfície fosse um plano ilimitado, as pessoas poderiam estar de tal forma dispersas sobre ela que não chegariam a formar nenhuma comunidade entre si e a comunidade não seria, então, um resultado necessário de sua existência sobre a Terra. A posse de todos os seres humanos sobre a Terra que precede quaisquer atos de sua parte que estabeleceriam direitos (posse constituída pela própria natureza) é uma posse original em comum (*communio possessionis originaria*), cujo conceito não é empírico e dependente de condições temporais, como o de uma suposta posse primitiva em comum (*communio primaeva*), que jamais pode ser provada. A posse original em comum é, em lugar disso, um conceito da razão prática que encerra *a priori* o princípio exclusivamente de acordo com o qual as pessoas podem usar um lugar sobre a Terra conforme princípios de direito.

§ 14 – Na aquisição original, o ato requerido para estabelecer um direito é o apoderamento (*occupatio*)[49]

A única condição na qual a tomada de posse (*apprehensio*), começando pela ocupação de uma coisa corpórea no espaço (*possessionis physicae*), se conforma com a lei da liberdade externa de todos (daí *a priori*) é aquela da *anterioridade* no tempo, ou seja, somente na medida em que é a *primeira* tomada de posse

49. Kant não emprega aqui o termo *Inhabung* mas *Bemächtigung*, que traduzimos literalmente por *apoderamento*, mas que corresponde ao conceito latino de *occupatio* (também traduzível por *ocupação*). (N. T.)

(*prior apprehensio*), que é um ato de escolha. Mas a vontade de que uma coisa (e, assim também, um lugar específico, separado sobre a Terra) deva ser minha, isto é, a sua apropriação (*appropriatio*) na aquisição original só pode ser unilateral (*voluntas unilateralis s. propria*). A aquisição de um objeto externo de escolha por uma vontade unilateral é o apoderamento ou ocupação dele. Assim, a aquisição original de um objeto externo e, por via de consequência, também de um pedaço de terra específico e separado, só pode ocorrer através de seu apoderamento (*occupatio*).

Não há como entrever a possibilidade de adquirir dessa maneira, nem é ela demonstrável mediante razões; essa possibilidade é, ao contrário, uma consequência imediata do postulado da razão prática. Mas a vontade indicada acima é capaz de justificar uma aquisição externa somente na medida em que estiver incluída numa vontade que seja unida *a priori* (isto é, somente através da união da escolha de todos capazes de empreender relações práticas mútuas) e que comande em termos absolutos, pois uma vontade unilateral (e uma vontade bilateral, mas ainda *particular*, é também unilateral) não pode submeter todos a uma obrigação que é em si mesma contingente; isso requer uma vontade que seja *onilateral*, que seja unida não contingentemente, mas *a priori* e, por conseguinte, necessariamente, sendo, por isso, a única vontade legisladora, isto porque somente de acordo com esse princípio da vontade é possível ao livre-arbítrio de cada um harmonizar-se com a liberdade de todos e, portanto, possível haver qualquer direito e assim, também, possível a qualquer objeto externo ser meu ou teu.

§ 15 – Alguma coisa pode ser adquirida definitivamente[50] apenas sob uma Constituição civil; em um estado de natureza também pode ser adquirida, mas somente provisoriamente

O estado de Constituição civil, a despeito de ser sua realização subjetivamente contingente, é, não obstante, objetivamente necessário, quer dizer, *necessário* como um dever. No que toca a esta Constituição e sua instauração há, por conseguinte, uma efetiva lei natural de direito a que está sujeita qualquer aquisição externa.

O *título empírico* de aquisição foi a tomada de posse física (*apprehensio physica*), com base na comunidade original da terra. Uma vez que somente uma posse em aparência é suscetível de ser submetida à posse conforme os conceitos racionais do direito, um título, para assumir a posse intelectual (pondo

50. ... *peremtorisch*...: peremptoriamente. (N. T.)

de lado todas as condições empíricas de tempo e espaço), tem de corresponder a esse título empírico de aquisição. Esse título intelectual constitui a base da proposição: "O que submeto ao meu controle de acordo com leis da liberdade externa, e é minha vontade que se torne meu, torna-se meu."

Mas o *título racional* de aquisição só pode se apoiar na ideia de uma vontade de todos unidos *a priori* (necessariamente a serem unidos), que é aqui assumido tacitamente como uma condição necessária (*conditio sine qua non*), pois uma vontade unilateral não pode submeter outros a uma obrigação que de outra maneira não teriam. Porém, a condição na qual a vontade de todos é com efeito unida para produzir lei é a condição civil e, consequentemente, alguma coisa externa pode ser originalmente adquirida somente em conformidade com a ideia de uma condição civil, ou seja, com vistas a ela e a sua realização, mas antes desta (pois, de outro modo, a aquisição seria uma resultante). A consequência é poder a aquisição original ser apenas *provisória*. A aquisição *definitiva* ocorre somente na condição civil.

A despeito disso, essa aquisição provisória é verdadeira, visto que, segundo o postulado da razão prática no que tange aos direitos, a possibilidade de adquirir alguma coisa externa em quaisquer condições em que os indivíduos possam viver juntos (e, assim, também num estado de natureza) é um princípio de direito privado, em conformidade com o qual cada um é justificado por usar a coerção que seja necessária na hipótese de as pessoas abandonarem o estado de natureza e ingressarem no civil, o qual possui a capacidade exclusiva de tornar definitiva qualquer aquisição.

Assoma a questão: até que ponto vai a competência de tomar posse de um pedaço de terra? Até o ponto em que houver a capacidade de controlá-lo, isto é, até o ponto em que aquele que dele quiser se apropriar puder defendê-lo – como se a terra dissesse: *se não podes proteger-me, não podes comandar-me*. Este é também o modo de ter de decidir a disputa em torno de saber se o mar é *livre* ou *fechado*; por exemplo, até onde pode alcançar um tiro de canhão a pesca não é permitida a ninguém, a extração de âmbar do leito do oceano, e assim por diante, ao longo da costa de um território que já pertence a um certo Estado. Ademais, presente o objetivo de adquirir terra, é necessário desenvolvê-la (nela construir, cultivá-la, drená-la, etc.)? Não, pois, uma vez que essas formas (das especificações) são apenas acidentes, não constituem objeto de posse direta e podem ser incorporadas às posses do sujeito apenas na medida em que a substância já seja reconhecida como sua. Quando o que está em questão é a primeira aquisição, desenvolver a terra não passa de um signo externo de tomada de posse, o qual pode ser substituído por muitos outros signos que custam menos esforço. Além do mais, é permitido que um partido interfira com outro no ato de tomada de posse, de sorte que nenhum dos dois goze do direito de anterioridade e a terra permaneça sempre livre, sem pertencer a ninguém? De modo algum, uma vez que um partido pode impedir outro de tomar posse apenas se estiver em terra adjacente, na qual ele próprio pode ser impedido de estar e o impedimento *absoluto* seria uma contradição. Mas com respeito a um certo pedaço de terra (situado entre as duas terras), que se deixa sem uso na qualidade de território neutro para separação dos dois partidos, este ainda seria compatível com o direito de apoderamento. Neste caso, entretanto, essa terra realmente pertence a ambos em comum e não é alguma coisa *que não pertence a ninguém* (*res nullius*), simplesmente porque é usada por ambos para mantê-los separados. E, também, pode alguém ter uma coisa como sua numa terra da qual parte alguma pertence a alguém? Sim, como na Mongólia, onde, uma vez que toda a terra pertence ao povo, o uso dela diz respeito a cada indivíduo, de modo que qualquer um pode deixar sua bagagem nela ou recuperar a posse de seu cavalo se este fugir para ela, posto esta lhe pertencer. Ao contrário, é somente por meio de um contrato que qualquer pessoa pode ter uma coisa móvel como sua numa terra que pertence a outra pessoa. Finalmente, podem dois povos vizinhos (ou famílias) se opor entre si ao adotar um certo uso da terra, por exemplo, pode um povo de caçadores se opor a um povo de pastores ou a um povo de lavradores, ou esse último se opor a um povo que deseja plantar pomares, e assim por diante? Certamente, visto que, enquanto se conservam dentro de suas fronteiras, a maneira de vida segundo a qual querem viver em sua terra fica ao seu próprio critério (*res merae facultatis*).

Em último lugar, pode-se ainda indagar se quando nem a natureza nem o acaso, mas simplesmente nossa própria vontade nos conduz às vizinhanças de um povo com o qual não contemplamos nenhuma perspectiva de uma união civil, não deveríamos estar autorizados a fundar colônias, por meio da força, se necessário, a fim de estabelecer uma união civil com ele e trazer esses seres humanos (selvagens) a um estado de direito (como com os selvagens americanos, os hotentotes e os habitantes da Nova Holanda); ou (o que não é muito melhor) fundar colônias através da compra fraudulenta das terras deles, e assim nos tornarmos proprietários de suas terras, fazendo uso de nossa superioridade sem considerar a primeira posse deles. Não deveríamos nós estar autorizados a fazer isso, especialmente porque a própria natureza (a qual abomina o vazio) parece exigi-lo, e grandes extensões de terra em outras partes do mundo – hoje esplendidamente povoadas – teriam, de outra maneira, permanecido desabitadas por indivíduos civilizados ou, de fato, teriam de persistir desabitadas para sempre, de sorte que a finalidade da criação teria sido frustrada? Contudo, é fácil ver através desse véu de injustiça (*jesuitismo*), o qual sancionaria quaisquer meios conduzentes a bons fins. Um tal meio de adquirir terra deve, portanto, ser repudiado.

A indeterminabilidade, no que toca à quantidade, bem como à qualidade, do objeto externo adquirível torna esse problema (da aquisição externa exclusiva, original) aquele cuja solução é a mais difícil de todas. De qualquer forma, é imperioso haver alguma aquisição original ou outra do que é externo, já que nem toda aquisição pode ser derivada. A conclusão é que esse problema não pode ser abandonado como insolúvel e intrinsecamente impossível. Mas, mesmo que seja solucionado através do contrato original, tal aquisição permanecerá sempre apenas provisória, a menos que esse contrato se estenda à totalidade da espécie humana.

§ 16 – Exposição do conceito de aquisição original da terra

Todos os seres humanos estão originalmente em posse comum[51] da terra da Terra inteira (*communio fundi originaria*) e (cada um) dispõe, por natureza, de vontade para usá-la (*lex iusti*), a qual – porque a escolha de um se opõe inevitavelmente por natureza à escolha do outro –, faria desaparecer qualquer uso dela se essa vontade não encerrasse também o princípio para a escolha pelo qual uma *posse particular* para cada um na terra comum pudesse ser determinada (*lex iuridica*). Mas a lei a que cabe determinar para cada um qual terra é minha ou tua estará de acordo com o axioma da liberdade externa somente se proceder de uma vontade que seja unida *originalmente* e *a priori* (que não pressuponha nenhum ato jurídico para sua união). Daí procede apenas de uma vontade na condição civil (*lex iustitiae distributivae*), a qual com exclusividade determina o que é *direito*, o que é *jurídico* e o que é *formulado* como *direito*. Mas na primeira condição, ou seja, antes do estabelecimento da condição civil, porém com uma perspectiva desta, isto é, *provisoriamente*, é um dever proceder de acordo com o princípio da aquisição externa. Em conformidade com isso, há também uma faculdade jurídica[52] da vontade, no sentido de obrigar a todos a reconhecer o ato de tomar posse e de apropriação como válido, embora este seja apenas unilateral. Com isso se possibilita a aquisição provisória da terra, juntamente com todas as suas consequências jurídicas.

A aquisição provisória, contudo, necessita e ganha o favor de uma lei (*lex permissiva*) para determinar os limites da posse jurídica possível. Visto que essa aquisição precede uma condição jurídica e, uma vez apenas conduzente a ela, não é ainda definitiva, tal favor não ultrapassa o ponto no qual *outros* (participantes) consentem no seu estabelecimento. Mas, caso se oponham a acolhê-la (a condição civil) e enquanto durar sua oposição, esse favor carregará

51. ... *Gesamt-Besitz*... (N. T.)
52. ... *rechtliches Vermögen*... (N. T.)

consigo todos os efeitos da aquisição em conformidade com o direito, uma vez que a saída do estado de natureza é baseada no dever.

§ 17 – Dedução do conceito de aquisição original

Descobrimos o *título* de aquisição numa comunidade original da terra e, portanto, de posse externa sujeita a condições especiais. Descobrimos a *maneira* de aquisição nas condições empíricas de tomar posse (*apprehensio*), associada à vontade de ter o objeto externo como seu. Agora ainda precisamos fazer evoluir a partir de princípios de pura razão prática relativamente aos direitos a *aquisição* ela mesma, isto é, o meu ou teu externo, o qual resulta dos dois elementos dados; ou seja, temos de desenvolver a posse inteligível (*possessio noumenon*) de um objeto a partir do que está contido no seu conceito.

O *conceito pertencente ao direito* do que é *externamente* meu ou teu, na medida em que é uma substância, não pode significar, até o ponto em que está envolvida a expressão *externo para mim*, num outro lugar diferente daquele onde estou, pois se trata de um conceito racional; ao contrário, uma vez que somente um conceito puro do entendimento é passível de estar subordinado[53] a um conceito racional, a expressão pode significar meramente alguma coisa *distinta* de mim. E esse conceito racional não pode significar o conceito de posse empírica (uma tomada de posse contínua, por assim dizer), mas apenas aquele de *ter um objeto externo sob meu controle* (a conexão do objeto comigo, porquanto é essa a condição subjetiva de ser possível a mim usá-lo), que é um conceito puro do entendimento. Ora, se essas condições sensíveis da posse, como uma relação de uma pessoa com objetos que não possuem obrigação, são omitidas ou desconsideradas (abstraídas), a posse será apenas uma relação de uma pessoa com pessoas, todas elas *obrigadas*, no que respeita ao uso da coisa, pela *vontade* da primeira pessoa, na medida em que sua vontade se conforma ao axioma da liberdade externa, com o postulado de sua capacidade de empregar objetos externos de escolha, e com a *legislação* da vontade de todos pensada como unida *a priori*. Isto, então, é posse inteligível de uma coisa, ou seja, posse por mero direito, ainda que o objeto (a coisa que possuo) seja um objeto sensível.

O primeiro cultivo, demarcação ou, em geral, *moldagem* de um pedaço de terra é incapaz de produzir um título de sua aquisição, isto é, a posse do *acidente* não é capaz de fornecer base alguma para a posse jurídica da *substância*. Aquilo que é meu ou teu deve, ao contrário, resultar da propriedade

53. *Subsumido.* (N. T.)

da substância de acordo com essa regra (*accessorium sequitur suum principale*) e todo aquele que despender seu labor na terra que já não era sua perdeu seu trabalho penoso e mourejamento para quem foi o primeiro. Isto é de *per si* tão evidente que é difícil atribuir qualquer outra causa a essa opinião, que é tão antiga e ainda tão difundida, do que a tácita ilusão dominante de personificar as coisas e de pensar em um direito às coisas como sendo um direito *diretamente* sobre elas, como se alguém pudesse, por meio do trabalho que despende com elas, submeter as coisas a uma obrigação de servi-lo e a ninguém mais, pois, de outra maneira, as pessoas provavelmente não teriam passado tão levemente sobre a questão que surge naturalmente (já observada anteriormente): "Como é possível um direito a uma coisa?". Pois um direito contra todo possuidor de uma coisa significa apenas uma competência da parte da escolha particular de alguém para usar um objeto, na medida em que essa competência é suscetível de ser pensada como encerrada numa vontade geral sintética e como em harmonia com a lei dessa vontade.

No caso de coisas corpóreas na terra que já é minha, se não pertencem de outra maneira a outrem, pertencem a mim sem que eu necessite de um ato particular que estabeleça um direito cujo objetivo seja torná-las minhas (não *facto* mas *lege*), pois podem ser consideradas como acidentes inerentes à substância (*iure rei meae*). Qualquer outra coisa que esteja assim ligada a uma coisa minha que uma outra pessoa não possa separar do que é meu sem produzir alteração também pertence a mim (por exemplo, a douradura, a mescla de algum material pertencente a mim com outros materiais, aluvião ou também uma mudança num leito de rio adjacente a minha terra e o resultante aumento desta, e assim por diante). Se a terra que se estende além de território seco pode ser adquirida, isto é, se um trecho do leito do oceano é suscetível de ser adquirido (o direito de pescar além da minha praia, extrair âmbar, etc.), deve ser decidido de acordo com os mesmos princípios. Minha posse se estende até o ponto em que disponha eu de capacidade mecânica a partir de onde resido para dar segurança à minha terra contra a invasão de outros (por exemplo, até o ponto alcançado por um projétil de canhão a partir da praia), estando o mar até tal limite fechado (*mare clausum*). Mas uma vez que é impossível residir no próprio alto-mar, a posse também não pode se estender a este e o mar aberto é livre (*mare liberum*). Mas o proprietário de uma praia não pode incluir em seu direito de aquisição aquilo que é não intencionalmente *banhado na praia*, sejam seres humanos ou coisas a estes pertencentes, visto que isso não o está lesando (não é, de modo algum, um feito), e, embora alguma coisa tenha sido arrojada à terra que pertence a alguém, não pode ser tratada como uma *res nullius*. Por outro lado, um rio pode ser originalmente adquirido por alguém que esteja de posse de ambas as margens até o ponto em que se estende sua posse das margens; ele pode adquirir o rio, tal como pode adquirir qualquer território seco sujeito às condições mencionadas anteriormente.

Um objeto externo que em termos de sua substância pertence a alguém é sua propriedade (*dominium*), a que todos os direitos nessa coisa são inerentes (como acidentes de uma substância) e da qual o proprietário (*dominus*) pode, por via de consequência, dispor como lhe agrade (*ius disponendi de re sua*). Mas disso resulta que um objeto desse tipo só pode ser uma coisa corpórea (relativamente à qual ninguém tem uma obrigação). Por conseguinte, alguém pode ser seu próprio senhor (*sui iuris*), porém não está capacitado a ser o *proprietário de si mesmo* (*sui dominus*) (não pode dispor de si mesmo como lhe agrade), e menos ainda pode dispor dos outros como lhe agrade, posto que é responsável pela humanidade em sua própria pessoa. Este não é, entretanto, o lugar apropriado à discussão deste ponto, *que diz respeito ao direito de humanidade e não àquele dos seres humanos.*[54] É mencionado apenas em caráter incidental colimando a uma melhor compreensão do que foi discutido um pouco antes. Ademais, pode haver dois completos proprietários de uma e a mesma coisa sem que esta seja tanto minha quanto tua em comum; e estes só podem ser *possuidores* em comum *do que pertence a apenas um deles como seu*. Isto ocorre quando um dos assim chamados coproprietários (*condomini*) dispõe somente de posse plena sem uso, ao passo que o outro dispõe de todo o uso da coisa acompanhado da posse dela. Assim, aquele que tem posse plena sem uso (*dominus directus*) apenas restringe o outro (*dominus utilis*) a alguma prestação contínua, sem com isso limitar o seu uso da coisa.

SEÇÃO II
DO DIREITO CONTRATUAL[55]

§ 18

Minha posse da escolha alheia, no sentido de minha faculdade de determiná-la por minha própria escolha a um certo feito em conformidade com leis da liberdade (o que é externamente meu ou teu relativamente à causalidade de outrem), é um direito (do qual posso ter diversos contra a mesma pessoa ou contra outros); porém, há apenas uma única síntese (sistema) de leis, o direito contratual, de acordo com o qual posso participar desse tipo de posse.

54. *... der zum Recht der Menschheit, nicht dem der Menschen gehört...* (N. T.)
55. *Vom persönlichen Recht,* literalmente *Do direito pessoal.* (N. T.)

Um direito pessoal jamais pode ser adquirido originalmente e com base na própria iniciativa (pois neste caso não se conformaria ao princípio da coerência da minha escolha com a liberdade de todos e seria, consequentemente, errado). Assim, também, não posso adquirir um direito contra outrem através de um feito deste que seja contrário ao direito (*facto iniusto alterius*), pois, mesmo que ele tenha me prejudicado e eu disponha de um direito de exigir dele compensação, por meio disto ainda estarei apenas preservando a íntegra do que é meu, mas não adquirindo mais do que anteriormente tinha.

A aquisição através do feito de outro indivíduo ao qual eu o determino de acordo com leis do direito é, consequentemente, sempre derivada do que é dele; e essa derivação como um fato que estabelece um direito não pode ocorrer através de um ato negativo do outro, nomeadamente seu abandono ou renúncia ao que é seu (*per derelictionem aut renunciationem*), pois, por meio de tal ato, isso se limitaria a deixar de pertencer a um ou outro, mas nada seria adquirido. Essa derivação só pode ocorrer pela transferência (*translatio*), o que é possível somente através de uma vontade comum, por meio da qual o objeto está sempre sob o controle de um ou outro, visto que, quando alguém renuncia à sua parcela nessa comunhão, o objeto se torna do outro através de sua aceitação dele (e assim mediante um ato positivo de escolha). A transferência da propriedade de um para outro é *alienação.* O ato da escolha unida de duas pessoas, pelo qual qualquer coisa que pertença a uma passa para a outra, é um *contrato.*

§ 19

Para todo contrato há dois atos jurídicos preparatórios e dois atos jurídicos constitutivos de escolha. Os dois primeiros (de negociação) são a *oferta* (*oblatio*) e o *assentimento* (*approbatio*) a ele; os dois outros (de conclusão) são a *promessa* (*promissum*) e a aceitação (*acceptatio*). Uma oferta não pode ser classificada como uma promessa independentemente de um julgamento preliminar de que o que foi ofertado (*oblatum*) seria aceitável ao beneficiário da promessa. Isto é indicado pelas duas primeiras declarações; porém, tão só por elas nada é até então adquirido.

Porém, o que pertence ao promitente não passa ao beneficiário da promessa (como aceitante) pela vontade isolada de um ou outro, mas somente pela vontade unida de ambos e, consequentemente, apenas na medida em que ambas as vontades são *simultaneamente* declaradas. Entretanto, isso não pode ocorrer mediante atos empíricos de declaração, que devem necessariamente *se suceder* entre si no tempo e jamais são simultâneos, pois, se eu prometi e o outro agora deseja aceitar, posso ainda durante o intervalo (por mais curto que este seja) me arrepender de ter prometido, visto que estou ainda livre antes de ele aceitar; e devido a isso aquele que aceita, de sua parte, pode considerar-se como não obrigado à sua contradeclaração após a promessa. As formalidades externas (*solemnia*) na conclusão de um contrato (o aperto de mãos ou a quebra da palha (*stipula*) por ambas as pessoas) e todas as confirmações de um lado para outro das declarações feitas manifestam a perplexidade dos contratantes quanto a como e de que maneira vão representar suas declarações como existindo simultaneamente, no mesmo momento, embora possam somente ser sucessivas. De qualquer maneira, eles não têm êxito nisso, uma vez que seus atos podem somente se suceder entre si no tempo, de sorte que, quando um ato *é*, o outro ou *não é ainda* ou *não é mais*.

Somente uma dedução transcendental do conceito de aquisição via contrato é capaz de remover todas essas dificuldades. É verdade que, numa relação externa de direitos, a minha tomada de posse da escolha de um outro (e, por sua vez, sua tomada de posse da minha), a título de base para determiná-la para um fato, é pensada de início empiricamente, por meio de uma declaração e contradeclaração da escolha de cada um no tempo; esta é a condição sensível da tomada de posse, na qual ambos os atos requeridos para estabelecer o direito podem apenas suceder um ao outro. Considerando-se, não obstante, que essa relação (como uma relação jurídica) é puramente intelectual, tal posse é representada através da vontade – que constitui uma faculdade racional[56] para a legislação – como posse inteligível (*possessio noumenon*), abstraindo-se aquelas condições empíricas, como o que é meu ou teu. Aqui ambos os atos, promessa e aceitação, são representados não como um sucedendo ao outro, mas (como se fosse *pactum re initum*) como procedendo de uma única vontade comum (o que é expresso pela palavra *simultaneamente*); e o objeto (*promissum*) é representado, omitindo-se condições empíricas, como adquirido de acordo com um princípio de pura razão prática.

Que esta é a genuína e a única dedução possível do *conceito de aquisição via contrato* é suficientemente ratificado pelos diligentes, porém sempre fúteis, esforços daqueles que investigam direitos (por exemplo, Moses Mendelssohn em sua *Jerusalém*)[57] com o fito de produzir uma prova de sua possibilidade. A questão era: por que *devo*[58] manter minha promessa?... pois

56. ... *Vernunftvermögen*... (N. T.)

57. Kant alude provavelmente à afirmação de Mendelssohn de que "um contrato nada mais é do que o ceder por parte de um partido de seu direito e a aceitação deste por parte do outro partido". (N. T.)

58. ... *soll ich*...: o sentido moral enfático de *dever* e não o sentido fraco associado ao *aconselhamento* ou à *recomendação*. (N. T.)

que devo mantê-la todos facilmente compreendem. Mas é absolutamente impossível fornecer uma prova deste imperativo categórico, tal como é impossível a um geômetra provar, por meio de inferências baseadas exclusivamente em silogismos, que para constituir um triângulo ele tem de tomar três linhas (uma proposição analítica), duas das quais juntas têm de ser maiores do que a terceira (uma proposição sintética, mas sendo ambas as proposições *a priori*). Que eu devo manter minha promessa é um postulado da razão pura (pura como abstraindo de todas as condições sensíveis de espaço e tempo no que concerne ao conceito de direito). A teoria segundo a qual é possível abstrair dessas condições sem renunciar à posse da promessa é ela mesma a dedução do conceito de aquisição via contrato, tal como foi o caso na seção precedente com a teoria da aquisição de coisas externas via apoderamento delas.

§ 20

Mediante um contrato eu adquiro alguma coisa externa. Mas o que é isto que adquiro? Posto que se trata apenas da causalidade da escolha de um outro com respeito a um cumprimento[59] que ele me prometeu, o que adquiro diretamente mediante um contrato não é uma coisa externa, mas sim o ato dele, por meio do qual aquela coisa é submetida ao meu poder, de modo que a torno minha. Mediante um contrato, adquiro, portanto, a promessa de um outro indivíduo (*não o que ele prometeu*) e, ainda assim, alguma coisa é somada aos meus haveres externos. Fiquei mais rico (*locupletior*) ao adquirir uma obrigação ativa sobre a liberdade e os recursos de outrem. Esse meu direito é, todavia, tão só um *direito em relação à pessoa*, a saber, um direito em relação a uma pessoa física específica, e, efetivamente, um direito de atuar sobre a causalidade dela (sua escolha) para prestar[60] alguma coisa para mim; não se trata de um direito *a uma coisa*, um direito em relação àquela pessoa moral que nada mais é do que a ideia da escolha de todos unida *a priori*, pela qual somente eu posso adquirir um direito contra todo possuidor da coisa, que é o que constitui qualquer direito a uma coisa.

A transferência mediante contrato do que é meu ocorre de acordo com a lei da continuidade (*lex continui*), isto é, a posse do objeto não é interrompida por um momento durante esse ato, pois de outra maneira eu adquiriria, nesta condição, um objeto como alguma coisa carente de possuidor (*res vacua*), e daí o adquiriria originalmente, o que contradiz o conceito de

59. ... *Leistung*..., prestação. (N. T.)
60. ... *leisten*... (N. T.)

contrato. Devido a essa continuidade, entretanto, aquilo que transfere o que é meu ao outro não é uma das duas vontades separadas (*promittentis et acceptantis*), mas sua vontade unida. Assim, a transferência não ocorre de tal maneira que o promitente primeiramente cede (*derelinquit*) sua posse a favor da vantagem do outro, ou renuncia (*renunciat*) ao seu direito e o outro imediatamente o assume, ou o contrário. A transferência é, portanto, um ato no qual um objeto pertence, *por um momento*, a ambos conjuntamente, tal como, quando uma pedra que foi atirada atinge o ápice de sua trajetória parabólica, esta pode ser considerada, por apenas um momento, simultaneamente em ascensão e em queda, e assim primeiro passando de seu movimento ascendente para sua queda.

§ 21

Num contrato mediante o qual uma coisa é adquirida, esta não é adquirida por aceitação (*acceptatio*) da promessa, mas somente pela entrega (*traditio*) daquilo que foi prometido, pois qualquer promessa tem a ver com um *cumprimento*, e, se o que é prometido é uma coisa, o cumprimento só pode ocorrer por meio de um ato no qual o promitente coloca o beneficiário da promessa de posse da coisa, ou seja, a entrega a ele. Assim, antes de ser a coisa entregue e recebida, o cumprimento ainda não ocorreu: a coisa não passou ainda de um para outro e, assim, não foi adquirida pelo beneficiário da promessa. Por conseguinte, o direito que nasce de um contrato é somente um direito relativo à pessoa e se torna um direito *a uma coisa* somente pela entrega da coisa.

Um contrato que é imediatamente seguido pela entrega (*pactum re initum*) exclui qualquer intervalo entre sua conclusão e a execução, não requerendo nenhum ato complementar em separado, pelo qual o que pertence a um é transferido ao outro. Mas, se um tempo (definido ou indefinido) para a entrega da coisa é permitido entre a conclusão e a execução do contrato, surge a questão de se a coisa já pertence ao aceitante, por força do contrato, antes de ser entregue, e seu direito é um direito a uma coisa, ou se um contrato independente tratando apenas da entrega deva ser agregado, de modo que o direito adquirido por mera aceitação seja somente um direito relativo à pessoa, convertendo-se em direito a uma coisa apenas através da entrega desta. Na sequência se mostrará com clareza ser realmente esse último caso o verdadeiro.

Se concluo um contrato a respeito de uma coisa que desejo adquirir, por exemplo, um *cavalo*, e ao mesmo tempo o coloco em meu estábulo ou, de uma outra maneira, em minha posse física, ele é então meu (*vi pacti re initi*) e meu direito é *um direito à coisa*. Mas, se o deixo em poder do vendedor, sem estabelecer quaisquer outras disposições com ele no que toca a quem deve ficar de posse física da coisa (*ocupando-a*) antes que eu tome posse dela (*apprehensio*), e assim antes da mudança de posse, então esse cavalo não é meu ainda e o que eu adquiri é somente um direito com relação a uma pessoa específica, a saber, o vendedor, de *pôr-me de posse* (*poscendi traditionem*), o que é a condição subjetiva de ser-me possível usá-la como me agrade. Meu direito é apenas um direito relativamente a uma pessoa de requerer do vendedor o cumprimento (*praestatio*) de sua promessa de pôr-me de posse da coisa. Ora, se um contrato não inclui a entrega *ao mesmo tempo* (como *pactum re initum*), de modo que algum tempo decorre entre sua conclusão e a minha tomada de posse do que estou adquirindo, durante esse tempo não posso obter a posse sem exercer um outro ato em separado para estabelecer aquele direito, a saber, um ato possessório (*actum possessorium*), que constitui um contrato separado. Esse contrato consiste na minha declaração de que mandarei buscar a coisa (o cavalo) e a anuência do vendedor a isto, pois não é praxe o vendedor se responsabilizar, mediante seu próprio risco, por alguma coisa a favor do uso de outrem; isso, ao contrário, requer um contrato à parte, pelo qual quem está alienando uma coisa ainda permanece seu proprietário *durante um período específico* (e deve arcar com qualquer risco que possa afetá-la). Somente se aquele que está adquirindo a coisa se retardar além desse período poderá o vendedor considerá-lo como seu proprietário e a coisa como entregue a ele. Antes desse ato possessório, tudo o que tenha sido adquirido através do contrato é, portanto, um direito em relação a uma pessoa, e o beneficiário da promessa pode adquirir uma coisa externa somente sendo esta entregue.

SEÇÃO III
DO DIREITO PESSOAL QUE TEM AFINIDADE COM O DIREITO A COISAS

§ 22

Este direito é aquele da posse de um objeto externo *como uma coisa* e do seu uso *como uma pessoa*. O que é meu ou teu em termos deste direito é o que é meu ou teu *domesticamente*, e a relação das pessoas na relação doméstica é a de uma comunidade de seres livres que formam uma sociedade de membros de um todo chamado de *lar* (composto de pessoas que permanecem em comunidade entre si) sob influência mútua de acordo com o princípio da liberdade externa (*causalidade*). A aquisição desse estado e nele mesmo, portanto, não ocorre nem mediante um ato (*facto*) pela própria iniciativa de alguém, nem por um contrato (*pacto*) isoladamente, mas por uma lei (*lege*), pois, visto que esse tipo de direito não é nem um direito a uma coisa nem meramente um direito relativamente a uma pessoa, como também posse de uma pessoa, é forçoso que seja um direito que transcende quaisquer direitos a coisas e quaisquer direitos contra pessoas, quer dizer, tem de ser o direito da humanidade em nossa própria pessoa, do que resulta uma lei permissiva natural, graças à qual essa espécie de aquisição nos é possível.

§ 23

Do ponto de vista do objeto, a aquisição de acordo com esse princípio apresenta três tipos: um *homem* adquire uma *mulher*; um *casal* adquire *filhos* e uma *família* adquire *criados*. Tudo o que é adquirido dessa maneira é também inalienável e o direito dos possuidores desses objetos é o mais pessoal de todos os direitos.

DO DIREITO DE SOCIEDADE DOMÉSTICA
TÍTULO I – DIREITO MATRIMONIAL

§ 24

A *união sexual* (*commercium sexuale*) é o uso recíproco que um ser humano faz dos órgãos e faculdades de um outro (*usus membrorum et facultatum sexualium alterius*). Este é ou um uso *natural* (através do qual a procriação de um ser da mesma espécie é possível) ou um uso *antinatural*, e o uso antinatural ocorre ou com uma pessoa do mesmo sexo ou com um animal de uma espécie não humana. Uma vez que tal transgressão das leis, chamada antinatural (*crimina carnis contra naturam*) ou também de vícios inomináveis, lesa a humanidade em nossa própria pessoa, não há quaisquer limitações ou exceções que possam poupá-la de total repúdio.

A união sexual natural ocorre ou de acordo com a mera natureza animal (*vaga libido, venus volgivaga, fornicatio*) ou de acordo com a lei. A união sexual de acordo com a lei é o *casamento* (*matrimonium*), isto é, a união de duas pessoas de sexos diferentes para a posse por toda a vida dos atributos sexuais recíprocos. É possível que a finalidade da geração e educação dos filhos seja uma finalidade da natureza, para o que esta implantou as inclinações de um sexo pelo outro. Entretanto, não é requisito aos seres humanos que casam fazer disso sua finalidade de modo a compatibilizar sua união com direitos, pois, de outra maneira, o casamento seria dissolvido com o cessar da procriação.

Mesmo que se suponha que a finalidade dos que se casam seja o prazer de usar mutuamente seus atributos sexuais, o contrato de casamento não lhes é opcional, sendo sim um contrato necessário por força da lei da humanidade, ou seja, se um homem e uma mulher desejam gozar os mútuos atributos sexuais, devem necessariamente se casar, e isto é necessário de acordo com as leis de direito da razão pura.

§ 25

O uso natural que um sexo faz dos órgãos sexuais do outro é gozo, para o qual um se coloca à disposição do outro. Neste ato, um ser humano torna a si mesmo uma coisa, o que conflitua com o direito da humanidade em sua própria pessoa. Só há uma condição na qual isso é possível: a de que, quando uma pessoa é adquirida pela outra *como se fosse uma coisa*, aquela que é adquirida, *por sua vez*, adquire a outra, pois desta forma cada uma se recupera e restaura sua personalidade. Mas a aquisição de um membro de um ser humano é, concomitantemente, a aquisição da pessoa inteira, visto uma pessoa ser uma unidade absoluta. Daí não ser apenas admissível para os sexos cederem e se aceitarem mutuamente para o gozo sob a condição conjugal, mas também ser possível a eles assim agirem *somente* sob essa condição. Que esse direito pessoal tem, igualmente, afinidade com um direito a uma coisa é algo que se apoia no fato de que, se um dos cônjuges se afastou ou se entregou à posse de uma terceira pessoa, o outro cônjuge terá a justificativa, sempre e de maneira inquestionável, de trazer seu parceiro de volta ao seu poder, tal como se justifica na recuperação de uma coisa.

§ 26

Pelas mesmas razões, a relação dos cônjuges num casamento é uma relação *de igualdade de posse*, igualdade tanto na sua posse recíproca como pessoas (daí somente na monogamia, visto que na poligamia a pessoa que cede a si mesma obtém apenas uma parte da pessoa que a obtém completamente e, assim, se converte numa mera coisa) quanto também igualdade na sua posse de bens materiais. Quanto a estes, os cônjuges estão ainda autorizados a abrir mão do uso de uma parte, embora apenas mediante um contrato separado.

Por esse motivo, conclui-se que nem o concubinato nem a contratação de uma pessoa, visando ao gozo ocasional (*pactum fornicationis*), são contratos que pudessem encerrar direito. No que toca a esse último, todos admitirão que uma pessoa que tenha concluído um tal contrato não poderia ser juridicamente obrigada ao cumprimento de sua promessa, caso se arrependesse.

Assim, no que tange ao primeiro caso, um contrato de concubinato (como *pactum turpe*) também dá em nada, pois este seria um contrato de locação (*locatio-conductio*) de um membro para uso de outrem, no qual, devido à unidade indissolúvel dos membros numa pessoa, ela estaria cedendo a si mesma como uma coisa à escolha do outro. Em consonância com isso, uma parte ou outra pode cancelar o contrato com a outra tão logo isto lhe agrade, sem que a outra parte disponha de fundamentos para reclamar acerca de qualquer violação aos seus direitos. As mesmas considerações valem também para um casamento morganático,[61] o qual extrai vantagem da desigualdade de posição social das duas partes para conferir a uma delas dominação sobre a outra, porque, de fato, o casamento morganático não é diferente, se nos restringirmos aos direitos naturais, do concubinato e não é casamento autêntico. Se é formulada, portanto, a questão, a saber, se também está em conflito com a igualdade dos cônjuges a lei referente à relação do marido com a esposa que estabelece que aquele deve ser o senhor desta (que ele é a parte que comanda, ela a que obedece), isso não poderá ser considerado como conflitante com a igualdade natural de um casal, se essa dominação se basear somente na natural superioridade do marido em relação à esposa no que respeita à capacidade dele de promover o interesse comum da vida doméstica, e o direito de comandar que nisso está baseado pode ser deduzido do próprio dever de unidade e igualdade no que tange à finalidade.

§ 27

Um contrato de casamento é consumado somente pela *relação sexual conjugal* (*copula carnalis*). Um contrato realizado entre duas pessoas de sexo oposto, seja com o tácito entendimento de se absterem da relação sexual ou a ciência de que uma das pessoas ou ambas são incapazes de produzi-la, é um *contrato simulado* que não institui casamento algum e que pode, igualmente, ser dissolvido por uma ou outra das pessoas que assim o quiser. Mas se essa incapacidade surgir apenas posteriormente, não poderão ser privadas desse direito devido a um acidente do qual ninguém é culpado.

A aquisição de uma esposa ou de um marido, assim, não ocorre nem via *facto* (através da relação) sem um contrato que o preceda, nem via *pacto* (através de um mero contrato de casamento[62] sem a relação sexual que o suceda), mas

61. ... *Ehe an der linken Hand...*: casamento de um homem da nobreza com uma mulher de condição inferior cujo contrato estipula que tanto a esposa quanto os filhos do casal não assumirão a condição de nobreza (ou seja, não gozarão dos direitos, privilégios e honras reservados aos nobres) e não serão herdeiros dos bens e posses do marido e pai. (N. T.)
62. Kant não fecha parênteses aqui. (N. T.)

somente via *lege*, ou seja, como a consequência jurídica da obrigação de não se envolver na união sexual, exceto através da posse recíproca das pessoas, que é realizada somente através do uso mútuo de seus atributos sexuais.

TÍTULO II – DIREITO DOS PAIS

§ 28

Tal como surgiu do dever para consigo mesmo, isto é, para a humanidade na própria pessoa de alguém, um *direito* (*ius personale*) de ambos os sexos de se adquirirem mutuamente como pessoas *à maneira de coisas* através do casamento, segue-se a partir da procriação nessa comunidade um *dever* de preservar e zelar por sua prole, ou seja, os filhos, como pessoas, têm por sua procriação um direito inato original (não adquirido) ao cuidado por parte de seus pais até serem capazes de cuidar de si mesmos, e são detentores desse direito diretamente por força da lei (*lege*), isto é, sem que haja necessidade de qualquer ato especial para o estabelecimento desse direito.

Pois o filho é uma *pessoa* e é impossível formar um conceito da produção de um ser dotado de liberdade através de uma operação física.[63] Assim, de um ponto de vista prático, constitui uma ideia inteiramente correta e, inclusive, necessária encarar o ato de procriação como um ato pelo qual trouxemos uma pessoa ao mundo sem seu consentimento e como nossa própria iniciativa, ação pela qual incorrem os pais numa obrigação de tornar a criança satisfeita com sua condição tanto quanto possam. Não podem destruir seu filho, como se ele fosse alguma coisa que eles *fizeram* (uma vez que um ser dotado de liberdade não é suscetível de ser um produto desse tipo) ou como se ele fosse propriedade deles, como tampouco podem simplesmente abandoná-lo à própria

63. Não é possível formar nenhum conceito de como é possível para Deus criar seres livres, pois parece como se todas as futuras ações deles tivessem de ser predeterminadas por esse primeiro ato, incluídas na cadeia da necessidade natural e, portanto, não livres. Mas que tais seres (nós, seres humanos) são ainda livres o imperativo categórico o prova para propósitos moralmente práticos, como através de uma decisão impositiva da razão sem ser capaz de tornar essa relação de causa para efeito compreensível para propósitos teóricos, visto que ambos são suprassensíveis. Tudo que alguém pode exigir aqui da razão seria meramente provar que não há contradição no conceito de uma *criação de seres livres* e ela pode fazê-lo se demonstrar que a contradição aparece somente se, juntamente com a categoria da causalidade, a condição temporal, que é inevitável em relação a objetos sensíveis (a saber, que o fundamento de um efeito o precede), é também introduzida na relação de seres suprassensíveis. Quanto ao suprassensível, se é para o conceito causal lograr realidade objetiva para propósitos teóricos, a condição temporal teria de ser introduzida aqui também. Mas a contradição desaparece se a categoria pura (sem um esquema colocado sob ela) é usada no conceito de criação com um intento moralmente prático e, portanto, não sensível.

sorte, já que não trouxeram meramente um ser mundano, mas sim um cidadão do mundo a uma condição que não pode agora lhes ser indiferente, mesmo simplesmente de acordo com conceitos do direito.

Se o jurista-filósofo refletir na dificuldade do problema a ser resolvido e na necessidade de resolvê-lo para satisfazer princípios de direito nesta matéria, ele não julgará esta investigação – que remontará por todo o trajeto aos primeiros elementos de filosofia transcendental numa metafísica dos costumes – *desnecessária*, ponderando que ela se perde numa obscuridade destituída de objetivo.

§ 29

A partir desse dever é necessário também surgir o direito dos pais de manipular e dar formação ao filho, até este não ter ainda dominado o uso de seus membros ou de seu entendimento: o direito não só de alimentá-lo e dele cuidar, como também de educá-lo, desenvolvê-lo tanto *pragmaticamente*, de sorte que no futuro ele possa zelar por si mesmo e abrir seu caminho pela vida, quanto *moralmente*, visto que, de outro modo, a culpa por ter descuidado dele recairá sobre os pais. Eles têm o direito de realizar tudo isso até o momento de sua emancipação (*emancipatio*), quando renunciam ao direito de pais de dirigi-lo, bem como a qualquer reivindicação de serem compensados pelo sustento e penas que experimentaram até então com o filho. Depois de terem completado sua educação, a única obrigação (para com seus pais) com a qual eles poderão onerá-lo é um mero dever de virtude, a saber, o dever de gratidão.

Da *personalidade* de um filho também resulta que o direito dos pais não é simplesmente o direito a uma coisa, uma vez que um filho jamais pode ser considerado como a propriedade de seus pais, de modo que o direito deles não é alienável (*ius personalissimum*). Mas esse direito não é, igualmente, apenas um direito relativo a uma pessoa, uma vez que uma criança ainda pertence aos seus pais como o que é deles (está ainda na posse deles como uma coisa e pode ser devolvida, mesmo contra sua vontade, à posse de seus pais a partir da posse de outrem). É, ao contrário, um direito a uma pessoa *que tem afinidade com um direito a uma coisa*.

Disso se evidencia que na doutrina do direito deve necessariamente ser adicionado aos títulos *direitos a coisas* e *direitos em relação a pessoas* o título *direitos a pessoas que têm afinidade com direitos a coisas*; a divisão feita até agora não foi completa, pois, quando nos referimos aos direitos de pais com os filhos como parte de seu lar, aludimos não meramente ao dever dos filhos de retornarem em caso de fuga, mas à justificativa dos pais de se apoderarem deles e os encerrarem como coisas (tal como animais domésticos que se extraviam).

TÍTULO III – DIREITO DO CHEFE DO LAR

§ 30

Os filhos de uma casa, que juntamente com seus pais formam uma família, alcançam sua maioridade (*maiorennes*) sem qualquer contrato que os desligue de sua anterior dependência, meramente pela consecução da capacidade de sustentar a si mesmos (o que acontece em parte como uma chegada natural à maioridade pelo curso geral da natureza, em parte pela adaptação de suas qualidades naturais particulares). Em outras palavras, eles se tornam seus próprios senhores (*sui iuris*) e adquirem esse direito sem algum ato especial que o estabeleça e, assim, meramente por lei (*lege*). Tal como eles não se encontram em débito com seus pais pela educação que receberam, os pais se encontram liberados, do mesmo modo, de sua obrigação com seus filhos, e tanto filhos quanto pais adquirem ou readquirem sua liberdade natural. A sociedade doméstica que se fez necessária de acordo com a lei está agora dissolvida.

Ambas as partes podem agora manter o que é realmente o mesmo lar, porém mediante uma forma diversa de obrigação, nomeadamente, como a conexão do chefe do lar com os criados (criados ou criadas da casa). O que eles mantêm é a mesma sociedade doméstica, mas se trata agora de uma sociedade *submetida ao chefe do lar* (*societas herilis*), formada por um contrato mediante o qual o chefe do lar estabelece uma sociedade doméstica com os filhos que atingiram agora sua maioridade ou, se a família não tiver filhos, com outras pessoas livres (membros da comunidade doméstica). Esta seria uma sociedade de desiguais (uma parte estando no comando ou sendo sua governante, a outra obedecendo, isto é, servindo) (*imperantis et subiecti domestici*).

Os criados estão incluídos nos pertences do chefe do lar e, no que diz respeito à forma (a maneira de ele estar de posse), eles lhe pertencem por um direito que é como um direito a uma coisa, pois, se eles fugirem dele, ele pode trazê-los de volta ao seu poder mediante sua escolha unilateral. Mas no que tange a esta matéria, ou seja, qual uso pode ele fazer desses membros de sua casa, ele jamais pode se comportar como se eles fossem sua *propriedade* (*dominus servi*), porque é somente mediante um contrato que ele os submeteu ao seu controle, e um contrato por meio do qual uma parte renunciasse completamente à sua liberdade a favor da vantagem da outra seria contraditório, isto é, nulo e vazio, visto que, segundo ele, uma parte cessaria de ser uma pessoa e, assim, não teria dever algum de manter o contrato, limitando-se a reconhecer apenas a força. (O direito de propriedade relativo a alguém que foi privado de sua personalidade devido a um crime não está sendo examinado aqui.)

O contrato do chefe de um lar com os criados não pode, portanto, ser tal que o uso que ele faz deles corresponda a desgastá-los ou consumi-los, e não compete exclusivamente a ele julgar a respeito disso, como também aos criados (que, em consonância, jamais podem ser reduzidos à servidão);[64] consequentemente, o contrato não pode ser celebrado para a vida toda, mas no máximo apenas por um período não especificado, dentro do qual é permitido a uma parte notificar a outra. Mas os filhos (mesmo os de alguém que se tornou um escravo em função de seu crime) são sempre livres, uma vez que todos nascem livres, pois não cometeram ainda um crime; e o custo para educá-los até atingirem a maioridade não pode ser a eles contabilizado como um débito que têm de saldar, isso porque o escravo teria de educar seus filhos, se pudesse, sem onerá-los com o custo de sua educação, e, se ele não está capacitado para isso, a obrigação recai no seu possuidor.

Assim, revemos aqui, como nos dois títulos precedentes, que há um direito a pessoas que tem afinidade com um direito a coisas (do chefe do lar em relação aos criados), porque ele pode trazer criados de volta e reclamá-los de qualquer um que tenha deles a posse, *como aquilo que é seu externamente*, mesmo ante as razões que possam tê-los levado a fugir e o exame dos direitos destes.

DIVISÃO DOGMÁTICA DE TODOS OS DIREITOS ADQUIRÍVEIS MEDIANTE CONTRATO

§ 31

Uma doutrina metafísica do direito pode ser exigida para enumerar *a priori* os membros de uma divisão (*divisio logica*) numa maneira completa e determinada e para estabelecer por meio disso uma autêntica sistematização deles. Em vez de prover um sistema, qualquer divisão empírica mostra-se meramente fragmentária (*partitio*) e deixa na incerteza se não há membros adicionais que seriam necessários para completar toda a esfera do conceito dividido. Pode-se chamar de *dogmática* uma divisão de acordo com um princípio *a priori* (em contraste com divisões empíricas).

Todo contrato consiste em si mesmo, quer dizer, considerado *objetivamente*, de dois atos que estabelecem um direito, uma *promessa* e sua *aceitação*.

64. Kant frisa a distinção entre *Dienerschaft* (condição de criado ou serviçal) e *Leibeigenschaft* (condição de servo, servidão). (N. T.)

A aquisição através da aceitação não constitui uma *parte* de um contrato (a menos que esse contrato seja um *pactum re initum*, que requer entrega), mas sim o *resultado* juridicamente necessário dele. Mas considerado *subjetivamente* – ou seja, no que toca a se esse resultado racionalmente necessário (a aquisição que *deve* ocorrer) efetivamente se constituirá como tal (ser o resultado *natural*) – a aceitação da promessa não me concede ainda nenhuma garantia de que ocorrerá efetivamente esse resultado. Visto que essa garantia pertence externamente à modalidade de um contrato, nomeadamente a *certeza* de aquisição por meio de um contrato, trata-se de um fator adicional que serve para completar o meio de alcançar a aquisição que constitui o propósito de um contrato. Para isso três pessoas são envolvidas: um promitente, um aceitante e um garantidor. O aceitante, na verdade, nada mais ganha relativamente ao objeto por meio do garantidor e seu contrato separado com o promitente, embora ganhe, de qualquer modo, o meio de coerção para obter o que é seu.

Conforme esses princípios de divisão lógica (racional) há, estritamente falando, apenas três tipos simples e puros de contrato. Há inúmeros tipos mistos e empíricos de contrato, que se somam aos princípios do que é meu ou teu de acordo apenas com leis de razão, leis estatutárias e convencionais. Mas eles se encontram além da esfera da doutrina metafísica do direito, que é tudo que deveria ser submetido a exame aqui.

Todo contrato tem como propósito *ou A.* aquisição unilateral (um contrato gratuito) *ou B.* aquisição bilateral (um contrato oneroso), *ou* nenhuma aquisição, mas somente *C.* o garantir o que pertence a alguém (este contrato pode ser a título gratuito por um lado, mas pode, ainda, ser a título oneroso pelo outro lado).

A) O contrato gratuito (*pactum gratuitum*) é:

a) A guarda de bens confiados (*depositum*).

b) O empréstimo de uma coisa (*commodatum*).

c) A doação (*donatio*).

B) O contrato oneroso inclui:

I – O contrato para alienação de alguma coisa (*permutatio late sic dicta*).[65]

a) A troca (*permutatio stricte sic dicta*).[66] Mercadorias por mercadorias.

b) Compra e venda (*emptio venditio*). Mercadorias por dinheiro.

65. Troca em sentido lato. (N. T.)
66. Troca em sentido estrito. (N. T.)

c) Empréstimo para consumo (*mutuum*). Alienação de uma coisa sob a condição de ser ela devolvida somente em espécie (por exemplo, cereal por cereal ou dinheiro por dinheiro).

II – O contrato de locação (*locatio conductio*).

a) A locação de uma coisa minha a outra pessoa para o uso desta (*locatio rei*). Porquanto se trata de um contrato oneroso, permite-se também a inclusão de um pagamento de juros (*pactum usurarium*), se a devolução puder ser feita apenas em espécie.

b) O contrato de locação de trabalho (*locatio operae*), ou seja, a concessão a outrem do uso de minhas forças por um preço específico (*merces*). Mediante este contrato o trabalhador é o assalariado (*mercenarius*).

c) O contrato que concede poderes a um representante (*mandatum*). Executar negócios de outrem em seu lugar e em seu nome. Se alguém executa negócios de outrem em seu lugar, *mas não também em seu nome*, é qualificado de *gestão de seus negócios sem comissionamento para fazê-lo* (*gestio negotii*); quando, entretanto, isso é feito em nome do outro, nós o chamamos de *mandato*. Como um contrato de locação, trata-se de um contrato oneroso (*mandatum onerosum*).

C) Os contratos que fornecem caução (*cautio*).

a) A entrega e aceitação simultâneas de um penhor (*pignus*).

b) O assumir responsabilidade pela promessa de outrem (*fideiussio*).

c) O afiançamento à pessoa[67] (*praestatio obsidis*).

Nesse quadro, de todos os meios de transferir (*translatio*) o que pertence a um para um outro, apresentam-se conceitos de objetos ou instrumentos de transferência que se afiguram inteiramente empíricos e que, inclusive do prisma de sua possibilidade, não contam com um lugar adequado numa doutrina metafísica do direito, na qual a divisão deve ser feita de acordo com princípios *a priori*, abstraindo-se da matéria que é permutada (que poderia ser convencional) e considerando-se apenas a forma. Tal, por exemplo, é o conceito de *dinheiro*, em contraste com todas as outras coisas alienáveis, a saber, *as mercadorias*, sob o título de *compra e venda*, bem como o conceito de *livro*. Porém, será demonstrado que o conceito de dinheiro, como o maior e mais útil dos meios de que dispõem os seres humanos para a troca de coisas, chamado de *compra e venda* (comércio) e, assim, também, o conceito de livro, como o maior dos meios para a troca de pensamentos, podem, não

67. Subentende-se *relativamente ao cumprimento (prestação) de alguma coisa por parte da pessoa.* (N. T.)

obstante, ser *resolvidos*[68] em relações intelectuais puras. Assim, o quadro dos contratos puros prescinde de ser tornado impuro por qualquer coisa empírica que lhe seja misturada.

I - O que é o dinheiro?

O *dinheiro* é uma coisa que só pode ser usada através de sua *alienação.* Temos aqui uma boa definição nominal dele (tal como a apresentou Achenwall),[69] isto é, ela basta para distinguirmos esse tipo de objeto de escolha de qualquer outro, embora não nos dê nenhuma informação a respeito da possibilidade de uma tal coisa. Ainda assim, a partir da definição nominal pode-se entrever suficientemente, *primeiro,* que a alienação do dinheiro na troca não visa à doação, mas à aquisição recíproca (mediante um *pactum onerosum*), e *segundo,* que o dinheiro *representa* todas as mercadorias, uma vez que é concebido como um *mero meio de comércio universalmente aceito* (no interior de uma nação), que não possui valor em si mesmo, em oposição às coisas, que são *mercadorias* (isto é, que têm valor em si mesmas e estão relacionadas às necessidades particulares de um ou outro dentro da nação).

Um alqueire de cereal[70] possui o maior valor direto na qualidade de um meio de satisfazer às necessidades humanas. Pode ser usado como alimento dos animais, os quais nos alimentam, nos transportam e trabalham em nosso lugar; por meio dele, além disso, a população humana é aumentada e preservada, a qual, por sua vez, não apenas multiplica esses produtos naturais, como também ajuda a atender às nossas necessidades dos produtos da arte, mediante a construção de casas, a confecção de roupas, o fornecimento dos prazeres que buscamos e, em geral, de todas as comodidades constituídas pelas mercadorias da indústria. Contrastando com isso, o valor do dinheiro é apenas indireto. Não é possível desfrutar o próprio dinheiro ou fazer uso imediato dele de maneira alguma. E, não obstante isso, ele constitui um meio que, entre todas as coisas, possui a maior de todas as utilidades.

Com fundamento nisso pode-se apresentar uma *definição real* do dinheiro: *ele é o meio universal pelo qual os homens permutam entre si seu*

68. ... *auflösen*...: a ideia de resolução ou solução se funde necessariamente às ideias conexas de dissolução e decomposição (redução aos elementos mínimos). (N. T.)

69. Kant se reporta ao texto de Gottfried Achenwall intitulado *Ius Naturae*, utilizado por ele regularmente no seu curso de direito natural ministrado várias vezes ao longo de sua carreira de professor universitário. (N. T.)

70. ... *Getreide*...: cereal em geral, mas principalmente o trigo, que sempre foi o mais comum, o mais produzido dos cereais europeus e a base mais importante da alimentação humana e animal. (N. T.)

labor.[71] Assim, a riqueza de uma nação, na medida em que é adquirida por meio de dinheiro, é realmente apenas a soma do trabalho com o qual os homens se pagam mutuamente e que é representado pelo dinheiro que circula dentro da nação.

A coisa a ser chamada de dinheiro deve, portanto, ter custado tanto labor para ser produzida ou obtida de outros homens quanto o labor pelo qual essas mercadorias (produtos naturais ou artificiais) são adquiridas, para o que esse labor é permutado, porque, se fosse mais fácil obter a matéria chamada dinheiro do que mercadorias, entraria, então, mais dinheiro no mercado do que mercadorias para venda, e, visto que o vendedor teria de ter despendido mais trabalho por suas mercadorias do que o comprador, que conseguiu o dinheiro mais prontamente, o labor para a produção das mercadorias e, portanto, o comércio em geral sofreriam uma queda e seriam reduzidos juntamente com a atividade produtiva que resulta na riqueza da nação. Consequentemente, títulos bancários e notas promissórias não podem ser considerados como dinheiro, ainda que o possam substituir temporariamente, porque produzi-los não custa quase trabalho algum e seu valor se baseia exclusivamente na opinião de que continuarão como antes capazes de ser convertidos em dinheiro vivo; mas, na eventualidade da descoberta de que não há dinheiro vivo suficiente com o qual pudessem ser pronta e seguramente trocados, tal opinião desapareceria subitamente e tornaria inevitável a falta de pagamentos. Assim, a atividade produtiva daqueles que operam as minas de ouro e prata no Peru ou no Novo México, especialmente em vista do trabalho despendido em vão com tentativas de descoberta de veios tão amiúde sem êxito, é aparentemente ainda maior do que a despendida na fabricação de mercadorias na Europa; e esse excesso de trabalho seria suspenso diante da falta de pagamento, fazendo com que esses países logo mergulhassem na pobreza, se os europeus não aumentassem sua indústria proporcionalmente, motivados por esses mesmos minérios preciosos, de modo que os luxos que possibilitam constantemente estimulassem em outros o interesse na mineração. Desta maneira, o trabalho sempre concorre para o trabalho, uma forma de labor servindo para desenvolver a outra.

Mas como é possível que o que eram a princípio somente mercadorias finalmente tenham se transformado em dinheiro? Isto aconteceria se um soberano esbanjador, poderoso e abastado, que inicialmente empregasse

---

71. *Fleiß (Fleiss)* é o termo usado por Kant, mais próximo semanticamente de *aplicação*, *esforço*, *diligência* do que o conceito mais amplo e geral de trabalho (*Arbeit*). Mas o contexto e especialmente a alusão a Adam Smith no fecho deste bloco de discussão nos autorizam a preferir o conceito mais lato de *trabalho*, *labor* ou *atividade*. (N. T.)

um material para o adorno e esplendor de seus serviçais (sua corte), viesse a cobrar tributos de seus súditos sobre esse material (como mercadorias), digamos o ouro, a prata, o cobre ou um tipo de atraente concha marinha, chamada de *kauri*; ou, como no Congo, uma espécie de esteira chamada de *makute*, no Senegal, lingotes de ferro, ou na costa da Guiné, mesmo escravos negros, e, por sua vez, pagasse com esse mesmo material aqueles que sua exigência levasse ao trabalho de obtê-lo, de acordo com regras de troca com eles e entre eles (num mercado ou numa Bolsa). Somente desta forma (é o que me parece) uma certa mercadoria poderia se converter num meio lícito de troca de produtos do trabalho entre os súditos e, assim, também se tornar a riqueza da nação, ou seja, *dinheiro*.

O conceito intelectual no qual o conceito empírico de dinheiro se enquadra é, portanto, o conceito de uma coisa que, na circulação das posses (*permutatio publica*), determina o preço de todas as demais coisas (mercadorias), entre as quais se encontram, inclusive, as ciências, na medida em que não seriam, de outra maneira, ensinadas a outros. A quantidade de dinheiro numa nação, assim, constitui sua *riqueza* (*opulentia*), uma vez que o preço (*pretium*) de uma coisa é o julgamento do público sobre o valor (*valor*) dela proporcionalmente àquilo que serve como o meio universal de representar o intercâmbio recíproco de trabalho (sua circulação). Consequentemente, onde há muita atividade comercial, nem o ouro nem o cobre são considerados como *estritamente* dinheiro, mas apenas como mercadoria, já que há muito pouco ouro e demasiado cobre para que estes sejam facilmente colocados em circulação e, ainda assim, estejam disponíveis em porções suficientemente pequenas, como é necessário na troca de mercadorias, ou uma massa destas na compra menor. A *prata* (mais ou menos em liga com o cobre) é, em consonância com isso, tomada como o material apropriado para atuar como dinheiro e medida para cálculo de preços no grande comércio mundial; outros metais (e, inclusive, materiais não metálicos) são encontrados atuando como dinheiro somente numa nação onde há pouco comércio. Mas quando os dois primeiros metais não são apenas pesados, mas também cunhados, isto é, providos de um sinal que indica quanto devem valer, passam a ser dinheiro legal, isto é, *moeda*.

"O dinheiro é, portanto..." (segundo Adam Smith)[72] "aquela coisa material cuja alienação constitui o meio e, ao mesmo tempo, a medida do trabalho, pelo qual seres humanos e nações empreendem o comércio entre si."[73] Esta

---

72. Adam Smith (1723-1790), economista e pensador político escocês. (N. T.)

73. Kant não cita Smith textualmente. A citação *in verbis* de *A Riqueza das Nações* seria: "É desta maneira que o dinheiro se tornou em todas as nações civilizadas o instrumento universal do comércio, por cuja intervenção mercadorias de todos os tipos são compradas e vendidas ou permutadas

definição torna o conceito empírico de dinheiro subordinado a um conceito intelectual, por se referir apenas à *forma* daquilo que cada parte concede em retorno à outra em contratos onerosos (e abstraindo de sua *matéria*), com isso trazendo-o ao conceito de direito na troca do que é meu ou teu em geral (*commutatio late sic dicta*),[74] de modo a apresentar o quadro anterior como uma divisão dogmática *a priori*, o que se mostra adequado à metafísica do direito como um sistema.

II - O que é um livro?

Um livro é um escrito (não importa aqui se manuscrito ou impresso, se com poucas ou muitas páginas) que representa um discurso dirigido por alguém ao público, mediante signos linguísticos visíveis. Dá-se o nome de *autor* (*autor*) àquele que fala ao público em seu próprio nome. Aquele que, através de um escrito, discursa publicamente em nome de outrem (do autor) é o *editor*. Quando o editor o faz com a permissão do autor, ele é um editor legítimo; mas, se o faz sem a permissão do autor, é um editor ilegítimo, ou seja, um *editor não autorizado*. A soma de todas as cópias do escrito original (exemplares) é uma *edição*.

A publicação não autorizada de livros é juridicamente proibida

Um *escrito* não é um signo imediato de uma ideia (como o é, por exemplo, uma gravura que representa certa pessoa num retrato, ou uma obra em gesso que é um busto). É um *discurso* ao público, isto é, o autor *fala* publicamente através do editor. Mas o editor fala (através de seu contramestre, *operarius*, o *impressor*) não em seu próprio nome (pois neste caso passaria ele próprio como autor), mas em nome do autor; e, assim, está autorizado a fazê-lo somente quando o autor lhe fornece um mandato (*mandato*). Ora, é verdade que um editor não autorizado também fala, através de uma edição de sua própria iniciativa, em nome do autor, mas o faz sem ter recebido um mandato do autor (*gerit se mandatarium absque mandato*) e, portanto, comete o crime de roubar os lucros do editor que foi designado pelo autor (que é, consequentemente, o único legítimo), lucros que o editor legítimo poderia e teria obtido do uso de seu direito (*furtum usus*). Assim, a *publicação não autorizada* de livros é juridicamente proibida.

---

entre si". No capítulo V da obra supracitada, Adam Smith plasma a ideia segundo a qual o valor de todas as mercadorias é determinado pelo trabalho. (N. T.)

74. *Troca em lato sentido.* (N. T.)

Por que a publicação não autorizada, que nos atinge mesmo à primeira vista como injusta, ainda assim apresenta a aparência de ser legal? Porque por um lado um livro é um artefato corpóreo (*opus mechanicum*) que pode ser reproduzido (por alguém que esteja em posse legítima de uma cópia dele), de modo que haja um *direito a uma coisa* com relação a ele e, por outro lado, um livro é também um mero discurso do editor ao público, que o editor não tem permissão de repetir publicamente sem ter um mandato do autor para fazê-lo (*praestatio operae*), e este é um direito pessoal (direito em relação a uma pessoa). O erro consiste em tomar erroneamente um desses direitos pelo outro.

Há um outro caso, em contratos de locação (B, II, a), no qual a confusão de um direito em relação à pessoa com um direito a uma coisa constitui material para disputa: é o caso do *aluguel a um inquilino* (*ius incolatus*). A questão surge de se um proprietário que tenha alugado (arrendado) sua casa (ou sua terra) a alguém e a vende a alguém mais, antes do vencimento do aluguel, está obrigado a vincular ao contrato de venda a cláusula da condição de continuidade do aluguel, ou se é possível dizer que a compra rompe o aluguel (ainda que o locatário venha a ser informado, o tempo sendo determinado pelo costume). Na primeira alternativa, a casa realmente tinha uma obstrução ou carga (*onus*) sobre si, um direito a essa coisa que o locatário havia adquirido nela (a casa). Isto pode realmente ocorrer (fazendo constar essa carga no registro de terras, como inclusa no contrato de aluguel); porém, neste caso, isso não seria um mero contrato de aluguel, mas um contrato ao qual um outro contrato fora necessário acrescentar (contrato com o qual poucos senhorios concordariam). Assim, a afirmação "A compra rompe o aluguel" é válida, ou seja, um pleno direito a uma coisa (propriedade) supera em validade qualquer direito relativamente à pessoa que não possa coexistir com o direito à coisa. Mas ainda permanece em aberto para o locatário (inquilino) a queixa com base em seu direito relativamente à pessoa, de modo a ser compensado por quaisquer danos resultantes da ruptura do contrato.

SEÇÃO EPISÓDICA – DA AQUISIÇÃO IDEAL DE UM OBJETO EXTERNO DA ESCOLHA

§ 32

Classifico a aquisição como *ideal* quando esta não envolve qualquer causalidade no tempo e é, portanto, baseada numa mera ideia de razão pura. É, não obstante, aquisição verdadeira e não imaginária e a única razão para não classificá-la como real é que o ato de adquirir não é empírico, uma vez que o sujeito adquire de um outro que *ou* não existe ainda (somente se admite a possibilidade de sua existência) *ou* deixou de existir, ou quando o sujeito não existe mais, de sorte que entrar de posse constitui meramente uma ideia prática de razão. Há três tipos de tal aquisição: 1) por posse prolongada;[75] 2) por herança e 3) por mérito imortal (*meritum immortale*), ou seja, a reivindicação de uma boa reputação após a morte. Todos os três podem, realmente, ter efetividade apenas numa condição jurídica pública, mas não estão baseados somente em sua constituição e nos estatutos escolhidos nesta contidos: também são concebíveis *a priori* no estado de natureza e têm de ser concebidos como anteriores a tais estatutos para que as leis da constituição civil possam, posteriormente, ser adaptadas a eles (*sunt iuris naturae*).

§ 33 : I – Aquisição por posse prolongada

Adquiro a propriedade de um outro indivíduo meramente através de sua longa posse (*usucapio*) não porque eu possa legitimamente presumir que ele consente na minha aquisição dela (*per consensum praesuntum*), nem porque eu possa assumi-lo, uma vez que, se ele não me contradisser, terá a ela renunciado (*rem derelictam*), mas porque, mesmo que houvesse alguém que fosse o verdadeiro proprietário e como tal a tivesse reivindicado (pretendente), ainda assim eu poderia excluí-lo tão só em virtude de minha longa posse, ignorar sua existência até então e prosseguir como se ele existisse até a época de minha posse somente como uma entidade-pensamento, mesmo que eu soubesse mais tarde de sua realidade, bem como daquela de sua reivindicação. Embora essa forma de adquirir seja chamada de aquisição por prescrição (*per praescriptionem*), isto não é totalmente correto, visto que a exclusão de reivindicações é para ser considerada somente como um resultado da aquisição, a qual tem de vir em primeiro lugar. Agora é preciso provar que é possível adquirir alguma coisa dessa forma.

Alguém que não exerce um ato possessório (*actus possessorius*) contínuo relativamente a uma coisa externa, como alguma coisa que é sua, é acertadamente considerado como alguém que não existe de modo algum (como seu possuidor), pois não pode se queixar de ser lesado enquanto não fizer nada para justificar seu título de possuidor; e, mesmo se mais tarde, quando uma outra pessoa houver tomado posse dela, declara a si mesmo como sendo seu

75. *Ersitzung*, usucapião. (N. T.)

possuidor, tudo que está dizendo é que foi uma vez seu própriet́ario, não que ainda é e que sua posse permaneceu ininterrupta sem um ato jurídico contínuo. Consequentemente, se alguém não usa uma coisa por muito tempo, somente um ato possessório jurídico – e, na verdade, um ato que seja continuamente mantido e documentado – pode garantir que é sua.

Pois supõe que o não realizar esse ato possessório não teve como resultado capacitar outrem a basear um direito sólido (*possessio irrefragabilis*) em sua posse lícita em boa-fé (*possessio bonae fidei*) e a considerar a si mesmo como tendo adquirido a coisa que está em sua posse. Então nenhuma aquisição seria definitiva (garantida); toda aquisição seria apenas provisória (até o presente), uma vez que a investigação do passado é incapaz de remontar ao primeiro possuidor e seu ato de aquisição. A suposição em que se baseia a posse prolongada (*usucapio*), não está, portanto, meramente em conformidade com o direito (permitida, *iusta*) como uma *conjetura*, como também está em harmonia com direitos (*praesumtio iuris et de iure*) como uma pressuposição em termos de leis coercitivas (*suppositio legalis*): quem quer que não consiga documentar seu ato possessório perdeu seu direito de reivindicação ao possuidor presente, e o período durante o qual não conseguiu fazê-lo (que não pode e não precisa ser especificado) é apresentado somente para sustentar a certeza de sua omissão. Que um possuidor até então desconhecido pudesse sempre obter alguma coisa de volta (recuperá-la) quando seu ato possessório foi interrompido (ainda que não por sua própria falta) contradiz o postulado acima da razão prática relativamente aos direitos (*dominia rerum incerta facere*).

Se ele for um membro de uma comunidade, isto é, viver no estado civil, o Estado (representando-o) pode, com efeito, preservar sua posse para ele, ainda que tenha sido interrompida como posse privada e um possuidor presente não necessite provar seu título de aquisição remontando-o ao primeiro possuidor ou baseando-o na posse prolongada. No estado de natureza, entretanto, a posse prolongada está em conformidade com o direito, não, estritamente falando, para a aquisição de uma coisa, mas para manter a sua posse sem um ato que estabeleça o direito; e esta imunidade a reivindicações é também geralmente chamada de aquisição. A prescrição de um possuidor mais antigo, portanto, pertence ao direito natural (*est iuris naturae*).

§ 34 : II – Herança (*Acquisitio hereditatis*)

Herança é transferência (*translatio*) dos pertences e bens de alguém moribundo a um sobrevivente, mediante acordo das vontades de ambos. A aquisição pelo herdeiro (*heredis instituti*) e o deixar por parte do testador (*testatoris*), ou seja, essa mudança dos pertences, ocorre num momento, qual seja, no momento em que o testador deixa de existir (*articulo mortis*). Não é, portanto, estritamente falando, uma transferência (*translatio*) no sentido empírico, uma vez que isso supõe dois atos sucessivos, a saber, os atos pelos quais uma pessoa primeiramente deixa suas posses e a outra, então, as recebe. Trata-se, em lugar disso, de uma aquisição ideal. Ora, a herança no estado de natureza não pode ser concebida sem uma derradeira vontade (*dispositio ultimae voluntatis*). Se isto é um contrato de herança (*pactum successorium*) ou uma disposição unilateral ao herdeiro (*testamentum*) resulta na questão de se e como é possível que pertences passem de um a outro precisamente no momento no qual o sujeito deixa de existir. A questão de como é possível adquirir por herança deve, em consonância com isso, ser investigada à parte das muitas maneiras nas quais pode ser realizada (que só podem ser encontradas numa comunidade).

"É possível adquirir alguma coisa através da disposição ao herdeiro." Pois o testador, Caio, promete e em sua derradeira vontade declara a Tício, que nada conhece dessa promessa, que por ocasião de sua morte seus pertences devem ser transferidos a Tício. Enquanto viver, Caio, portanto, permanecerá como o único proprietário de seus pertences. Ora, é verdadeiro que mediante uma vontade unilateral apenas nada pode passar à outra pessoa; para isto é necessário, além da promessa, a aceitação (*acceptatio*) da outra parte e uma vontade simultânea (*voluntas simultanea*), as quais ainda faltam aqui, pois, enquanto Caio estiver vivo, Tício não poderá aceitar explicitamente, de maneira a adquirir por sua aceitação, uma vez que Caio prometeu apenas por ocasião de sua morte (de outro modo, a propriedade seria, por um momento, propriedade comum, e esta não é a vontade do testador). Tício, entretanto, ainda adquire tacitamente um direito de propriedade ao legado como um direito a uma coisa: nomeadamente, tem o direito exclusivo de aceitá-lo (*ius in re iacente*), de maneira que o legado, no momento da morte, é chamado de *hereditas iacens*. Ora, visto que todo ser humano aceitaria necessariamente um tal direito (uma vez que pode sempre ganhar, porém jamais perder por ele), e, assim, aceita tacitamente, e uma vez que Tício, depois da morte de Caio, está nessa situação, ele pode adquirir o legado por aceitação da promessa e o legado não se tornou completamente sem dono (*res nullius*) entrementes, mas apenas vago (*res vacua*), pois exclusivamente Tício tem o direito de fazer a escolha de se quer ou não tornar os pertences a ele deixados seus próprios pertences.

Em conformidade com isso, testamentos também são válidos de acordo com o mero direito natural (*sunt iuri naturae*). Esta asserção, entretanto, deve ser entendida como significando que os testamentos são apropriados e têm valor para serem introduzidos e sancionados na condição civil (se esta se manifesta algum dia), porquanto somente a condição civil (a vontade geral nela) confirma a posse de um legado enquanto este paira entre a aceitação e a rejeição e, estritamente falando, a ninguém pertence.

§ 35 : III – Deixando atrás de si uma boa reputação (*Bona fama defuncti*)

Seria absurdo pensar que alguém que tenha morrido ainda possua alguma coisa após sua morte (e, assim, quando não mais existe), se o que deixou atrás de si fosse uma coisa. Mas uma *boa reputação* é um meu ou teu externo inato, embora apenas um meu ou teu ideal, o qual se prende ao sujeito como uma pessoa, um ser de tal natureza que posso e tenho de abstrair da questão de se cessa ele de ser inteiramente por ocasião de sua morte ou se sobrevive como uma pessoa, pois no contexto de seu direito relativamente a outros, eu efetivamente considero toda pessoa simplesmente em termos de sua humanidade, e, por conseguinte, como *homo noumenon*. Assim, qualquer tentativa de macular por meio da falsidade a reputação de alguém após sua morte é suspeita porque é, no mínimo, não generoso denegrir alguém que está ausente e não pode defender-se, a menos que se esteja absolutamente certo a respeito das reprovações apresentadas. Todavia, uma acusação bem fundada é ainda válida (de sorte que o princípio *de mortuis nihil nisi bene*[76] é incorreto).

Para alguém adquirir através de uma vida irrepreensível e a morte que dá fim a esta um bom nome (negativamente), o qual continua sendo o seu quando não mais existir como *homo phaenomenon*; para aqueles que a ele sobrevivem (parentes ou estranhos) serem também autorizados por direito a defendê-lo (pois acusações destituídas de provas são perigosas também a eles, uma vez que poderiam ser objeto de tratamento semelhante ao morrerem); para alguém se capacitar a adquirir um tal direito, trata-se – eu o digo – de um fenômeno tão estranho quanto inegável, um fenômeno da razão legisladora *a priori* que estende seus comandos e proibições mesmo além das fronteiras da vida. Se qualquer pessoa difunde no exterior que alguém falecido cometeu um crime que, em sua existência, o teria tornado sem honra ou apenas desprezível, quem quer que produzisse provas de que tal acusação constitui uma falsidade intencional e uma mentira poderia publicamente declarar como caluniador aquele que espalhou tal rumor malevolente e, assim, destituir a honra desta pessoa. Não estaria capacitado a fazê-lo, a menos que pudesse assumir acertadamente que o

76. Limitar-se a dizer o bem dos mortos. (N. T.)

indivíduo falecido foi prejudicado pela calúnia, ainda que morto, e que essa defesa lhe trouxesse satisfação, a despeito de ele não existir mais.[77] Um apologista prescinde de provar sua autorização para desempenhar o papel de apologista dos mortos, pois todos inevitavelmente arrogam tal coisa a si mesmos como pertinente não meramente ao dever de virtude (o dever considerado eticamente), mas ao dever de humanidade; a mácula lançada à pessoa morta não precisa ter sido prejudicial a qualquer pessoa particular, tais como seus amigos e parentes, para justificar tal denúncia. É, portanto, indiscutível haver uma base para uma tal aquisição ideal e para o direito de alguém, após sua morte, relativamente àqueles que a ele sobrevivem, ainda que não se possa apresentar nenhuma dedução de sua possibilidade.

Capítulo III
DA AQUISIÇÃO QUE É DEPENDENTE SUBJETIVAMENTE DA DECISÃO DE UMA CORTE PÚBLICA DE JUSTIÇA

§ 36

Se entendemos por direito natural somente o direito não estatutário, daí simplesmente o direito que pode ser conhecido *a priori* pela razão de todos, o direito natural incluirá não apenas a justiça que tem validade entre as pessoas em seus intercâmbios mútuos (*iustitia commutativa*), como também a justiça distributiva (*iustitia distributiva*), na medida em que pode ser conhecido *a priori* de acordo com o princípio da justiça distributiva como suas decisões (*sententia*) teriam de ser alcançadas.

77. Porém, não se deve tirar disto quaisquer conclusões supersticiosas sobre pressentimentos de uma vida futura ou sobre relações ocultas com almas desencarnadas. Pois o que está aqui em discussão não vai além das relações puramente morais e jurídicas a serem encontradas entre os homens também durante a vida. Trata-se de relações nas quais seres humanos se colocam como seres inteligíveis, porquanto logicamente se põe de lado, ou seja, se abstrai tudo que é físico (isto é, tudo o que concerne à sua existência no espaço e no tempo), mas não suprimimos essa sua natureza e os convertemos em espíritos, condição na qual sentiriam a ofensa daqueles que os caluniam. Alguém que, daqui a cem anos, repita falsamente algo malevolente a respeito de mim ofende-me precisamente agora, pois numa relação puramente de direitos, que é inteiramente intelectual, é feita abstração de quaisquer condições físicas (de tempo) e quem quer que me furte de minha honra (um caluniador) é exatamente tão punível como se o tivesse feito durante minha existência – punível, todavia, não por uma corte criminal, mas apenas pela opinião pública, a qual, de acordo com a lei da retaliação, lhe inflige a mesma perda da honra que ele diminuiu em outro indivíduo. Mesmo um plágio que um escritor comete contra uma pessoa morta, ainda que não macule realmente a honra da pessoa morta, limitando-se a furtar dela uma parte dessa honra, é ainda assim punido pelo direito, como lhe tendo produzido uma lesão (furtado o homem).

A pessoa moral que administra justiça é um tribunal (*forum*), e sua administração de justiça é um julgamento (*iudicium*). Tudo isso é aqui cabalmente pensado *a priori* somente de acordo com condições de direito, sem levar em consideração como tal constituição deve ser instalada e organizada (*estatutos* e, consequentemente, princípios empíricos, pertencem a uma constituição real).

Assim, a questão aqui não é meramente o que é o *direito em si mesmo*, isto é, como todo ser humano tem de julgá-lo de sua parte, mas o que o direito é ante um tribunal, isto é, o que é formulado como direito. E aqui há quatro casos em que dois julgamentos diferentes e opostos podem resultar e persistir lado a lado, porque são produzidos a partir de dois pontos de vista diferentes, ambos verdadeiros: um de acordo com o direito privado, o outro de acordo com a ideia do direito público. Estes casos são: 1) um contrato para fazer uma doação (*pactum donationis*); 2) um contrato de empréstimo (*commodatum*); 3) a recuperação (*vindicatio*); 4) o juramento (*iuramentum*).

É uma falha comum (*vitium subreptionis*) dos catedráticos de direito representar equivocadamente, como se fosse também o princípio objetivo do que é *direito em si mesmo*, aquele princípio jurídico que um tribunal está autorizado, e efetivamente obrigado, a adotar para seu próprio uso (consequentemente, para um propósito subjetivo) a fim de pronunciar e julgar o que concerne a cada um como seu direito, embora esse último seja muito distinto do primeiro. Não é, portanto, pouco importante reconhecer essa distinção específica e atentar para ela.

§ 37 : A) Do contrato para fazer uma doação

De acordo com o direito privado, esse contrato (*donatio*), através do qual eu alieno sem remuneração (*gratis*) o que é meu, uma coisa minha (ou meu direito), envolve uma relação de eu mesmo, o doador (*donans*), com um outro, o recipiente (*donatorius*), pela qual o que é meu passa para o recipiente mediante sua aceitação dele (*donum*). Mas não é de presumir-se que por esse contrato eu pretenda ser coagido a manter minha promessa e, assim, também renunciar à minha liberdade gratuitamente, por assim dizer, despojar-me de mim mesmo (*nemo suum iactare praesumitur*). No entanto, isto é o que aconteceria de acordo com o direito na condição civil, na qual aquele a quem cabe receber minha doação pode me *coagir* a cumprir minha promessa. Assim, se a matéria fosse apresentada diante de um tribunal, isto é, de acordo com o direito público, teria ou de se presumir que o doador consentiria com essa coerção, o que é absurdo, ou a corte, em seu julgamento (sentença), simplesmente desconsideraria o fato de o doador ter querido ou não reservar sua liberdade de faltar à sua promessa, considerando apenas o que é certo, a saber, a promessa e a aceitação do beneficiário da promessa. Assim, mesmo que, como bem poder-se-ia supor, o promitente pensasse que ele não poderia ser obrigado a manter sua promessa, caso houvesse se arrependido de tê-la feito antes de chegar a hora de cumpri-la, o tribunal assume que ele deveria ter feito essa reserva expressamente e que, se não a tivesse feito, poderia ser forçado a cumprir sua promessa. O tribunal adota este princípio porque, de outra forma, sua sentença em torno dos direitos se tornaria infinitamente mais difícil ou mesmo impossível.

§ 38 : B) Do contrato de empréstimo

Neste contrato (*commodatum*), pelo qual permito que alguém use sem compensação alguma coisa que me pertence, se as partes contratantes concordam que *esta própria coisa* deve ser devolvida ao meu controle, o tomador do empréstimo (*commodatarius*) não pode presumir que o proprietário da coisa (*commodans*) também assume todo o risco (*casus*) de possível perda da coisa, ou do que a torna útil, o que poderia nascer de ter sido ela posta na posse do tomador do empréstimo, pois não é matéria corrente o proprietário, além de conceder ao tomador do empréstimo o uso de sua coisa (tal perda relativamente a si mesmo enquanto indissolúvel da separação da coisa), ter também emitido a favor do tomador do empréstimo uma *garantia* contra quaisquer danos que poderiam ocorrer por ter ele deixado a coisa sair de sua custódia. Seria necessário fazer um contrato separado a respeito disso. A questão, portanto, restringe-se ao seguinte: qual dos dois, o emprestador ou o tomador do empréstimo, está incumbido de vincular-se expressamente a um contrato, no sentido de emprestar a condição em torno de assumir o risco de possível dano à coisa?... Ou, se não houver a vinculação de tal condição, quem se pode presumir tenha concordado em garantir a propriedade do emprestador (através do retorno dela, ou seu equivalente, a ele?) Não o emprestador, pois não se pode presumir que ele tenha gratuitamente concordado com mais do que o mero uso da coisa (isto é, que ele tenha também assumido a garantia da propriedade). É, ao contrário, o tomador do empréstimo, porque ao assumir essa garantia ele cumpre nada mais do que aquilo que está contido no contrato.

Supõe, por exemplo, que, tendo sido surpreendido pela chuva, entro numa casa e solicito o empréstimo de uma capa, a qual é, então, digamos, manchada em caráter permanente quando alguém descuidadamente deixa cair da janela algum material descolorante, ou me é furtada quando entro numa outra casa e a tiro. Todos julgariam absurdo dizer que tudo que tenho a fazer é devolver a capa no estado em que se encontra, ou que basta que eu comunique que ocorreu o furto e que foi, no máximo, uma questão de cortesia para mim solidarizar-me com o dono num lamento por sua perda, uma vez que ele nada poderia exigir com base em seu direito. Mas ninguém julgaria absurdo se, pedindo para usar alguma coisa, eu também pedisse de antemão ao seu proprietário que assumisse ele próprio o risco de qualquer acidente que pudesse acontecer a ela enquanto se encontrasse em meu poder, porque sou pobre e incapaz de indenizá-lo pela perda. Ninguém considerará isso supérfluo e ridículo, exceto, talvez, quando se sabe que o emprestador é um homem rico e conceituado, já que então significaria quase insultá-lo deixar de presumir que ele generosamente perdoaria meu débito nesse caso.

Agora, se (como a natureza de um contrato de empréstimo envolve) nada é nele estipulado a respeito de um possível acidente (*casus*) capaz de afetar a coisa, de modo que um acordo acerca disso é apenas presumível, um contrato de empréstimo é um contrato incerto (*pactum incertum*) relativamente ao que é meu e o que é teu segundo ele. Consequentemente, o julgamento a respeito disso, quer dizer, a decisão quanto a quem deve arcar com o acidente, não pode ser feito a partir das condições do próprio contrato; só pode ser decidido como seria decidido perante um tribunal, que sempre considera somente o que é certo no caso (que é aqui a posse da coisa como propriedade). Assim, o julgamento no estado de natureza, ou seja, em termos do caráter intrínseco da matéria, se desenvolverá assim: o dano resultante de acidente ocorrido a uma coisa emprestada recai sobre o tomador do empréstimo (*casum sentit commodatarius*). Mas na condição civil, e assim diante de uma corte, a sentença será: o dano recai sobre o emprestador (*casum sentit dominus*). Esta sentença será, com efeito, dada com base em diferentes fundamentos a partir exclusivamente do decreto da sã razão, uma vez que um juiz público não pode envolver-se em pressuposições quanto ao que uma parte ou outra pode ter pensado. Ele só pode considerar que quem quer que não anexou um contrato à parte, estipulando que está isento de quaisquer danos ocorridos à coisa emprestada, tem ele próprio de arcar com eles. Consequentemente, a diferença entre o julgamento que deve ser feito por um tribunal e aquele que cada um está justificado a fazer por si mesmo por meio de sua razão particular constitui um ponto que, de modo algum, é para passar despercebido na retificação de julgamentos de direitos.

§ 39 : C) Da recuperação (*reintegração na posse*) de alguma coisa perdida (*vindicatio*)

Fica claro do que foi dito anteriormente que alguma coisa minha que continua a existir permanece minha ainda que eu não tenha dela a contínua ocupação; que ela por si não cessa de ser minha, independentemente de algum ato pelo qual renuncio ao meu direito a ela (*derelictionis vel alienationis*); e que tenho um direito a esta coisa (*ius reale*) e, portanto, um direito contra quem quer que tenha dela ocupação, e não meramente um direito relativamente a uma pessoa específica (*ius personale*). Mas a questão agora é se esse direito deve também ser considerado por todos os demais como propriedade que continua por si mesma, se me limitei a não renunciar a ele quando a coisa se acha na posse de uma outra pessoa.

Supõe que alguém perdeu uma coisa (*res amissa*) e que uma outra pessoa a toma de boa-fé (*bona fide*), como um suposto achado. Ou supõe que tomo uma coisa por ter sido esta formalmente alienada por alguém que a possui e que se apresenta como seu proprietário, embora não o seja. Visto que não posso adquirir uma coisa de alguém *que não é seu proprietário* (*a non domino*), a questão que surge é se sou excluído pelo real proprietário de qualquer direito a essa coisa e deixado apenas com um direito pessoal relativamente ao possuidor ilegítimo. O caso é obviamente o último, se a aquisição for julgada meramente de acordo com os fundamentos intrínsecos que a justificam (no estado de natureza) e não de acordo com aquilo que é apropriado a uma corte.

É preciso que seja possível a toda e qualquer coisa ser alienável de maneira a ser adquirida por uma pessoa ou outra.

A legitimidade da aquisição, entretanto, se apoia inteiramente na forma de acordo com a qual aquilo que é possuído por outro é transferido a mim e aceito por mim, isto é, nas formalidades do ato de troca (*commutatio*) entre o possuidor da coisa e quem a adquire, pela qual um direito é estabelecido; posso não indagar como o possuidor obteve a sua posse, uma vez que isso já seria uma ofensa (*quilibet praesumitur bonus, donec, etc.*). Supõe agora que mais tarde se reverte a situação, apurando-se que o possuidor não era o proprietário, que era um outro indivíduo. Não posso, neste caso, dizer que o proprietário poderia tomar a coisa diretamente de mim (como poderia de qualquer outra pessoa que pudesse ter a ocupação dela), pois eu nada furtei dele, mas comprei, por exemplo, um cavalo cuja venda foi oferecida no mercado público em conformidade com a lei (*titulo emti venditi*). O título de aquisição de minha parte é indiscutível, uma vez que eu (como comprador) não estou obrigado ou mesmo autorizado a investigar o título de posse do outro (do vendedor) – investigação que procederia *ad infinitum* numa série ascendente. Se a compra é formalmente correta, transformo-me não simplesmente no proprietário putativo do cavalo, mas no seu verdadeiro proprietário.

Porém, contra isso o seguinte argumento com respeito aos direitos se apresenta. Qualquer aquisição de alguém que não é o proprietário de uma coisa (*a non domino*) é nula e sem efeito. Não posso extrair mais de um outro do que o que ele legitimamente tem. Embora, ao comprar um cavalo furtado, à venda no mercado, eu esteja procedendo de maneira inteiramente correta no que tange à forma da aquisição (*modus acquirendi*), meu título de aquisição é ainda deficiente, já que o cavalo não pertencia ao indivíduo que realmente o vendeu. Talvez eu possa ser o seu possuidor em boa-fé (*possessor bonae fidei*), mas permaneço ainda somente como seu proprietário putativo (*dominus putativus*), e o verdadeiro dono tem um direito de recuperá-lo (*rem suam vindicandi*).

Se se indaga o que deve ser formulado como direito *em si mesmo* (no estado de natureza) na aquisição de coisas externas de acordo com princípios de justiça nas permutas dos seres humanos entre si (*iustitia commutativa*), deve-se então responder como se segue. Se alguém pretende adquirir uma coisa externa dessa maneira, de fato lhe é necessário investigar se a coisa que deseja adquirir não pertence já a alguém mais, ou seja, mesmo que ele haja observado estritamente as condições formais de obtenção da coisa que pertence a outrem (comprou o cavalo no mercado da maneira correta), enquanto permanecer ignorante no que tange a se alguém mais (distinto do vendedor) é o verdadeiro dono do animal, o máximo que poderá ter adquirido será apenas um *direito contra uma pessoa* relativamente à coisa (*ius ad rem*), de sorte que, se alguém se apresentar e for capaz de documentar sua propriedade anterior da coisa, nada se poderá dizer do suposto novo proprietário, exceto que fruiu legitimamente o uso da coisa até esse momento como seu possuidor em boa-fé. Visto que é geralmente impossível descobrir quem foi absolutamente o primeiro (o proprietário original) na série de proprietários putativos que obtêm os seus direitos uns dos outros, nenhum comércio de coisas externas, não importando quão bem se possa concordar com as condições formais desse tipo de justiça (*iustitia commutativa*), pode garantir uma aquisição segura.

Aqui novamente a razão legisladora no que tange aos direitos se apresenta com um princípio de justiça distributiva, adotando como sua regra norteadora para a legitimidade da posse não o modo como ela seria julgada *em si mesma* pela vontade privada de cada um (no estado de natureza), mas o modo como ela seria julgada perante uma corte numa condição concretizada pela vontade unida de todos (numa condição civil). Numa condição civil, a conformidade com as condições formais de aquisição, as quais por si estabelecem somente um direito relativamente à pessoa, é postulada como uma substituta adequada para os fundamentos materiais (os quais estabelecem a derivação do que pertencia a um suposto proprietário anterior); e o que é *em si mesmo* um direito relativamente a uma pessoa, quando trazido diante de um tribunal, é válido como um direito a uma coisa. Um cavalo, por exemplo, que alguém coloca à venda num mercado público regulamentado por normas das autoridades, torna-se minha propriedade se todas as regras da compra e venda forem rigorosamente observadas (mas de tal maneira que o verdadeiro proprietário retém o direito de apresentar uma reclamação contra o vendedor com fundamento em sua posse anterior não perdida do animal); e o que seria, de outra maneira, meu direito relativamente a uma pessoa é convertido num direito a uma coisa, de acordo com o qual posso tomá-la (recuperá-la) como minha em qualquer lugar em que a encontre, sem precisar me envolver no modo como o vendedor a obteve.

Assim, é somente em favor da sentença de um tribunal (*in favorem iustitiae distributivae*) que um direito a uma coisa é assumido e tratado não *como é em si mesmo* (como direito relativamente a uma pessoa), mas como pode ser julgado mais pronta e certamente (como direito a uma coisa), e, ainda assim, de acordo com um princípio *a priori* puro. Neste princípio, várias leis estatutárias (decretos) são baseadas subsequentemente, do que o principal propósito é estabelecer condições sob as quais exclusivamente um modo de adquirir terá força jurídica, condições tais que um juiz possa destinar a cada um o que é seu *com máxima presteza e mínima hesitação.* Por exemplo, na frase "A compra rompe o arrendamento", o que é um direito a uma coisa (o arrendamento) de acordo com a natureza do contrato, isto é, em si mesmo, vige como mero direito contra uma pessoa; e, inversamente, como no caso discutido anteriormente, o que é em si mesmo apenas um direito contra uma pessoa vale como um direito a uma coisa. Em tais casos, a questão é com quais princípios um tribunal na condição civil deveria contar a fim de proceder com o máximo de certeza e segurança em suas sentenças envolvendo os direitos pertencentes a cada um.

§ 40 : D) Da aquisição de garantias por juramento (*cautio iuratoria*)

A única razão que se poderia dar, capaz de obrigar juridicamente homens a *crer* e reconhecer que existem deuses, é a seguinte: que possam prestar juramento e ser compelidos a ser verdadeiros no que dizem e fiéis no cumprimento de suas promessas por seu temor de um poder supremo que tudo vê, cuja vingança atrairiam solenemente sobre si mesmos no caso de suas declarações serem falsas. Que na solicitação de juramentos não se conta com a moralidade nesses dois aspectos, mas somente com a superstição cega, é algo que fica claro a partir disto: que não se espera garantia alguma *meramente* de suas solenes declarações diante de um tribunal em questões de direitos, mesmo que todos claramente percebam ser verdadeiro o dever num caso que tem a ver com o que é o mais sagrado de tudo entre os seres humanos (o direito dos seres humanos). Assim, meros contos de fadas constituem estímulo para se tomar juramentos, como, por exemplo, conforme o testemunho de

Marsden, os *rejangs*, um povo pagão de Sumatra, juram pelos ossos de seus ancestrais mortos, ainda que não acreditem que haja uma vida após a morte; ou como os negros da Guiné juram por seu fetiche, tal como a pena de uma ave, invocando o risco de esta quebrar-lhes o pescoço, etc. Creem que um poder invisível, detentor ou não de entendimento, por sua natureza já possui esse poder mágico que atuará graças às suas invocações. Esse tipo de crença é chamado de religião, mas deveria, a rigor, ser chamado de superstição. É, entretanto, indispensável à administração da justiça, uma vez que, sem contar com ela, uma *corte* não estaria suficientemente em posição de apurar fatos mantidos em segredo e pronunciar a sentença correta. Uma lei que obrigue um povo a prestar juramentos é, portanto, obviamente formulada somente a favor da autoridade judicial.

Mas então a questão que se coloca é a seguinte: em que se baseia a obrigação que se supõe ter alguém perante um tribunal de aceitar o juramento de outrem como prova, válida para o direito, da verdade de seu testemunho e como expediente para encerrar toda disputa? Quer dizer: o que me obriga juridicamente a crer que outrem (aquele que faz um juramento) tem qualquer religião, de maneira a tornar meus direitos dependentes de seu juramento? E, igualmente, posso ser obrigado a jurar? Ambas as coisas são injustas em si mesmas.

Todavia, no que toca a um tribunal, e assim na condição civil, se se admite que não há outro meio para atingir a verdade em certos casos, a não ser o juramento, é forçoso assumir que todos possuem uma religião, de modo que possa ser utilizada como um expediente (*in casu necessitatis*) visando aos procedimentos judiciais ante uma corte, que a fim de descobrir segredos julga poder recorrer a essa coerção espiritual (*tortura spiritualis*) como um pronto recurso e, ele mesmo, inteiramente conforme à propensão humana à superstição. Entretanto, o poder legislativo atua de uma maneira que é fundamentalmente errada ao conferir autorização para realizar tal coisa ao poder judicial, uma vez que, mesmo na condição civil, a coação à prestação de juramentos contraria a liberdade humana, que não deve ser perdida.

Um juramento para posse de cargo é geralmente *promissório*, um juramento, nomeadamente, no qual o funcionário público tem a séria resolução de cumprir as funções de seu cargo em conformidade com seus deveres. Se fosse convertido num juramento *assertórico*, se, quer dizer, o funcionário público foi obrigado, digamos, ao cabo de um ano (ou mais), a jurar que desempenhou fielmente o seu cargo durante esse período, isso despertaria mais sua consciência do que um juramento que ele faz na qualidade de uma promessa; pois, tendo prestado um juramento promissório, ele sempre pode apresentar a desculpa a si mesmo posteriormente de que, com as melhores intenções, não previu as dificuldades que experimentou somente mais tarde, durante a administração de seu cargo. Ademais, ele se preocuparia mais com a acusação de cometer falhas em suas atribuições se um observador se pusesse a examinar a soma de seus atos ofensivos do que se fossem meramente censurados um após o outro (os anteriores sendo esquecidos). Mas um tribunal pode certamente não exigir o juramento por uma crença (*de credulitate*), pois, em primeiro lugar, ele envolve uma contradição; esta coisa intermediária entre a opinião e o conhecimento é o tipo de coisa em que se pode ousar apostar, mas certamente pela qual não se deve jurar. Em segundo lugar, um juiz que exige o juramento com base numa crença de uma parte, a fim de descobrir algo relevante por ele colimado, mesmo que esse objetivo seja o bem comum, perpetra uma grave ofensa contra a retidão da pessoa que presta o juramento, parcialmente pela irreflexão à qual o juramento enganosamente o conduz e pela qual o juiz aniquila o próprio propósito, parcialmente pelas agonias de consciência que um homem tem de experimentar quando é capaz de julgar uma certa matéria hoje muito verossímil, considerada de um certo prisma, porém completamente inverossímil amanhã, ao considerá-la sob um diferente ponto de vista. O juiz, portanto, lesa aquele que constrange a prestar tal juramento.

§ 41 – Transição do que é meu ou teu em um estado de natureza ao que é meu ou teu em uma condição jurídica em geral

Uma *condição jurídica* é aquela relação dos seres humanos entre si que encerra as condições nas quais, exclusivamente, todos são capazes de fruir seus direitos. E a condição formal sob a qual isso é possível, conforme a ideia de uma vontade que legisla para todos, é chamada de *justiça pública*. Com referência ou à possibilidade, ou à realidade ou à necessidade da posse de objetos (a questão da escolha) de acordo com as leis, a justiça pública pode ser dividida em justiça protetiva (*iustitia tutatrix*), justiça comutativa (*iustitia commutativa*) e justiça distributiva (*iustitia distributiva*). Nestas, diz a lei, *em primeiro lugar*, meramente qual conduta está correta do ponto de vista de sua forma (*lex iusti*); *em segundo lugar*, quais objetos estão habilitados a ser cobertos externamente pela lei, do ponto de vista de sua matéria, isto é, qual maneira de estar de posse é jurídica (*lex iuridica*); *em terceiro lugar*, qual é a decisão de um tribunal num caso particular de acordo com a lei estabelecida na qual ele se enquadra, isto é, o que é formulado como direito (*lex iustitiae*). Em função disso, o tribunal é ele mesmo qualificado como a justiça de um país, e o fato de tal coisa existir ou não constitui a mais importante questão passível de ser feita em torno de quaisquer arranjos concernentes aos direitos.

Uma condição que não é jurídica, isto é, uma condição que não encerra justiça distributiva, é chamada de estado de natureza (*status naturalis*). Aquilo que se opõe a um estado de natureza não é (como pensa Achenwall) uma condição *social* e que poderia ser classificada como uma condição artificial (*status artificialis*), mas sim a condição *civil* (*status civilis*), aquela de uma sociedade sujeita à justiça distributiva. Isto porque também no estado de natureza pode haver sociedades compatíveis com direitos (por exemplo, as sociedades conjugal, paternal, domésticas em geral, bem como muitas outras); porém, nenhuma lei, "Deves ingressar nesta condição" vige *a priori* para essas sociedades, ao passo que se pode dizer de uma condição jurídica que todos os seres humanos que pudessem (mesmo involuntariamente) encetar relações jurídicas entre si *devem* ingressar nessa condição.

A primeira e a segunda dessas condições podem ser chamadas de *condição de direito privado*, enquanto a terceira e a última podem ser chamadas de *condição de direito público*. Esta não encerra deveres complementares ou outros deveres recíprocos humanos, além dos que podem ser concebidos no primeiro estado; a questão do direito privado é idêntica em ambas. As leis da condição de direito público, consequentemente, têm a ver somente com a forma jurídica de sua associação (constituição) em vista da qual essas leis têm necessariamente de ser concebidas como públicas.

A associação civil (*unio civilis*) não pode ser classificada ela mesma como uma *sociedade*, pois entre o soberano[78] (*imperans*) e o súdito (*subditus*) não há parceria.[79] Eles não são associados: um está subordinado ao outro e não em coordenação com ele, e aqueles que se coordenam entre si devem, por isso mesmo, se considerar iguais, uma vez que estão sujeitos a leis comuns. A associação civil *não é* bem uma sociedade, mas constitui uma.

§ 42

Do direito privado no estado de natureza procede o postulado do direito público: quando não podes te furtar a viver lado a lado com todos os outros, deves abandonar o estado de natureza e ingressar com eles num estado jurídico, isto é, uma condição de justiça distributiva. O fundamento deste postulado

---

78. ... *Befehlshaber*..., literalmente chefe, comandante. Kant não especifica aqui o conceito: ver nota abaixo. (N. T.)

79. Nos §§ 47, 48 e 49, logo na sequência (Parte II), Kant tratará com especificidade das relações políticas, inclusive daquelas entre os poderes legislativo, executivo e judiciário. Atentar também de maneira especialíssima para o importantíssimo § 45. (N. T.)

pode ser desenvolvido analiticamente a partir do conceito de direito nas relações externas, no confronto com a violência (*violentia*).

Ninguém é obrigado a abster-se de violar a posse alheia se o outro não lhe proporcionar igual certeza de que observará a mesma abstenção em relação a ele. Ninguém, portanto, precisa aguardar até descobrir por amarga experiência a disposição contrária alheia, pois o que deveria forçá-lo a esperar até que sofresse uma perda, antes de se tornar prudente, quando pode tão bem perceber dentro de si próprio a inclinação geral dos seres humanos de dominarem os outros na qualidade de seus senhores (não visando a respeitar a superioridade dos direitos dos outros quando se sentem superiores a estes em força ou astúcia)? E não é necessário esperar por hostilidade real; está-se autorizado a usar a coerção contra alguém que, por sua natureza, já o ameaça com coerção (*Quilibet praesumitur malus, donec securitatem dederit opposit*).[80]

Dada a intenção de estar e permanecer nesse estado de liberdade externamente anárquica, os seres humanos não causam, de modo algum, injustiça mútua quando se hostilizam, uma vez que o que é válido para um é válido também, por seu turno, para o outro, como se por mútuo consentimento (*uti partes de iure suo disponunt, ita ius est*).[81] Mas em geral causam injustiça no mais elevado grau,[82] desejando ser e permanecer numa condição que não é jurídica, isto é, na qual ninguém está assegurado do que é seu contra a violência.

---

80. Supõe-se mau aquele que ameaça a segurança de seu opositor. (N. T.)

81. A parte que desloca o direito alheio tem, ela própria, o mesmo direito. (N. T.)

82. Esta distinção entre o que é meramente injusto, do ponto de vista formal, e o que é também materialmente injusto apresenta muitas aplicações na doutrina do direito. Um inimigo que, em lugar de honrosamente realizar o seu acordo de rendição com a guarnição de uma fortaleza sitiada, a maltrata quando esta se retira, ou que, de outra forma, viola o acordo, não tem o direito de queixar-se de ser injustiçado se seu oponente agir identicamente com ele quando se achar em situação de fazê-lo. Mas, em geral, fazem injustiças no mais alto grau porque eliminam qualquer validade do próprio conceito de direito e tudo conduzem à violência selvagem que aparenta legalidade e, assim, subvertem o direito dos seres humanos enquanto tais.

A DOUTRINA UNIVERSAL DO DIREITO

Parte II – Direito público

Seção I
DIREITO DO ESTADO

§ 43

O conjunto das leis que necessitam ser promulgadas, em geral a fim de criar uma condição jurídica, é o *direito público*. O direito público é, portanto, um sistema de leis para um povo, isto é, uma multidão de seres humanos, ou para uma multidão de povos que, porque se afetam entre si, precisam de uma condição jurídica sob uma vontade que os una, uma constituição (*constitutio*), de sorte que possam fruir o que é formulado como direito. Essa condição dos indivíduos no seio de um povo na sua relação recíproca é chamada de *condição civil* (*status civilis*), e o conjunto dos indivíduos numa condição jurídica, em relação aos seus próprios membros, é chamado de *Estado* (*civitas*). Devido à sua forma, pela qual todos estão unidos através de seu interesse comum de estar numa condição jurídica, chama-se o Estado de *a coisa pública* (*res publica latius sic dicta*).[83] Porém, relativamente a outros povos chama-se o Estado simplesmente de potência (*potentia*) (daí a palavra *potentado*). Pelo fato de (supor-se) ser a associação dos membros herdada, chama-se também o Estado de nação (*gens*). Por conseguinte, pelo conceito geral de direito público somos levados a pensar não só no direito de um Estado, como também num direito das gentes (*ius gentium*). Visto que a superfície da Terra não é ilimitada, mas

83. ...*das gemeine Wesen*... em alemão. O latim traduz-se como *república em lato sentido.* (N. T.)

circunscrita, os conceitos de direito do Estado e de direito das gentes conduzem inevitavelmente à ideia do direito de todas as gentes (*ius gentium*) ou direito cosmopolita (*ius cosmopoliticum*). Assim, se o princípio de liberdade externa limitada pela lei não estiver presente em qualquer uma dessas três formas possíveis de condição jurídica, a estrutura de todas as outras será inevitavelmente solapada e terá, finalmente, que desmoronar.

§ 44

Não é a partir da experiência que aprendemos sobre a máxima de violência dos seres humanos e de sua malevolente tendência para se atacarem mutuamente antes de aparecer a legislação externa dotada de poder. Não é, portanto, um fato que torna necessária a coerção através da lei pública. Pelo contrário, por melhor predispostos e acatadores da lei que pudessem ser os homens, ainda assim está assentado *a priori* na ideia racional de uma tal condição (aquela que não é jurídica) que, antes de uma condição legal pública ser estabelecida, indivíduos humanos, povos e Estados jamais podem estar seguros contra a violência recíproca, uma vez que cada um detém seu próprio direito de fazer o que parece certo e bom para si e não depender da opinião alheia a respeito disso. Assim, a menos que queira renunciar a quaisquer conceitos de direito, a primeira coisa que tem a resolver é estabelecer o princípio segundo o qual é preciso abandonar o estado de natureza, no qual cada um segue seu próprio critério, unir-se com todos os outros (com os quais a interação é inevitável), submeter-se a uma coação legal externa pública e, assim, ingressar numa condição na qual o que tem de ser reconhecido como a ela pertinente é determinado pela lei e lhe é atribuído pelo poder adequado (não o que lhe é próprio, mas sim um poder externo); em síntese: deve-se, acima de tudo o mais, ingressar numa condição civil.

É verdade que o estado de natureza não necessita, simplesmente por ser natural, de ser um estado de *injustiça* (*iniustus*), de tratar-se mutuamente apenas em termos do grau de força que cada um tem. Mas ainda persistiria sendo um estado *destituído de justiça* (*status iustitia vacuus*), no qual, quando os direitos estão em disputa (*ius controversum*), não haveria juiz competente para proferir uma sentença detentora de força jurídica. Daí, cada um poderia compelir o outro, mediante força, a deixar esse estado e ingressar numa condição jurídica, pois, embora cada um possa adquirir algo externo assumindo o seu controle ou por meio de contrato de acordo com seus conceitos do direito, essa aquisição permanecerá apenas *provisória* enquanto não encerrar a sanção da lei pública, uma vez que não é determinada pela justiça (distributiva) pública e assegurada por uma autoridade que torne efetivo esse direito.

Na hipótese de nenhuma aquisição ter sido reconhecida como jurídica, mesmo em caráter provisório, antes do ingresso na condição civil, a condição civil ela mesma seria impossível, pois, no que toca à sua forma, leis que concernem ao que é meu ou teu no estado de natureza contêm a mesma coisa que prescrevem na condição civil, porquanto a condição civil é pensada somente por conceitos racionais puros. A única diferença é que a condição civil proporciona as condições sob as quais essas leis são aplicadas (em consonância com a justiça distributiva). Assim, se os objetos externos não fossem sequer provisoriamente meus ou teus no estado de natureza, não haveria também quaisquer deveres de direito com relação a eles e, portanto, nenhum comando para abandonar o estado de natureza.

§ 45

Um Estado (*civitas*) é a união de uma multidão de seres humanos submetida a leis de direito. Na medida em que estas são necessárias *a priori* como leis, isto é, na medida em que procedem espontaneamente de conceitos de direito externo em geral (não são estatutárias), a forma do Estado é aquela de um Estado em geral, ou seja, do *Estado em ideia*, como deve ser de acordo com puros princípios de direito. Essa ideia serve como uma norma (*norma*) para qualquer associação real numa *república* (e, por conseguinte, serve como uma norma para sua constituição interna).

Todo Estado encerra três *poderes*[84] dentro de si, isto é, a vontade unida geral consiste de três pessoas (*trias politica*): o poder soberano (soberania) na pessoa do legislador; o poder executivo na pessoa do governante (em consonância com a lei) e o poder judiciário (para outorgar a cada um o que é seu de acordo com a lei) na pessoa do juiz (*potestas legislatoria, rectoria et iudiciaria*).[85] Estes são como as três proposições num silogismo prático: a premissa maior, que contém a *lei* daquela vontade; a premissa menor, que contém o *comando* para se conduzir de acordo com a lei, ou seja, o princípio de subordinação à lei, e a conclusão, que contém o veredito (sentença), o que é formulado como direito no caso em pauta.

§ 46

O poder legislativo pode pertencer somente à vontade unida do povo, pois, uma vez que todo o direito deve dele proceder, a ninguém é capaz de causar

84. ... *Gewalten*... (N. T.)
85. A fundamental teoria dos *três poderes* formulada na Idade Moderna primeiramente por Montesquieu em *Do espírito das leis* (obra presente em Clássicos Edipro). (N. T.)

injustiça mediante sua lei. Ora, quando alguém realiza disposições tocantes a *outra pessoa*, é sempre possível que cause injustiça a esta; entretanto, jamais é capaz de produzir injustiça em suas decisões concernentes a si mesmo (pois *volenti non fit iniuria*).[86] Portanto, somente a vontade concorrente e unida de todos, na medida em que cada um decide o mesmo para todos e todos para cada um, e assim somente a vontade geral unida do povo pode legislar.

Os membros dessa sociedade, que se acham unidos para legislar (*societas civilis*), ou seja, os membros de um Estado, são chamados de cidadãos (*cives*). Do ponto de vista dos direitos, os atributos de um cidadão, inseparáveis de sua essência (como cidadão), são: *liberdade legal*, o atributo de obedecer unicamente à lei à qual deu seu assentimento, *igualdade civil*, o atributo que lhe permite não reconhecer entre os membros do povo ninguém que lhe seja superior dotado da faculdade moral de obrigá-lo juridicamente de modo que o impossibilite, por sua vez, de obrigar o outro e, em terceiro lugar, o atributo da *independência civil*, graças ao qual deve sua existência e preservação aos seus próprios direitos e poderes como membro da coisa pública (república) e não ao arbítrio de um outro indivíduo componente do povo. De sua independência segue-se sua personalidade civil, o seu atributo de prescindir de ser representado por outro, quando se trata de direitos.

A única qualificação para ser cidadão é estar apto a votar. Mas estar apto a votar pressupõe a independência de alguém que, integrante do povo, deseja ser não apenas uma parte da coisa pública, mas também um membro desta, isto é, uma parte da coisa pública que atua a partir da própria escolha em comum com os demais. Essa qualidade da independência, contudo, requer uma distinção entre cidadãos *ativos* e *passivos*, embora o conceito de cidadão passivo pareça contradizer o conceito de cidadão em geral. Os exemplos que se seguem servirão para afastar essa dificuldade: um aprendiz no serviço de um mercador ou artesão, um criado doméstico (distinto de alguém a serviço do Estado), um menor (*naturaliter vel civiliter*), todas as mulheres e, em geral, qualquer um cuja preservação existencial (sustento e proteção) depende não da administração de seus próprios negócios, mas das providências de outrem (exceto o Estado). A todas essas pessoas falta personalidade civil, e suas existências são, por assim dizer, tão só inerências. O lenhador que contrato para trabalhar no meu quintal, o ferreiro na Índia que vai às casas das pessoas para trabalhar o ferro com seu martelo, bigorna e fole, comparado ao carpinteiro ou ferreiro europeu que é capaz de expor os produtos de seu

86. Nenhuma injustiça é feita àquele que consente. (N. T.)

trabalho como mercadorias para venda ao público, o professor particular comparado ao mestre da escola, o fazendeiro tributário comparado ao arrendatário, e assim por diante; estes são meros serventes da coisa pública porque têm de estar sob a direção ou amparo de outros indivíduos e, assim, não dispõem de independência civil.

Essa dependência da vontade de outros e essa desigualdade não se opõem, de modo algum, à sua liberdade e igualdade na qualidade de *seres humanos* que, juntos, constituem um povo; pelo contrário, é somente em conformidade com as condições de liberdade e igualdade que esse povo pode se transformar num Estado e participar de uma constituição civil. Mas nem todas as pessoas se qualificam com igual direito de voto no seio dessa constituição, quer dizer, para serem cidadãs e não meras associadas do Estado, pois, do fato de estarem capacitadas a exigir que todos os outros as tratem de acordo com as leis da liberdade natural e da igualdade como partes passivas do Estado, não se segue que também tenham o direito de administrar o Estado ele próprio como seus membros ativos, o direito de organizá-lo ou cooperar para a introdução de certas leis. Segue-se apenas que, seja qual for o tipo de leis positivas nas quais os cidadãos possam votar, é necessário, não obstante, que essas leis não sejam contrárias às leis naturais da liberdade e da igualdade de todos no seio do povo correspondente a essa liberdade, a saber, qualquer um pode ascender dessa condição passiva a uma ativa.

§ 47

Todos esses três poderes no Estado são dignidades e, visto que surgem necessariamente da ideia de um Estado em geral, como essenciais ao estabelecimento (constituição) dele, são dignidades políticas. Compreendem a relação de um *superior* sobre todos (que, do ponto de vista das leis da liberdade, não pode ser outro senão o próprio povo unido) com a multidão desse povo individualmente como *súditos*, isto é, a relação de um comandante (*imperans*) com aqueles que obedecem (*subditus*). O ato pelo qual um povo se constitui num Estado é o *contrato original*. A se expressar rigorosamente, o contrato original é somente a ideia desse ato, com referência ao qual exclusivamente podemos pensar na legitimidade de um Estado. De acordo com o contrato original, todos (*omnes et singuli*) no seio de um povo renunciam à sua liberdade externa para reassumi-la imediatamente como membros de uma coisa pública, ou seja, de um povo considerado como um Estado (*universi*). E não se pode dizer: o ser humano num Estado sacrificou uma *parte* de sua liberdade externa inata a favor de um fim, mas, ao contrário, que ele renunciou inteiramente à sua liberdade selvagem e sem lei para se ver com sua liberdade toda não reduzida numa dependência às leis, ou seja, numa condição jurídica, uma vez que essa dependência surge de sua própria vontade legisladora.

§ 48

Em conformidade com isso, os três poderes no Estado, em primeiro lugar, se coordenam (*potestates coordinatae*) entre si como uma multiplicidade de pessoas morais, ou seja, cada uma complementa as outras para completar a constituição do Estado (*complementum ad sufficientiam*); todavia, em segundo lugar, também se subordinam (*subordinatae*) entre si, de maneira que um deles, ao assistir a um outro, fica impossibilitado também de usurpar sua função; em vez disso, cada um tem seu próprio princípio, isto é, realmente comanda na sua qualidade de pessoa particular, porém ainda sob a condição da vontade de um superior; em terceiro lugar, através da associação de ambas[87] cada súdito recebe sua porção de direitos.

Poder-se-ia dizer desses poderes, considerados em sua dignidade, que a vontade do legislador (*legislatoris*) relativamente ao que é externamente meu ou teu é à prova de censura (irrepreensível); que o poder executivo do chefe supremo (*summi rectoris*) é irresistível e que a sentença do sumo juiz (*supremi iudicis*) é irreversível (inapelável).

§ 49

O governante do Estado (*rex, princeps*) é a pessoa (moral ou natural) à qual pertence o poder executivo (*potestas executoria*). Ele é o *agente* do Estado, que designa os magistrados e prescreve ao povo regras de acordo com as quais cada um pode adquirir alguma coisa ou preservar o que é seu em conformidade com a lei (mediante aplicação a um caso particular submetido a tal lei). Considerado como pessoa moral, ele é chamado de *diretório*, o governo. Suas diretivas ao povo e aos magistrados e seu superior (o ministro), aos quais encarrega da administração do Estado (*gubernatio*), são ordenações ou *decretos* (*não* leis), já que direcionadas a decisões em casos particulares e apresentadas como sujeitas à mudança. Um *governo* que também legislasse teria de ser classificado como *despótico* em oposição a um governo *patriótico*. Mas por governo patriótico não se entende um governo paternalista (*regimen paternale*), o qual é o mais despótico de todos (posto que trata os cidadãos como crianças), mas *aquele governo que serve à pátria* (*regimen civitatis et patriae*). Nele o Estado (*civitas*)

87. Quais sejam, a coordenação e a subordinação. (N. T.)

realmente trata seus súditos como membros de uma família, mas também os trata como cidadãos do Estado, isto é, de acordo com leis da própria independência deles: cada um está de posse de si mesmo e independe da vontade absoluta de um outro ao seu lado ou acima de si.

Assim, o soberano[88] (o legislador) do povo não pode ser também seu *governante,* uma vez que o governante está sujeito à lei e, assim, é submetido à obrigação através da lei por *um outro*, a saber, o soberano.[89] O soberano pode também retirar do governante a sua autoridade, depô-lo ou reformar sua administração. Mas não pode puni-lo (e as palavras correntes na Inglaterra de que o rei, isto é, a autoridade executiva suprema, não pode causar mal algum, são prova precisamente disso); a punição é um ato do poder executivo, o qual detém a suprema faculdade de exercer coerção em conformidade com a lei, e seria contraditório estar ele sujeito à coerção.

Finalmente, nem o chefe do Estado nem seu governante podem *julgar*, mas somente designar juízes como magistrados. Um povo julga a si mesmo através daqueles entre seus concidadãos por ele designados como seus representantes para isso por uma livre escolha e, com efeito, um povo designa especialmente para cada ato. Pois um veredito (uma sentença) é um ato individual de justiça pública (*iustitiae distributivae*) realizado por um administrador do Estado (um juiz ou tribunal) sobre um súdito, isto é, sobre alguém pertencente ao povo; e, assim, esse ato não está investido de autoridade para destinar (atribuir) a um súdito o que é seu. Visto que cada indivíduo no seio de um povo é apenas passivo nessa relação (com a autoridade),[90] se o poder legislativo ou o executivo tivessem que decidir num caso controverso o que pertence a ele, lhe causaria uma injustiça, uma vez que não seria o próprio povo a fazê-lo e pronunciando um veredito de *culpado* ou *inocente* relativamente a um concidadão. Mas, uma vez estabelecidos os fatos num processo, o tribunal tem poder judiciário para aplicar a lei e entregar a cada um o que é seu com a ajuda do poder executivo. Daí somente o povo pode julgar um de seus membros, ainda que apenas indiretamente, por meio de representantes (o júri) delegados por ele. Seria também inferior à dignidade do chefe do Estado desempenhar o papel de juiz, ou seja, colocar-se numa posição na qual poderia cometer injustiça e, assim, fazer de sua decisão objeto de apelação (*a rege male informato ad regem melius informandum*).[91]

Há assim três poderes distintos (*potestas legislatoria, executoria, iudiciaria*) pelos quais um Estado (*civitas*) tem sua autonomia, isto é, pelos quais configura

88. ... *Der Beherrscher...* (N. T.)
89. ... *dem Souverän,...* (N. T.)
90. ... *zur Obrigkeit...* (N. T.)
91. De um rei mal instruído a um rei a ser melhor instruído. (N. T.)

e preserva a si mesmo de acordo com leis de liberdade. A felicidade[92] de um Estado consiste na sua união (*salus reipublicae suprema lex est*).[93] Pela felicidade do Estado não se deve entender o bem-estar de seus cidadãos e a felicidade destes, pois a felicidade talvez os atinja mais facilmente e, como o apreciariam, num estado de natureza (como assevera Rousseau)[94] ou mesmo num governo despótico. Por felicidade do Estado entende-se, em lugar disso, a condição na qual sua constituição se conforma o mais plenamente aos princípios do direito; é por esta condição que a razão, *mediante um imperativo categórico*, nos obriga a lutar.

OBSERVAÇÃO GERAL

Dos efeitos jurídicos que se seguem da natureza da associação civil

A

Não cabe a um povo perscrutar, tendo qualquer propósito prático em vista, sobre a origem da autoridade suprema à qual está submetido, isto é, o súdito não deve raciocinar, em termos práticos, a respeito da origem dessa autoridade, como um direito ainda passível de ser questionado (*ius controversum*) no tocante à obediência que a ele deve, isto porque, posto que um povo deve ser considerado como já unido sob uma vontade legislativa geral, a fim de julgar mediante força jurídica acerca da suprema autoridade (*summum imperium*) do Estado, não pode nem deve julgar diferentemente da forma que o presente chefe do Estado (*summus imperans*) deseja que o faça. Quer um Estado comece com um efetivo contrato de submissão (*pactum subiectionis civilis*) como um fato, quer o poder tenha chegado primeiro e a lei somente depois, ou mesmo se devessem ter se sucedido nesta ordem – a um povo já submetido à lei civil esses raciocínios sutis são completamente despropositados e, ademais, ameaçam perigosamente o Estado. Se um súdito, depois de ter ponderado sobre a origem última da autoridade então soberana, quisesse se opor a essa autoridade, seria punido, exterminado ou expulso (como um fora da lei, *exlex*) de acordo com as leis dessa autoridade, ou seja, com todos os direitos. Uma lei que é tão sagrada

92. ... *das Heil*..., a salvação. (N. T.)
93. A saúde (bem-estar) da república é a lei suprema. (N. T.)
94. Jean-Jacques Rousseau (1712-1778), pensador iluminista e contratualista francês, autor de *Do contrato social* (obra presente em Clássicos Edipro). (N. T.)

(inviolável) que já constitui um crime o mero fato de pô-la em dúvida de modo prático e, assim, suspender momentaneamente seu efeito, é considerada como se houvesse forçosamente se originado não de seres humanos, mas de algum legislador excelso isento de falhas; e é isto que significam as palavras: "Toda autoridade procede de Deus".[95] Essas palavras não constituem uma asserção sobre o fundamento histórico da constituição civil; ao contrário, estabelecem uma ideia na qualidade de um princípio de razão prática: o princípio segundo o qual o poder legislativo presentemente existente *deve* ser obedecido, seja qual for a sua origem.

Ora, desse princípio se deduz a seguinte proposição: o soberano tem apenas direitos relativamente aos seus súditos e nenhum dever (que possa ser forçado a cumprir). Ademais, mesmo que o órgão do soberano, o *governante*, proceder contra a lei, por exemplo, se opor-se à lei da igualdade na distribuição dos ônus do Estado em matéria de tributos, recrutamento, etc., os súditos poderão, realmente, fazer oposição a essa injustiça mediante queixas (*gravamina*), mas não por meio de resistência.

Realmente, mesmo a constituição não pode conter nenhum artigo que possibilitasse a existência de algum poder no Estado para resistir ao comandante supremo[96] no caso de haver por parte dele a violação da lei da constituição, de modo a restringi-lo. Pois alguém a quem cabe limitar a autoridade num Estado precisa ter ainda mais poder do que quem é por ele limitado, ou, ao menos, tanto poder quanto ele; e, como um senhor legítimo[97] que dirige os súditos à resistência, precisa também ser capaz de protegê-los e prover julgamentos que detenham força jurídica em quaisquer casos que surjam, devendo, por conseguinte, ser capaz de comandar publicamente a resistência. Neste caso, entretanto, o comandante supremo num Estado não é o comandante supremo; ao contrário, é aquele que é capaz de lhe oferecer resistência, o que é contraditório. Nesta situação, o soberano se conduz, através de seu ministro, também como o governante e, assim, como um déspota; e a ilusão que nos permite pensar no povo, através de seus deveres, como o poder limitador (embora detenha, a rigor, somente poder legislativo), não pode ocultar o despotismo, de sorte que não vem à luz devido às medidas tomadas pelo ministro. O povo, sendo representado por seus deputados (no Parlamento), tem nesses guardiões de sua liberdade e direitos homens que têm um vivo interesse em posições para

95. Esta concepção, elevada à dignidade de axioma, ou mesmo dogma, sustentou as monarquias (inclusive europeias) durante muitos séculos, ocioso dizer incluídas aqui as monarquias absolutistas, despóticas e as tiranias. (N. T.)

96. ... *obersten Befehlshaber*... (N. T.)

97. ... *rechtmässiger (rechtmäßiger) Gebieter*... (N. T.)

si mesmos e suas famílias, no exército, na marinha e nos cargos públicos, que dependem do ministro e que estão sempre prontos a desempenhar um papel nas mãos do governo (em lugar de se opor aos seus abusos; ademais, uma declaração pública de resistência requer a unanimidade de um povo que tenha sido preparado antecipadamente, o que não pode ser permitido em tempos de paz). Consequentemente, a chamada constituição moderada, na qualidade de uma constituição para os direitos internos de um Estado, é um absurdo. Em lugar de pertencer ao direito, trata-se apenas de um princípio de prudência, não tanto para dificultar a um poderoso transgressor dos direitos do povo o exercício à vontade de sua influência sobre o governo, como para disfarçar sua influência sob a ilusão de uma oposição permitida ao povo.

Portanto, um povo não pode oferecer resistência ao poder legislativo soberano do Estado que fosse compatível com o direito, uma vez que uma condição jurídica somente é possível pela submissão à sua vontade legislativa geral. Inexiste, por conseguinte, direito de sedição (*seditio*), e menos ainda de rebelião (*rebellio*), e menos do que tudo o mais existe um direito contra o chefe do Estado como pessoa individual (o monarca), *de atacar sua pessoa ou mesmo sua vida* (*monarchomachismus sub specie tyrannicidii*), sob o pretexto de que abusou de sua autoridade (*tyrannis*). Qualquer tentativa nesse sentido é *alta traição* (*proditio eminens*) e quem quer que cometa tal traição tem de ser punido com nada mais do que a morte, por haver tentado *destruir sua pátria* (*parricida*). A razão do dever que tem um povo de tolerar até o que é tido como um abuso insuportável da autoridade suprema é sua resistência à legislação maior nunca poder ser considerada algo distinto daquilo que contraria a lei e, com efeito, como algo que suprime toda a constituição legal. Para que um povo estivesse autorizado a oferecer resistência, seria necessário haver uma lei pública que lhe facultasse resistir, isto é, a legislação maior teria de encerrar uma disposição de que não é soberana, e que torna o povo, na qualidade de súdito, por um e o mesmo critério, soberano sobre aquele ao qual está submetido. Isso é contraditório e a contradição se evidencia tão logo se pergunta a quem cabe ser o juiz nessa disputa entre o povo e o soberano (posto que, examinando-o do prisma dos direitos, estes são sempre duas pessoas morais distintas). Fica então aparente que o povo quer ser o juiz em seu próprio processo.[98]

98. É possível pensar ainda o *destronamento* de um monarca como se este houvesse *voluntariamente* deposto a coroa e abdicado de sua autoridade, devolvendo-a ao povo, ou como se, sem qualquer ataque à pessoa soberana, tivesse renunciado à sua autoridade e fosse reduzido à posição de uma pessoa privada. Em função disso, o povo que arrebatou tal coisa dele tem, ao menos, o pretexto de um *direito de necessidade* (*casus necessitatis*) a favor de seu crime. Mas nunca tem o mais ínfimo direito de puni-lo, o chefe do Estado, devido à sua prévia administração, uma vez que tudo o que ele realizou, em sua qualidade de chefe de Estado, tem de ser considerado como tendo sido realizado externamente conforme aos direitos,

Qualquer transgressão da lei pode e deve ser explicada somente como oriunda de uma máxima do criminoso (para tornar tal crime sua regra), pois, se pretendêssemos fazê-la provir de um impulso sensível, ele não a estaria cometendo como um ser *livre* e ela não poderia a ele ser imputada. Mas como é possível ao súdito formar uma tal máxima contrária à clara proibição da razão legisladora absolutamente não pode ser explicado, uma vez que somente o que acontece de acordo com o mecanismo da natureza é passível de ser explicado. Ora, o criminoso pode cometer sua má ação ou com fundamento numa máxima que tenha assumido como regra objetiva (de validade universal), ou apenas como uma exceção à regra (isentando ele mesmo dela ocasionalmente). Nesse último caso, *ele apenas se desvia* da lei (ainda que intencionalmente); pode simultaneamente abominar sua transgressão e, sem formalmente renunciar à obediência da lei, apenas desejar contorná-la. No *primeiro* caso, contudo, ele rejeita a própria autoridade da lei, cuja validade não pode ainda negar diante de sua própria razão, e torna sua regra o agir contrariamente à lei. Sua máxima é, portanto, oposta à lei não apenas através de uma *omissão* (*negativa*), mas pela sua *rejeição* (*contrarie*) ou, como o dizemos, sua máxima é *diametralmente* oposta à lei, como contraditória a ela (hostil a ela, por assim dizer). Na medida do que podemos perceber, é impossível a um ser humano perpetrar um crime desse tipo, um crime formalmente mau (inteiramente sem propósito); e, todavia, não é cabível que seja ignorado num sistema de moral (a despeito de ser tão só a ideia do mal mais extremo).

A razão do horror diante do pensamento da execução formal de um monarca *por seu povo* é, portanto, a seguinte: que, embora seu *assassinato* seja considerado como somente uma *exceção* à regra que o povo converte em sua máxima, sua *execução* deve ser considerada como uma cabal *subversão* dos princípios da relação entre um soberano e seu povo (na qual o povo, que deve sua existência exclusivamente à legislação do soberano, se torna o seu senhor),

---

ele próprio como fonte da lei, não podendo fazer nenhuma injustiça. De todas as atrocidades encerradas na derrubada de um Estado por meio de rebelião, o *assassinato* do monarca não constitui ele mesmo o pior, pois ainda nos é possível pensar no povo o fazendo por medo de que, permanecendo vivo o monarca, este pudesse comandar suas forças contra ele e infligir-lhe o castigo que merece, de modo que matá-lo não seria uma promulgação de justiça punitiva, mas meramente um ditame de autopreservação. É a *execução* formal de um monarca que infunde horror numa alma imbuída da ideia dos direitos dos seres humanos, um horror que se experimenta reiteradamente tão logo e tão frequentemente se pensa em cenas como o destino de Carlos I ou de Luís XVI. Mas como explicarmos esse sentimento, que não é sentimento estético (simpatia, um efeito da imaginação por meio do qual nos colocamos a nós mesmos no lugar daquele que sofre) mas um sentimento moral resultante da completa subversão de todos os conceitos de direito? É considerado como um crime que dura para sempre e jamais pode ser expiado (*crimen immortale, inexpiabile*), e parece ser semelhante ao que os teólogos chamam de pecado imperdoável, quer neste mundo, quer no próximo. A explicação desse fenômeno na mente humana parece surgir das reflexões subsequentes sobre si mesmo, que lançam luz nos próprios princípios dos direitos políticos.

de sorte que a violência é elevada acima dos mais sagrados direitos, de maneira impudente e erigindo-se em princípio. Como um abismo que irreparavelmente tudo engole, a execução do monarca parece ser um crime do qual o povo não pode ser absolvido, pois é como se o Estado cometesse suicídio. Há motivo, em consonância com isso, para supor que o acordo para executar o monarca se origina realmente não do que se presume ser um princípio jurídico, mas do temor da vingança do Estado dirigida ao povo, caso o Estado venha a renascer em alguma oportunidade vindoura e que essas formalidades sejam empreendidas somente para conferir a essa ação a aparência de punição e assim de um *procedimento de direito* (tal como o assassinato não seria). Mas esse disfarce de tal ato é abortivo; tal pressuposição por parte do povo é ainda pior do que o assassinato, uma vez que envolve um princípio que obrigaria impossibilitar uma nova geração de um Estado que fora derrubado.

Uma mudança da constituição[99] (deficiente), que pode certamente ser necessária ocasionalmente, é exequível, portanto, somente através de *reforma* do próprio soberano, porém não do povo e, por via de consequência, não por meio de *revolução*; e, quando tal mudança ocorre, a reforma só pode afetar o *poder executivo*, não o legislativo. Naquilo que é denominado constituição limitada, a constituição contém uma cláusula segundo a qual o povo pode legalmente *se opor* ao poder executivo e ao seu representante (o ministro), por meio de seus representantes (no Parlamento). Todavia, não é permissível nenhuma resistência ativa (da parte do povo dispondo por sua vontade a coagir o governo a adotar um certo procedimento e, assim, ele próprio realizando um ato do poder executivo), mas apenas uma resistência *negativa*, a saber, uma *recusa* do povo (no Parlamento) em assentir a toda exigência que o governo apresenta como necessária à administração do Estado. De fato, se essas exigências fossem sempre acatadas, seria indício certo de que o povo é corrupto, de que seus representantes são subornáveis, de que o chefe do governo está governando despoticamente através de seu ministro e de que o próprio ministro está traindo o povo.

Ademais, no caso do êxito de uma revolução e o estabelecimento de uma nova constituição, a falta de legitimidade com a qual esta principia e é posta em prática não pode liberar os súditos da obrigação de acatar a nova ordem das coisas como bons cidadãos, e eles não podem deixar de honestamente obedecer à autoridade que detém agora o poder. Um monarca destronado (que sobrevive à sublevação) não deve ser obrigado a prestar contas, menos ainda ser punido, pelo que realizou anteriormente, desde que retorne à condição de

99. ... *Staatsverfassung*... deve ser entendido neste contexto como a forma política de governo vigente de um Estado legalmente constituído segundo a tripartição dos poderes. O referencial kantiano é a monarquia conjugada com o Parlamento, dentro do paradigma correspondente à prática britânica. (N. T.)

cidadão e prefira a paz para si mesmo e o Estado ao risco de fugir com o objetivo de dedicar-se à aventura de tentar, na qualidade de um pretendente ou reivindicador recuperar seu trono, seja incitando secretamente uma contrarrevolução, seja se fazendo assistir por outras potências. Mas, se preferir esse último caminho, seu direito de assim agir não pode ser questionado, uma vez que a insurreição que o derrubou foi injusta. Mas têm outras potências o direito de se juntarem numa aliança a favor desse monarca deposto, simplesmente com o fito de não deixar esse crime perpetrado pelo povo sem retaliação e permanecer como um escândalo para todos os Estados? Estão elas, assim, autorizadas e conclamadas a restaurar pela força a antiga constituição em qualquer outro Estado onde a constituição presentemente existente surgiu através da *revolução*? Essas questões tocam ao direito das gentes.

B

Pode o soberano ser considerado o supremo proprietário (da terra) ou deve ser considerado apenas aquele que detém o comando supremo sobre o povo mediante a lei? Uma vez que a terra é a condição fundamental que por si só possibilita ter coisas externas como pertencentes a si próprio e o primeiro direito adquirível é a posse e o uso de tais coisas, todos esses direitos devem ser derivados do soberano como *senhor da terra*, ou melhor, como o seu supremo proprietário (*dominus territorii*). O povo, a multidão dos súditos, também pertence a ele (são o seu povo). Mas este a ele pertence não como se ele fosse o proprietário dele (mediante um direito à coisa); ele, diferentemente, pertence-lhe na sua qualidade de seu comandante supremo (mediante um direito relativamente à pessoa). Essa propriedade suprema é, entretanto, somente uma ideia da associação civil que serve para representar, de acordo com conceitos jurídicos, a necessária união da propriedade privada de todos no seio do povo sob um possuidor público geral, de maneira que a determinação da propriedade particular de cada um esteja em harmonia com o necessário princípio formal de *divisão* (divisão da terra), e não com princípios de *agregação* (a qual procede empiricamente das partes ao todo). De acordo com os conceitos jurídicos, o supremo proprietário não pode ter terra alguma como sua propriedade privada (pois, de outra maneira, faria de si mesmo uma pessoa privada). Toda a terra pertence exclusivamente ao povo (e, realmente, ao povo entendido distributivamente, não coletivamente), à exceção do caso de um povo nômade submetido a um soberano com o qual não há propriedade privada da terra. O comandante supremo não pode, portanto, ter *domínios*, isto é, bens de raiz para seu uso privado (a manutenção de sua corte), pois se o fizesse ficaria então ao seu próprio critério quão vastos deveriam ser, de modo que o Estado correria o risco de ver toda a propriedade da terra nas mãos do governo e todos os súditos como *servos da gleba* (*glebae adscripti*), apenas possuidores do que é propriedade alheia e, portanto, despojados de toda liberdade (*servi*). Poder-se-ia dizer do senhor da terra que *ele nada possui* (de sua propriedade), exceto ele próprio, pois, se ele tivesse alguma coisa que lhe pertencesse paralelamente a outros no Estado, uma disputa poderia nascer entre eles e não haveria juiz para dirimi-la. Mas poder-se-ia dizer também que *ele possui tudo*, visto deter o direito de comando do povo, ao qual todas as coisas externas pertencem (*divisim*) (o direito de destinar a cada um o que é seu).

Disso se conclui que dentro de um Estado também não pode haver corporação, condição ou ordem que, na qualidade de proprietária da terra, possa transferi-la, de acordo com certos estatutos, a gerações sucessivas para o uso exclusivo destas (em perpetuidade). O Estado pode repelir tais estatutos a qualquer tempo, desde que indenize os sobreviventes. Uma *ordem de cavaleiros* (seja esta uma corporação ou meramente uma classe de pessoas individuais que desfrutam de honras especiais) ou um *clero*, chamado de Igreja, jamais podem adquirir com base nesses privilégios, com os quais são favorecidos, a propriedade da terra para transferi-la aos seus sucessores; só podem adquirir o uso dela até o presente. Os bens de raiz de uma ordem de cavaleiros podem ser anulados sem hesitação (ainda que sob a condição mencionada anteriormente), se a opinião pública deixou de favorecer as *honras militares* como um recurso para salvaguardar o Estado contra a indiferença de defendê-lo. As propriedades rurais da Igreja podem, analogamente, ser abolidas, se a opinião pública cessou de interessar-se em missas para almas, orações e uma multidão de clérigos para isto designados como o meio de salvar as pessoas do fogo eterno. Aqueles atingidos por tais reformas não podem queixar-se de sua propriedade ser deles retirada, uma vez que a razão para sua posse até então se apoiava exclusivamente na *opinião do povo* e, também, precisava ter validade enquanto durasse esta. Mas no momento em que essa opinião declinar, e mesmo declinar apenas na avaliação daqueles que, devido ao seu mérito, detêm o título mais expressivo para conduzir a avaliação, a pretensa propriedade terá de ser descontinuada, como se em função de um apelo do povo ao Estado (*a rege male informato ad regem melius informandum*).

Nessa propriedade originalmente adquirida da terra repousa, ademais, o direito do comandante supremo, como supremo proprietário (senhor da terra) de tributar os proprietários particulares da terra, ou seja, exigir o pagamento de impostos territoriais, a sisa e os direitos alfandegários, ou exigir a prestação de serviços (tais como a provisão de tropas para o serviço militar). Isto, entretanto, deve ser feito de forma que o povo tribute a si mesmo, uma vez que o único modo de proceder de acordo com princípios de direito nesta matéria é os tributos serem arrecadados pelos deputados do povo, mesmo no caso de empréstimos compulsórios (que desviam da lei previamente existente), os quais é permissível cobrar pelo direito de majestade quando o Estado corre o risco de dissolução.

A essa propriedade suprema toca também o direito de administrar a economia do Estado, as finanças e a polícia. É função da polícia prover *segurança*, *comodidade* e *decência* públicas, pois a tarefa do governo de orientar o povo por meio das leis é facilitada quando o sentimento de decoro (*sensus decori*), na qualidade de gosto negativo, não é aniquilado por aquilo que ofende o sentimento moral, tal como o mendigar, o tumulto nas ruas, a fetidez e a libertinagem pública (*venus volgivaga*).

Também um terceiro direito concerne ao Estado colimando a sua preservação, ou seja, aquele da *inspeção* (*ius inspectionis*), de forma que nenhuma associação (de fanáticos políticos ou religiosos) que pudesse afetar o bem-estar *público* da sociedade (*publicum*) se mantenha clandestina. Ao contrário, fica vedado a qualquer associação recusar exibir sua constituição diante da solicitação da polícia. Porém a polícia não está autorizada a executar buscas na residência particular de ninguém, salvo em caso de necessidade, e em todo caso particular precisará dispor de um mandado de uma autoridade superior para fazê-lo.

C

Ao comandante supremo cabe *indiretamente*, isto é, na medida em que assumiu o dever do povo, o direito de impor ao povo tributos para a própria preservação deste, tais como impostos para manter organizações que cuidam dos *pobres*, *lares para crianças abandonadas* e *organizações religiosas de assistência*, usualmente chamadas de instituições de caridade ou piedosas.

A vontade geral do povo se fundiu numa sociedade a ser preservada perpetuamente, e para esta finalidade se submeteu à autoridade interna do Estado, a fim de sustentar aqueles membros da sociedade incapazes de manter a si mesmos. Por razões de Estado o governo é, portanto, autorizado a forçar os ricos a prover os meios de subsistência daqueles que são incapazes de prover sequer a satisfação de suas necessidades naturais mais indispensáveis. Os ricos adquiriram uma obrigação relativamente à coisa pública, uma vez que devem sua existência ao ato de submissão à sua proteção e zelo, o que necessitam para viver; o Estado então fundamenta o seu direito de contribuição do que é deles nessa obrigação, visando à manutenção de seus concidadãos. Isso pode ser realizado ou por meio da imposição de um imposto sobre a propriedade ou a atividade comercial dos cidadãos, ou pelo estabelecimento de fundos e o uso dos juros obtidos a partir destes, não para suprir as necessidades do Estado (uma vez que este é rico), mas para suprir as necessidades do povo. O Estado o fará mediante a coerção (posto que nos referimos aqui apenas ao *direito* do Estado relativamente ao povo), mediante a tributação pública, não meramente contando com contribuições *voluntárias*, algumas das quais são feitas visando ao ganho (tais como as loterias, que geram mais gente pobre e mais perigo para a propriedade pública do que aquilo que ocorreria de outra maneira, e que, portanto, não deveria ser permitido). A questão que se coloca é se o cuidado dos pobres deve ter seus recursos supridos por *contribuições correntes* – coletadas não pelo mendigar, que é intimamente aparentado ao roubo, mas por cobranças legais – de sorte que cada geração sustenta seus próprios pobres, ou, em lugar disso, por *ativos* gradualmente acumulados e por instituições *piedosas* em geral (tais como lares para viúvas, hospitais e similares). Somente o primeiro sistema, do qual ninguém que precise ver pode se furtar, é passível de consideração em consonância com o direito de um Estado; pois, mesmo que as contribuições correntes aumentassem com o número dos pobres, esse sistema não faz da pobreza um meio de aquisição para os preguiçosos (como se tem a temer no que tange às instituições religiosas), e assim não se converte numa carga *injusta* imposta ao povo pelo governo.

Quanto a manter crianças abandonadas por causa de pobreza ou vergonha, ou mesmo até assassinadas por isso, o Estado dispõe de um direito de arcar o povo com o dever de não cientemente deixá-las perecer, ainda que representem um acréscimo que não é bem-vindo à população. A questão de se isso deve ser feito cobrando impostos de pessoas velhas solteiras de ambos os sexos em geral (pelas quais entendo pessoas solteiras *ricas*), uma vez são elas, em parte, culpáveis por haver crianças abandonadas, com o propósito de estabelecer lares para crianças abandonadas, ou se tal coisa pode ser feita acertadamente de uma outra maneira (embora fosse difícil descobrir um outro meio para preveni-lo), é um problema que não foi ainda resolvido de uma tal forma que a solução não afete quer direitos, quer a moralidade.

Quanto às *igrejas* (como instituições para o *culto público de Deus* por parte do povo, a cuja opinião ou convicção devem elas sua origem), têm de ser cuidadosamente distinguidas de religião, que é uma disposição íntima que reside completamente além da esfera de influência do poder civil. As igrejas assim se transformam também em uma verdadeira necessidade do Estado, a necessidade de as pessoas considerarem a si mesmas como súditos também de um poder *invisível* supremo ao qual devem render homenagem e que pode, amiúde, se colocar num conflito muito desigual com o poder civil. Assim, um Estado realmente dispõe de um direito relativamente às igrejas. Não dispõe do direito de legislar as constituições internas das igrejas ou organizá-las conforme seus próprios pontos de vista, de modos que julga vantajosos a si próprio, ou seja, prescrever ao povo ou determinar crenças e formas de culto a Deus (*ritus*) (visto que isto deve ser deixado inteiramente a cargo dos professores e diretores escolhidos pelo próprio povo). O Estado dispõe somente de um direito *negativo* de impedir que os professores públicos exerçam uma influência sobre a coisa pública política *visível* que pudesse ser prejudicial à paz pública. Seu direito é, portanto, o de polícia, de não permitir que uma disputa surgida dentro de uma igreja ou entre diferentes igrejas ponha em perigo a harmonia civil. A autoridade suprema manifestar-se que uma igreja deveria encerrar certa crença ou indicar qual deveria ter ou que ela deveria mantê-la inalterável e que não lhe é permitido reformar-se constituiriam interferências de sua parte que estão *abaixo de sua dignidade*, pois, ao assim agir, como na intromissão nas contendas das escolas, coloca a si mesma no mesmo nível qualitativo de seus súditos (o monarca converte a si mesmo num sacerdote) e eles podem lhe dizer incontinenti que nada entende do assunto. Em especial, a autoridade suprema não tem o direito de proibir a reforma interna das igrejas, pois aquilo que todo o povo é incapaz de decidir para si mesmo, o legislador também não é capaz de decidir para o povo. Mas povo algum pode decidir jamais avançar em sua compreensão (esclarecimento) no que tange a crenças e, assim, jamais reformar suas igrejas, uma vez que isso se oporia à humanidade em suas próprias pessoas e, consequentemente, ao direito mais excelso do povo. Assim, nenhuma autoridade suprema pode decidir sobre isso para o povo. No que toca às despesas de manutenção das igrejas, pela mesma razão estas não podem dizer respeito ao Estado, porém, ao contrário, devem ser incumbência da parte do povo que professa uma ou outra crença, isto é, somente da congregação.

D

Os direitos do comandante supremo de um Estado também incluem: 1) a distribuição dos *cargos*, que são posições administrativas assalariadas; 2) a distribuição de *dignidades*, que são condições eminentes não pagas exclusivamente baseadas na honra, isto é, uma divisão hierárquica do superior (destinado ao comando) e do inferior (que, embora livre e obrigado apenas pela lei pública, está destinado, ainda assim, a obedecer ao primeiro); e, 3) além desses direitos (relativamente beneficentes), também o *direito de punir*.

No que respeita aos cargos civis, surge a questão de, se uma vez tenha o soberano confiado um cargo a alguém, tem ele o direito de subtraí-lo conforme lhe agrade (caso o titular do cargo não tenha cometido um crime). Digo que não, pois o chefe do Estado jamais pode tomar uma decisão envolvendo um funcionário civil que a vontade unida do povo não teria tomado. Ora, o povo (que tem de arcar com os custos da nomeação de um funcionário do Estado) deseja indubitavelmente que este tenha competência para a posição para a qual foi designado; e isto ele só pode ter depois de ter passado um tempo suficientemente longo sendo preparado e treinado, tempo que podia ter passado em treinamento para uma outra posição que o teria sustentado. Se o chefe do Estado tivesse esse direito, os cargos seriam preenchidos via de regra por pessoas que não obtiveram a capacitação necessária e o maduro discernimento conquistado pela prática, o que seria contrário ao propósito do Estado, que também requer que todos sejam capazes de ascender de cargos inferiores para superiores (os quais, de outra maneira, cairiam em poder da pura incompetência). Consequentemente, funcionários civis do Estado devem estar capacitados a contar com apoio por toda a vida.

Entre as dignidades, não apenas aquelas ligadas a um cargo, como também as que tornam seus detentores membros de uma condição mais elevada, mesmo sem quaisquer serviços especiais de sua parte, encontra-se a de *nobreza*, que é distinta da condição civil do povo e é transmitida a descendentes do sexo masculino e por estes a uma esposa nascida como membro do povo, ainda que, se uma mulher nascida nobre se casar com um cidadão comum, ela não transfira essa condição ao seu marido, mas, pelo contrário, ela mesma retorne à mera condição civil (do povo). Ora, a questão é saber se o soberano está autorizado a estabelecer uma nobreza, na medida em que se trata de uma condição intermediária entre ele próprio e o resto dos cidadãos que *pode ser herdada*. O que essa questão envolve não é se seria prudente ao soberano fazer tal coisa visando ao seu próprio proveito ou àquele do povo, mas somente se estaria em harmonia com os direitos do povo ter este uma condição de pessoas acima dele que, embora elas próprias súditos, nascem *governantes* (ou, ao menos, privilegiadas) relativamente ao povo. A resposta a esta questão provém do mesmo princípio da resposta à questão anterior: "O que um povo (a massa inteira de súditos) é incapaz de decidir em relação a si mesmo e seus companheiros, o soberano também não está capacitado a decidir com relação a ele". Ora, uma nobreza *hereditária* é uma condição que precede ao mérito e que também não provê base alguma para a expectativa de mérito, sendo assim uma entidade-pensamento sem qualquer realidade, pois, se um ancestral tivesse mérito, ainda assim não poderia legá-lo aos seus descendentes, os quais teriam de conquistá-lo por si mesmos, visto que a natureza não dispõe as coisas de uma tal forma que o talento e a vontade, os quais possibilitam o serviço meritório ao Estado, sejam também *hereditários*. Uma vez que é para nós inadmissível qualquer homem jogar fora a sua liberdade, é impossível para a vontade geral do povo dar o seu assentimento a uma tal prerrogativa destituída de fundamento e, portanto, para o soberano validá-la.

A anomalia de súditos que desejam ser mais do que cidadãos do Estado, nomeadamente, funcionários *por nascimento* (um professor *por nascimento*, talvez), pode ter se infiltrado na maquinaria do governo a partir de tempos mais antigos (feudalismo, o qual era organizado quase que totalmente para a guerra). O único meio pelo qual o Estado pode, então, gradualmente corrigir esse erro por ele cometido, o de conceder privilégios hereditários contrários ao direito, é deixar que declinem e não preencher vagas nessas posições. Assim, teríamos um direito provisório ao deixar essas posições de dignidade dotadas de títulos continuar até que, mesmo segundo a opinião pública, a divisão em soberano, nobreza e cidadãos comuns seja substituída pela única divisão natural, que é a de soberano e povo.

Certamente nenhum ser humano num Estado pode viver sem dignidade, uma vez que ele, ao menos, tem a dignidade de cidadão. A exceção é alguém que a perdeu devido ao seu próprio *crime*, em função do qual, embora seja mantido vivo, ele é transformado numa mera ferramenta do arbítrio de outrem (do Estado ou de outro cidadão). Todo aquele que é uma ferramenta de outrem (no que pode se converter somente por meio de sentença e direito) é um *servo* (*servus in sensu stricto*)[100] e é a propriedade (*dominium*) de outrem, o qual, consequentemente, não é simplesmente seu *senhor* (*herus*), como também seu *proprietário* (*dominus*), podendo, portanto, aliená-lo como uma coisa, usá-lo como quiser (exceto com propósitos vergonhosos) e *(dispor) de suas forças*, ainda que não de sua vida e membros. Ninguém pode obrigar-se a essa espécie de dependência, pelo qual deixa de ser uma pessoa, mediante um contrato, uma vez que é somente como uma pessoa que pode realizar um contrato. Ora, poderia parecer que alguém pudesse se submeter à obrigação relativamente a uma outra pessoa mediante um contrato de locação e arrendamento (*locatio conductio*), para a prestação de serviços (em troca de remunerações, alimento ou proteção) que sejam permissíveis do ponto de vista de sua qualidade, porém *indeterminados* do ponto de vista de sua quantidade, e que por meio disso se torna apenas um súdito (*subiectus*) e não um servo (*servus*). Mas isso não passa de uma aparência enganosa, já que, se o senhor está autorizado a usar as forças de seu súdito como bem quiser, pode inclusive esgotá-las até que seu súdito morra ou seja levado ao desespero (como acontece com os negros nos engenhos de açúcar);[101] seu súdito, de fato, terá cedido a si mesmo,

100. Servo em sentido estrito. (N. T.)

101. ...*Zucker-inseln...*, literalmente *ilhas de açúcar*. Esta expressão de Kant soa estranha. É possível que quisesse referir-se veladamente a algumas ilhas ligadas ao continente africano ou mesmo às ilhas do Caribe, onde os negros eram levados à exaustão e/ou à morte pelos europeus nos canaviais e engenhos de açúcar. De uma forma ou outra, ele se refere certamente aos escravos negros que mourejavam nas plantações de cana-de-açúcar e nos engenhos. (N. T.)

como propriedade, ao seu senhor, que é impossível. Alguém pode, assim, se fazer contratado apenas para um trabalho que seja determinado no que tange ao seu tipo e sua quantidade, quer como um trabalhador diarista, quer como um súdito vivendo na propriedade de seu senhor. Nesse último caso ele pode fazer um contrato, para um certo tempo ou indefinidamente, de prestação de serviços, trabalhando na terra de seu senhor numa permuta pelo uso dela, em lugar de receber salários como trabalhador por jornada de trabalho, ou pagando aluguel (uma taxa) especificado por um arrendamento a título de retorno pelo uso pessoal que faz da terra, sem com isso fazer de si mesmo um *servo da gleba*[102] (*glebae adscriptus*), pelo que perderia sua personalidade. Mesmo que ele se tornasse um súdito *pessoal* por seu crime, sua sujeição não é *herdável*, porque ele a ela incorreu somente por sua própria culpa. Tampouco pode o descendente de um *servo*[103] ser reclamado como um servo pelo fato de ter gerado o custo de sua educação, pois os pais têm um absoluto dever natural de educar seus filhos e, quando os pais são servos, seus senhores assumem esse dever juntamente com a posse de seus súditos.

E: Do direito de punir e conceder clemência

I

O direito de punir é o direito detido por um chefe de Estado relativamente a um súdito de infligir-lhe dor por ter este cometido um crime. O chefe supremo de um Estado, portanto, não é punível; pode-se, apenas, furtar-se ao seu domínio. Uma violação da lei pública que torna alguém que a comete inapto à cidadania é chamada simplesmente de *crime* (*crimen*), mas é chamada também de *crime público* (*crimen publicum*); assim, o primeiro (crime privado) é levado à justiça civil, o segundo a uma corte criminal. A defraudação, isto é, a apropriação indevida de dinheiro ou mercadorias depositados em confiança e a fraude na compra e venda, quando perpetradas de tal forma que o outro possa detectá-las, são crimes privados. Por outro lado, a falsificação de dinheiro ou de letras de câmbio, o furto e o roubo, e similares, são crimes públicos porque põem em perigo a coisa pública e não somente uma pessoa individual. Podem ser classificados como crimes provenientes de *má índole* (*indolis abiectae*) e crimes oriundos de *índole violenta* (*indolis violentae*).

A *punição imposta por um tribunal* (*poena forensis*) – distinta da *punição natural* (*poena naturalis*), na qual o vício pune a si mesmo e que o legis-

102. ... *Gutsuntertan*... (N. T.)
103. ... *Leibeigener*... (N. T.)

lador não considera – jamais pode ser infligida meramente como um meio de promover algum outro bem a favor do próprio criminoso ou da sociedade civil. Precisa sempre ser a ele infligida somente porque *ele cometeu um crime*, pois um ser humano nunca pode ser tratado apenas a título de meio para fins alheios ou ser colocado entre os objetos de direitos a coisas: sua personalidade inata o protege disso, ainda que possa ser condenado à perda de sua personalidade civil. Ele deve previamente ter sido considerado *punível* antes que se possa de qualquer maneira pensar em extrair de sua punição alguma coisa útil para ele mesmo ou seus concidadãos. A lei da punição é um imperativo categórico, e infeliz aquele que rasteja através das tortuosidades do eudaimonismo a fim de descobrir algo que libere o criminoso da punição ou, ao menos, reduz sua quantidade pela vantagem que promete, de acordo com as palavras farisaicas: "É melhor que *um* homem morra do que pereça um povo inteiro".[104] Se a justiça desaparecer não haverá mais valor algum na vida dos seres humanos sobre a Terra. O que se deveria pensar, portanto, da proposta de preservar a vida de um criminoso sentenciado à morte, no caso de ele permitir ser objeto de perigosos experimentos e ser felizardo o bastante para sobreviver a eles, de maneira que dessa forma os médicos aprendessem algo novo benéfico para a comunidade? Um tribunal rejeitaria desdenhosamente uma tal proposta de uma junta médica, pois a justiça deixa de ser justiça se puder ser comprada por qualquer preço que seja.

Mas que tipo e que quantidade de punição correspondem ao princípio e medida da justiça pública? Nada além de o princípio de igualdade (na posição do ponteiro na balança da justiça) inclinar-se não mais para um lado do que para o outro. Em conformidade com isso, seja qual for o mal imerecido que infliges a uma outra pessoa no seio do povo, o infliges a ti mesmo. Se o insultas, insultas a ti mesmo; se furtas dele, furtas de ti mesmo; se o feres, feres a ti mesmo; se o matas, matas a ti mesmo. Mas somente a lei de talião (*ius talionis*) – entendida, é claro, como aplicada por um tribunal (não por teu julgamento particular) – é capaz de especificar definitivamente a qualidade e a quantidade de punição; todos os demais princípios são flutuantes e inadequados a uma sentença de pura e estrita justiça, pois neles estão combinadas considerações estranhas. Ora, pareceria efetivamente que diferenças de posição social não permitiriam o princípio da retaliação, de igual para igual; porém, mesmo quando isto não é possível na letra, o princípio pode sempre permanecer válido do ponto de vista de seu efeito, caso se leve em consideração as sensibilidades das classes superiores. Uma multa, por exemplo, imposta por

104. Citação extraída do Evangelho de João, 11:50. (N. T.)

um insulto verbal, não tem relação com a ofensa, pois alguém rico poderia, de fato, se permitir ceder a um insulto verbal em uma certa oportunidade; no entanto, o ultraje que produziu ao amor-próprio ou honra de alguém pode ainda ser muito semelhante à ofensa ao seu orgulho, se ele for forçado pelo julgamento e pelo direito não só a desculpar-se publicamente com aquele que insultou, como também a beijar sua mão, por exemplo, mesmo que este pertença a uma classe inferior. Analogamente, alguém de posição eminente dado à violência poderia ser condenado não apenas a desculpar-se por agredir um cidadão inocente socialmente inferior a si, como também a suportar um confinamento solitário envolvendo sofrimento; além do desconforto experimentado, a vaidade do ofensor seria atingida dolorosamente, de sorte que através de sua vergonha o igual seria apropriadamente pago com o igual. Mas o que significa dizer: "Se furtas de alguém, furtas de ti mesmo"?. Todo aquele que furta torna a propriedade de todos os demais insegura e, portanto, priva a si mesmo (pelo princípio de retaliação) de segurança em qualquer propriedade possível. Ele nada possui e também nada pode adquirir; porém, de qualquer modo, quer viver e isto então somente é possível se os outros o sustentarem. Mas uma vez que o Estado não vai sustentá-lo gratuitamente, terá de ceder a este suas forças para qualquer tipo de trabalho que agrade ao Estado (trabalhos forçados ou trabalho penitenciário) e é reduzido à condição de escravo durante um certo tempo ou permanentemente, se o Estado assim julgar conveniente. Se, porém, ele tiver cometido assassinato, terá de *morrer*. Aqui não há substituto que satisfará a justiça. Inexiste *similaridade* entre a vida, por mais desgraçada que possa ser, e a morte, e, consequentemente, nenhuma igualdade ou analogia entre o crime e a retaliação, a menos que a morte seja judicialmente aplicada ao criminoso, ainda que tenha de estar isenta de qualquer maltrato que pudesse tornar abominável a humanidade na pessoa que a sofre. Mesmo se uma sociedade civil tivesse de ser dissolvida pelo assentimento de todos os seus membros (por exemplo, se um povo habitante de uma ilha decidisse separar-se e se dispersar pelo mundo), o último assassino restante na prisão teria, primeiro, de ser executado, de modo que cada um a ele fizesse o merecido por suas ações, e a culpa sanguinária não se vinculasse ao povo por ter negligenciado essa punição, uma vez que, de outra maneira, o povo pode ser considerado como colaborador nessa violação pública da justiça.

Esse ajuste da punição ao crime, que só pode ocorrer pelas mãos de um juiz impondo a sentença de morte de acordo com a estrita lei de talião, se manifesta pelo fato de somente mediante esta ser uma sentença de morte pronunciada para todo criminoso proporcionalmente à sua *perversidade interior* (mesmo quando o crime não for assassinato, mas um outro contra o Estado que só pode ser punido com a morte). Supõe que alguém (como

Balmerino[105] e outros) que participou da recente insurreição escocesa acreditasse que através de sua sublevação estivesse apenas cumprindo um dever por ele devido à Casa de Stuart, enquanto outros, ao contrário, estivessem motivados devido a interesses pessoais; e supõe que o julgamento pronunciado pela corte suprema tivesse sido que cada um fosse livre para escolher entre a morte e trabalhos forçados. Digo que, neste caso, o homem honrado escolheria a morte, e o patife os trabalhos forçados. Isto se coaduna com a natureza da alma humana, pois o homem honrado está familiarizado com algo que ele tem ainda em maior apreço do que a vida, a saber, a *honra*, enquanto o patife acha melhor viver desonrosamente do que não viver de modo algum (*animam praeferre pudori. Juven.*).[106] Uma vez que o homem honrado é inegavelmente menos merecedor de punição do que o outro, ambos seriam punidos de maneira inteiramente proporcional se fossem igualmente sentenciados à morte; o homem de honra seria punido brandamente do prisma de sua sensibilidade e o patife severamente do ponto de vista da sua. Ao contrário, se ambos fossem sentenciados aos trabalhos forçados, o homem honrado seria punido com demasiada severidade e o outro com demasiada brandura por sua ação vil. E, assim, igualmente aqui, quando se pronuncia uma sentença para um grande número de criminosos unidos numa conspiração, o melhor elemento equalizador ante a justiça pública é a *morte*. Ademais, jamais se ouviu falar de ninguém que houvesse sido condenado à morte por homicídio queixando-se de que foi tratado com excessiva severidade e, portanto, prejudicado; todos ririam na sua cara se ele dissesse tal coisa. Se sua queixa fosse justificada, teríamos de supor que, embora nenhum prejuízo seja causado ao criminoso de acordo com a lei, o poder legislativo do Estado, não obstante, não está autorizado a infligir esse tipo de punição e que, se o faz, estaria em contradição consigo mesmo.

Em consonância com isso, todo assassino – todo aquele que cometer assassinato, ordená-lo ou for cúmplice deste – deverá ser executado. Isto é o que a justiça, como a ideia do poder judiciário, quer de acordo com leis universais que têm fundamento *a priori*. Se, entretanto, o número de cúmplices (*correi*) de um tal ato for tão grande que o Estado, com o fito de não ter tais criminosos no seu seio, possa logo encontrar-se sem súditos, e se o Estado não desejar ainda sua dissolução, isto é, passar ao estado de natureza, que é extremamente pior porque neste não há, de modo algum, justiça externa (e se ele

105. Kant refere-se a Arthur Elphinstone, o sexto barão Balmerino. Este nobre escocês participou do levante ocorrido entre 1745 e 1746, que visava a colocar o príncipe Charles Edward Stuart no trono da Inglaterra. Os escoceses foram derrotados em Culloden, Balmerino capturado e decapitado. (N. T.)
106. Juvenal, *Sátiras*, III, viii, 83. (N. T.)

especialmente não quiser embotar o sentimento do povo através do espetáculo de um matadouro), então o soberano deverá também ser investido do poder, neste caso de necessidade (*casus necessitatis*), de assumir a função de juiz (representando-o) e proceder a um julgamento que pronuncie para os criminosos uma sentença distinta da pena capital, tal como a deportação, a qual ainda preservasse a população. Isso não pode ser feito em harmonia com a lei pública, mas pode ser feito por meio de um decreto executivo, isto é, por meio de um ato do direito de majestade que, como a clemência, pode sempre ser exercido apenas em casos individuais.

Opondo-se a isso, o Marquês de Beccaria,[107] movido por sentimentos compassivos de afetada humanidade (*compassibilitas*), apresentou sua asserção de que qualquer pena capital é equivocada porque não poderia estar contida no contrato civil original, pois, se estivesse, todos os integrantes de um povo teriam de haver consentido em perder a vida em caso de ter assassinado um outro indivíduo (do povo), ao passo que é impossível para qualquer um consentir com tal coisa porque ninguém pode dispor da própria vida. Isto não passa de sofística e de artimanha jurídica.

Ninguém é objeto de punição porque *a* quis, mas porque quis uma *ação punível*, pois não constitui punição se aquilo que é feito a alguém é o que ele quer e é impossível *querer* ser punido. Dizer que quero ser punido se assassino alguém é dizer nada mais do que me submeto, juntamente com todos os outros, às leis, que naturalmente também serão leis penais se houver quaisquer criminosos em meio ao povo. Na qualidade de um colegislador ao ditar a *lei penal*, é possível que eu não possa ser a mesma pessoa que, como súdito, é punida de acordo com a lei, pois, como alguém que é punido, a saber, como um criminoso, não é possível que eu possa ter uma voz na legislação (o legislador é sagrado). Consequentemente, quando redijo uma lei penal contra mim mesmo na qualidade de um criminoso, é a razão pura em mim (*homo noumenon*), legislando com respeito a direitos, que me sujeita, como alguém capaz de perpetrar o crime e, assim, como uma outra pessoa (*homo phaenomenon*), à lei penal, junto com todos os demais numa associação civil. Em outras palavras, não é o povo (cada indivíduo nele encerrado) que dita a pena capital, mas o tribunal (a justiça pública) e, assim, um outro indivíduo distinto do criminoso; e o contrato social não contém nenhuma promessa de deixar-se punir e, deste modo, dispor de si mesmo e da própria vida, isto porque, se a autorização para punir tivesse de ser baseada na *promessa* do transgressor, no seu *querer*

107. Cesare Bonesana (1738-1794), criminalista italiano e autor da obra *Dos Delitos e das Penas*, na qual ele advoga uma reforma dos códigos penais da época, considerados cruéis. Esta obra, publicada em 1764, passou a exercer marcante influência na Europa a partir de então. Presente em Clássicos Edipro. (N. T.)

deixar-se punir, teria também de lhe caber julgar a si mesmo punível, e o criminoso seria o seu próprio juiz. O ponto capital do erro (πρῶτον ψεῦδος)[108] nessa sofística consiste em sua confusão do próprio julgamento do criminoso (que tem necessariamente de ser atribuído à sua *razão*) de que ele tem de perder sua vida mediante uma resolução da parte de sua *vontade* para tirar sua própria vida, e assim em representar como unidos numa única e mesma pessoa o julgamento sobre um direito e a realização desse direito.

Há, contudo, dois crimes que merecem a morte, com relação aos quais ainda continua duvidoso se a *legislação* está também autorizada a impor a pena de morte. O sentimento de honra conduz a ambos, num caso a *honra ligada ao próprio sexo*, no outro a *honra militar* e realmente autêntica honra, que corresponde ao dever em cada uma dessas duas situações envolvendo classes de seres humanos. Um crime é o *assassinato do filho pela mãe* (*infanticidium maternale*); o outro é o *assassinato de um companheiro de armas* (*commilitonicidium*) num *duelo*. A legislação é incapaz de eliminar a desgraça de um nascimento ilegítimo tanto quanto é capaz de remover a nódoa de suspeita de covardia de um oficial subordinado que não consegue reagir a uma afronta humilhante mediante a força de sua própria ascendência acima do medo da morte. Assim, afigura-se que, nesses dois casos, as pessoas encontram a si mesmas no estado de natureza e que esses atos de *matar* (*homicidium*), que não deveriam, então, sequer ser chamados de assassinato (*homicidium dolosum*), são certamente puníveis mas não podem ser punidos com a morte pelo poder supremo. Uma criança que vem ao mundo fora do casamento nasce fora da lei (pois a lei é o casamento) e, portanto, fora da proteção da lei. Ela foi, por assim dizer, imiscuída na coisa pública (como a mercadoria de contrabando), de modo que a comunidade pode ignorar sua existência (uma vez que não foi justo o fato de ela ter passado a existir dessa forma) e pode, por conseguinte, também ignorar sua destruição; e nenhum decreto é capaz de eliminar a vergonha da mãe quando se vem a saber que ela deu à luz sem ser casada. Do mesmo modo, quando um oficial subordinado é insultado, ele se vê constrangido pela opinião pública dos demais membros de sua posição a exigir satisfação para si e, como no estado de natureza, *punição* do ofensor, não por meio da lei, conduzindo-o perante uma corte, mas por meio de um *duelo*, no qual ele expõe a si mesmo à morte a fim de provar sua coragem militar, sobre a qual se apoia essencialmente a honra de sua classe. Mesmo que o duelo venha a envolver o *matar* seu oponente, o matar que ocorre nessa luta que tem lugar publicamente e com o consentimento de ambas as partes, ainda que relutantemente, não pode ser

108. Em grego no original (*próton pseudos*: erro primário, primeiro erro, erro fundamental). (N. T.)

estritamente classificado como *assassinato* (*homicidium dolosum*). O que, então, cabe estabelecer como direito em ambos os casos (pertencente à esfera da justiça criminal)? Aqui a justiça penal se acha decididamente em apuros. Ou tem de declarar pela lei que o conceito de honra (que aqui não é ilusão alguma) nada vale e partir para a punição pela morte, ou então tem de afastar do crime a pena capital que lhe é apropriada, e assim ser ou cruel ou indulgente. Este nó pode ser desatado da seguinte maneira: o imperativo categórico da justiça penal permanece (matar outrem contrariamente à lei deve ser punido com a morte), mas a própria legislação (e, consequentemente, também a constituição civil), enquanto permanecer bárbara e subdesenvolvida, é responsável pela discrepância entre os estímulos da honra no seio do povo (subjetivamente) e as medidas que são (objetivamente) adequadas à sua finalidade. Assim, a justiça pública oriunda do Estado se converte numa *injustiça* na perspectiva da justiça proveniente do povo.

II

De todos os direitos de um soberano, o *direito de conceder clemência* a um criminoso (*ius aggratiandi*), seja diminuindo ou perdoando inteiramente a pena, é o mais escorregadio que lhe compete exercer, pois precisa ser exercido de uma tal maneira que exiba o esplendor de sua majestade, a despeito de estar ele com isso cometendo injustiça no mais alto grau. Relativamente a crimes perpetrados pelos *súditos* uns contra os outros, não lhe cabe de modo algum exercê-lo, uma vez que neste caso a ausência de punição (*impunitas criminis*) constitui o maior dos males cometido contra seus súditos. Assim, ele só pode fazer uso do direito de conceder clemência no caso de uma injustiça feita *contra ele próprio* (*crimen laesae maiestatis*). Não pode, contudo, fazer uso dele mesmo nesse caso, se deixar de punir puder colocar em perigo a segurança do povo. Este direito é o único que merece ser chamado de o direito de majestade.

Da relação tocante aos direitos de um cidadão com sua pátria e com países estrangeiros

§ 50

O país (*territorium*) cujos habitantes são seus cidadãos simplesmente com base em sua constituição, sem a necessidade de executarem qualquer ato especial que estabeleça esse direito (e, assim, são cidadãos por nascimento), é chamado de sua *pátria*. Um país do qual não são cidadãos à parte dessa condição é denominado *país estrangeiro*. Se um país estrangeiro forma parte de um domínio maior é chamado de *província* (no sentido em que os romanos utilizavam esta palavra), a qual tem de respeitar a terra do Estado que a governa como a *matriz* (*regio domina*), pois uma província não é uma parte integrante do domínio (*imperii*), um lugar de *residência* para concidadãos, mas apenas uma possessão dele, uma *residência secundária*[109] para eles.

1. Um *súdito* (considerado também como um cidadão) tem o direito de emigrar, pois o Estado não poderia retê-lo como sua propriedade. Mas ele pode retirar do Estado e levar consigo somente seus pertences móveis, não os imóveis, como estaria fazendo se fosse autorizado a vender a terra que anteriormente possuía, levando consigo o dinheiro obtido com a venda.

2. O *senhor da terra* tem o direito de estimular a *imigração* e o estabelecimento de estrangeiros (colonos), ainda que seus súditos nativos pudessem olhar com desconfiança para essa postura, desde que a propriedade privada de terra deles não seja reduzida com isso.

3. Ele também detém o direito de *banir* um súdito para uma província fora do país, onde este não gozará de quaisquer direitos de cidadania, ou seja, *deportá-lo*, se houver cometido um crime que torne danoso ao Estado a sua associação com seus concidadãos.

4. Ele também tem o direito de desterrá-lo completamente (*ius exilii*), expulsá-lo para o mundo exterior, isto é, inteiramente fora de seu país (o que no alemão arcaico é chamado de *Elend*).[110] Uma vez que o senhor da terra, então, o priva de toda proteção, isto redunda em transformá-lo em um fora da lei dentro de suas fronteiras.

§ 51

Os três poderes num Estado, procedentes do conceito de *coisa pública em lato sentido* (*res publica latius dicta*), são apenas as três relações da vontade unida do povo, que deriva *a priori* da razão. Constituem uma ideia pura de um chefe de Estado, que possui realidade prática objetiva. Mas este chefe de Estado (o soberano) é somente uma *entidade-pensamento* (para representar todo o povo) enquanto não há pessoa física para representar a suprema autoridade no Estado e efetivar essa ideia na vontade do povo. Ora, a relação desta pessoa física com a vontade do povo pode ser concebida de três formas diferentes: ou que *um* no Estado detenha o comando sobre todos; ou que *alguns*, iguais entre si, se unam no comando de todos os outros; ou que *todos* juntos detenham o

109. ... *Unterhauses*... (N. T.)
110. Miséria, desdita. (N. T.)

comando sobre cada um e, assim, sobre si mesmos também. Em outras palavras, a *forma de um Estado* é *autocrática*, ou *aristocrática* ou *democrática*. (A expressão *monárquica*, em lugar de *autocrática*, não é adequada para exprimir o conceito indicado aqui, porque um *monarca* é alguém que detém a *suprema* autoridade, ao passo que um *autocrata*, que governa *sozinho por sua própria conta*, detém *toda* a autoridade. O autocrata é o soberano, enquanto o monarca apenas representa a autoridade soberana.) É fácil perceber que a forma autocrática de Estado é *a mais simples*, a saber, a relação de um (o rei) com o povo, de modo que somente um é legislador. A forma aristocrática de Estado já é *composta* de duas relações: a relação dos membros da nobreza (na qualidade de legislador) entre si, a fim de constituir o soberano e, então, a relação desse soberano com o povo. Entretanto, a forma democrática de governo é a mais composta de todas, uma vez que envolve as seguintes relações: primeiramente, ela une a vontade de todos para formar um povo; em seguida, une a vontade dos cidadãos para formar uma coisa pública (república); e, então, ela estabelece esse *soberano*, que é ele próprio a vontade unida dos cidadãos, na coisa pública.[111] É verdade que, no que tange à administração do direito no interior de um Estado, a forma mais simples é também a melhor. No que toca, entretanto, ao próprio direito, essa forma de Estado é a mais perigosa para o povo, pelo fato de ser um canal para o despotismo. Realmente, constitui a mais razoável das máximas simplificar o mecanismo de unificação de uma nação através de leis coercivas, isto é, quando todos os membros da nação são passivos e obedecem a *um* indivíduo que é superior a eles; mas neste caso ninguém que é um súdito é também um *cidadão do Estado*. No que diz respeito ao consolo com o qual se supõe contentar-se o povo – que a monarquia (falando-se estritamente aqui, a autocracia) é a melhor constituição *quando o monarca é bom* (isto é, quando ele não só pretende o que é bom, como também tem a sua compreensão) – trata-se de uma daquelas sábias observações tautológicas. Tudo que expressa é que a melhor constituição é aquela através da qual o administrador do Estado é transformado no melhor governante, isto é, que a melhor constituição é aquela que é melhor.

§ 52

É fútil sondar a *garantia histórica* do mecanismo do governo, isto é, não é possível remontar ao tempo da origem da sociedade civil (porque os selvagens não

111. Não mencionarei as adulterações destas formas oriundas da invasão de um senhor poderoso não autorizado (a *oligarquia* e *oclocracia*), ou as chamadas constituições mistas, uma vez que isso nos levaria demasiado longe.

fazem registro algum de sua sujeição à lei; além disso, já podemos depreender da natureza dos homens não civilizados que foram originalmente submetidos a ela pela força). É condenável, todavia, empreender tal investigação com o objetivo de possivelmente alterar pela força a constituição atualmente existente, pois esta transformação teria de ocorrer por intermédio do povo atuando como uma turba, não pela legislação; mas a insurreição numa constituição que já existe subverte todas as relações jurídicas civis e, portanto, todo direito, isto é, não se trata de uma alteração da constituição civil, mas de sua dissolução. A transição para uma constituição melhor não é, então, uma metamorfose, mas uma palingenesia, que requer um novo contrato social sobre o qual o anterior (agora anulado) não tem efeito. Mas ainda deve ser possível, se a constituição existente não puder ser conciliada com a ideia do contrato original, que o soberano a mude de maneira a permitir que continue a existir aquela forma que é essencialmente requerida para um povo constituir um Estado. Ora, essa mudança não pode consistir no Estado reorganizando a si mesmo de uma das três formas a uma das outras duas, como, por exemplo, aristocratas em consenso para se submeterem à autocracia, ou se decidindo a se fundir numa democracia, ou o inverso, como se coubesse ao livre-arbítrio e critério do soberano a que tipo de constituição submeteria o povo. Pois, mesmo que o soberano se decidisse a transformar a si mesmo numa democracia, ainda assim poderia estar causando um mal ao povo, uma vez que o próprio povo poderia abominar tal forma de governo (constituição) e julgar uma das outras formas mais vantajosa para si.

As diferentes formas de Estado são apenas a *letra* (*littera*) da legislação original na condição civil, e podem, portanto, subsistir enquanto são mantidas, por força do velho costume há muito existente (e assim apenas subjetivamente) pertencendo necessariamente ao mecanismo da constituição. Mas o *espírito* do contrato original (*anima pacti originarii*) envolve uma obrigação por parte da autoridade constituinte de tornar o *tipo de governo* ajustado à ideia do contrato original. Consequentemente, se isso não puder ser realizado imediatamente, constitui obrigação mudar o tipo de governo gradual e continuamente, de modo que se harmonize *no seu efeito* com a única constituição que se coadune com o direito, nomeadamente, aquela de uma pura república, de tal modo que as velhas formas estatutárias (empíricas), que serviram apenas para produzir a *submissão* do povo, sejam substituídas pela forma original (racional), a única forma que faz da *liberdade* o princípio e, realmente, a condição para qualquer exercício de *coerção*, como é requerido por uma constituição jurídica de Estado no estrito sentido da palavra. Somente ela conduzirá finalmente ao que é literalmente um Estado. É a única constituição de Estado que dura, a constituição na qual a própria *lei* governa e não depende de nenhuma pessoa privada. É o objetivo final de todo direito público, a única condição na qual a cada um pode ser destinado *definitivamente* o que é seu; por outro lado, enquanto se supuser que aquelas outras formas de Estado representam literalmente *tantas* pessoas morais distintas investidas de autoridade suprema, nenhuma condição absolutamente jurídica de sociedade civil poderá ser reconhecida, mas tão só nela o direito *provisório*.

Qualquer república genuína é e só pode ser um *sistema representativo* do povo, visando a proteger seus direitos em seu nome, pela união de todos os cidadãos e atuando através de seus delegados (deputados). Mas tão logo uma pessoa que é chefe de Estado (quer seja um rei, a nobreza ou o todo da população, a união democrática) também se permite ser representada, então o povo unido não *representa* meramente o soberano: *é* o próprio soberano, pois nele (o povo) é originalmente encontrada a suprema autoridade da qual todos os direitos dos indivíduos como meros súditos (e, em todo caso, como funcionários do Estado) têm de ser derivados; e uma república, uma vez estabelecida, não precisa mais deixar as rédeas do governo sair de suas mãos e devolvê-las àqueles que antes as empunhavam e poderiam, novamente, anular todas as novas instituições através de escolha absoluta.

Um governante poderoso no nosso tempo,[112] assim, cometeu um erro muito sério de julgamento quando, para desenredar-se do embaraço de grandes dívidas do Estado, deixou-o ao povo para que este assumisse o ônus sobre seus ombros e o distribuísse como julgasse apropriado, pois então o poder legislativo naturalmente veio para as mãos do povo, não só relativamente à cobrança de impostos dos súditos, como também relativamente ao governo, a saber, para impedir que este incorresse em novas dívidas devido às extravagâncias ou à guerra. A consequência foi que a soberania do monarca desapareceu completamente (não foi meramente suspensa) e passou para o povo, a cuja vontade legislativa os pertences de todos os súditos ficaram submetidos. Tampouco pode ser dito que neste caso é preciso assumir uma promessa tácita, porém ainda contratual, da Assembleia Nacional de não fazer de si mesma o soberano, mas apenas administrar esses negócios do soberano e, o tendo realizado, devolver as rédeas do governo às mãos do monarca, pois um tal contrato é em si mesmo nulo e sem validade. O direito de legislação suprema numa coisa pública não é um direito alienável, mas o mais pessoal de todos os direitos. Todo aquele que o possui pode controlar o povo somente através da vontade coletiva do povo; não pode controlar a própria vontade coletiva, que

112. Kant se refere a Luís XVI e ao fato de este ter apelado em 1789 para a legislatura francesa até então ainda vigente, convocando os representantes das três classes, a saber, o clero, a nobreza e a burguesia. Essa reunião se transformou na Assembleia Nacional, que como Assembleia Constituinte, sob os efeitos derradeiros da Revolução Francesa e no funeral da monarquia, adotou uma nova constituição, a republicana, em 1791. (N. T.)

é a causa primária de qualquer contrato público. Um contrato que impusesse obrigação ao povo de devolver sua autoridade não seria incumbência do povo como o poder legislativo, e, no entanto, ainda exerceria obrigatoriedade sobre ele. E isto é uma contradição em consonância com a proposição "Ninguém pode servir a dois senhores".[113]

Seção II
DIREITO DAS GENTES

§ 53

Como nativos de um país, os seres humanos que constituem uma nação podem ser encarados analogamente a descendentes dos mesmos *ancestrais* (*congeniti*), ainda que não o sejam. Todavia, num sentido intelectual e da perspectiva dos direitos, uma vez que nascem da mesma mãe (a república), eles constituem, por assim dizer, uma família (*gens*, *natio*) cujos membros (cidadãos do Estado) são igualmente de nobre nascimento e não se misturam com aqueles que possam viver próximos a eles num estado de natureza e que consideram como inferiores; esses últimos (os selvagens), contudo, de sua parte se consideram superiores por causa da liberdade sem lei que escolheram, a despeito de não constituírem Estados, mas apenas tribos. O direito dos *Estados* na sua relação recíproca (o que em alemão é denominado, de forma não inteiramente correta, *direito das gentes*,[114] mas que deveria, em vez disso, ser denominado direito dos Estados, *ius publicum civitatum*) é o que temos de examinar sob o título *direito das gentes*. Neste caso, um Estado, como uma pessoa moral, é considerado como vivendo em relação com um outro Estado na condição de liberdade natural e, portanto, numa condição de guerra constante. Os direitos dos Estados consistem, por conseguinte, em parte em seu direito de *ir* à guerra, em parte em seu direito *na* guerra e em parte em seu direito de se constrangerem mutuamente a abandonar esse estado de guerra e, assim, formar uma constituição que estabelecerá paz duradoura, isto é, seu direito *após* a guerra. Neste problema, a única diferença entre o estado de natureza de indivíduos humanos e de famílias (na sua mútua relação) e aquele das gentes é que no direito das gentes temos de levar em consideração não apenas a relação de um Estado com um outro

113. Evangelhos de Mateus (6:24) e Lucas (16:3). (N. T.)
114. *Völkerrecht*. (N. T.)

como um todo, mas também a relação de pessoas individuais de um Estado com os indivíduos de um outro, bem como com um outro Estado como um todo. Mas essa diferença a partir dos direitos de indivíduos num estado de natureza torna necessário examinar somente os aspectos possíveis de ser prontamente inferidos do conceito de um estado de natureza.

§ 54

Os elementos do direito das gentes são os seguintes: 1. Estados, considerados na sua relação entre si, estão (como selvagens sem lei) por natureza numa condição não jurídica. 2. Esta condição não jurídica é uma *condição* de guerra (do direito do mais forte), mesmo que não seja uma condição de guerra real e ataques reais constantemente realizados (hostilidades). Embora nenhum Estado seja prejudicado por outro nessa condição (na medida em que nenhum dos dois deseja qualquer outra coisa melhor), ainda assim esta condição é em si mesma de qualquer modo danosa no mais alto grau e Estados que são vizinhos estão obrigados a abandoná-la. 3. Uma liga de nações de acordo com a ideia de um contrato social original é necessária, não para que haja intromissão mútua nos desentendimentos intestinos de cada nação, mas para proteção contra ataques externos. 4. Esta aliança deve, entretanto, não envolver nenhuma autoridade soberana (como numa constituição civil), porém somente uma *associação* (federação); tem de ser uma aliança que possa ser dissolvida a qualquer momento e, assim, precisa ser renovada de tempos a tempos. Trata-se de um direito *in subsidium* de um outro direito original, a fim de evitar o envolvimento num estado de guerra real entre os outros membros (*foedus Amphictyonum*).[115]

§ 55

Quanto ao direito original que Estados livres têm num estado de natureza de irem à guerra entre si (para, talvez, estabelecer uma condição mais estreitamente próxima de uma condição jurídica), a primeira questão que surge é: que direito tem um Estado, *relativamente aos próprios súditos,* de os usar na guerra contra outros Estados, de despender seus bens e mesmo suas vidas nela, ou os expor ao risco, de tal modo que o fato de irem à guerra não depende de sua própria opinião, mas podendo eles ser a ela enviados pelo supremo comando do soberano?

115. Anfictionia (Ἀμφικτυονία), liga ou confederação de Estados gregos para a defesa temporária contra um inimigo comum. (N. T.)

Pareceria que esse direito pode ser facilmente demonstrado, a saber, do direito de fazer o que se queira com o que pertence a si (a propriedade). Qualquer pessoa detém propriedade incontestável sobre algo cuja substância ela própria *produziu*. O que se segue, então, é a dedução que um simples jurista faria.

Há *vários produtos* naturais num país que devem ainda ser considerados *artefatos* (*artefacta*) do Estado, na medida em que esteja envolvida a *abundância* de produtos naturais de um certo tipo, posto que o país não os teria produzido em tal abundância se não tivesse havido um Estado e um governo ordenado e poderoso, mas estivessem os habitantes num estado de natureza. Seja por falta de alimento ou devido à presença de animais predadores no país em que vivo, galinhas (o mais útil tipo de ave), ovinos, suínos, gado, e assim por diante, ou não existiriam de modo algum ou, na melhor das hipóteses, seriam escassos, a menos que houvesse um governo nesse país providenciando a segurança das aquisições e posses dos habitantes. Isto é aplicável também à população humana, que só pode ser pequena, como é nas regiões ermas americanas, mesmo se atribuirmos a essas pessoas a maior atividade (coisa que não exibem). Os habitantes seriam muito escassos, uma vez que não poderiam levar seus serviçais e se disseminarem numa terra sempre ameaçada pelo perigo de ser tornada estéril pelos homens ou por animais selvagens e predadores. Não haveria, portanto, sustento adequado para essa multidão de seres humanos que ora vivem num país. Ora, tal como dizemos que já que vegetais (por exemplo, batatas) e animais domésticos são, no que toca à sua copiosidade, um *produto* humano que ele pode utilizar, consumir e destruir (matar), parece que também podemos afirmar, visto que a maioria de seus súditos são seu próprio produto, que a suprema autoridade no Estado, o soberano, tem o direito de conduzi-los à guerra como os conduziria a uma caçada e a batalhas como a uma viagem de recreio.

Embora tal argumento a favor desse direito (que pode muito bem estar obscuramente presente na mente do monarca) seja válido relativamente a animais, que podem ser a *propriedade* de alguém, simplesmente não pode ser aplicado a seres humanos, especialmente na qualidade de cidadãos de um Estado, pois estes têm sempre de ser considerados como membros colegisladores de um Estado (não meramente como meios, mas também como fins em si mesmos) e devem, por conseguinte, oferecer seu livre assentimento através de seus representantes, não só ao guerrear em geral, como também a cada declaração particular de guerra. Será somente sob esta condição limitadora que poderá o Estado dirigi-los a um serviço repleto de perigos.

Teremos, portanto, de fazer originar este direito do *dever* do soberano com o povo (e não o inverso); e, para o possibilitarmos, ter-se-á de conceber que o povo dá um voto para ir à guerra. Nesta qualidade ele é, ainda que passivo (ao deixar-se dispor de si mesmo), também ativo e representa o próprio soberano.

§ 56

No estado de natureza entre os Estados, o *direito de ir à guerra* (envolver-se em hostilidades) constitui a maneira pela qual se permite a um Estado exercer seu direito contra um outro Estado, a saber, mediante sua própria *força*, quando crê ter sido prejudicado pelo outro Estado, pois isso não pode ser feito no estado de natureza por meio de um processo (o único meio pelo qual os litígios são resolvidos numa condição jurídica). Além das violações ativas (primeira agressão, que não é o mesmo que primeira hostilidade) ele pode ser *ameaçado*. Isso inclui um outro Estado sendo o primeiro a empreender *preparações*, no que está baseado o direito de *prevenção* (*ius praeventionis*) ou até mesmo simplesmente o aumento de ameaça da *potência* de um outro Estado (por sua aquisição de território) (*potentia tremenda*). Isto constitui uma lesão à potência inferior meramente pela *condição* da *potência superior*, antes de qualquer ato de sua parte, e no estado de natureza um ataque pela potência inferior é realmente legítimo. Consequentemente, isso constitui também a base do direito a um equilíbrio de poder entre todos os Estados que estão contíguos e que poderiam empreender ações entre si.

Quanto às violações ativas, que conferem um *direito de ir à guerra*, incluem *atos de retaliação* (*retorsio*), um Estado tomando sobre si mesmo a obtenção de satisfação por uma ofensa cometida contra seu povo pelo povo de um outro Estado, em lugar de buscar compensação (por meios pacíficos) do outro Estado. Do ponto de vista das formalidades, isso se afigura a iniciar uma guerra sem, primeiramente, renunciar à paz (sem uma *declaração de guerra*), pois, se um deseja descobrir um direito numa condição de guerra, algo semelhante a um contrato tem de ser assumido, nomeadamente, a *aceitação* da declaração da outra parte de que ambas querem buscar seu direito dessa forma.

§ 57

A maior dificuldade no direito das gentes diz respeito precisamente ao direito durante uma guerra; é difícil até mesmo formar um conceito disso ou pensar em lei nesse estado sem lei sem contradizer a si mesmo (*inter arma silent leges*).[116] O direito durante a guerra teria de ser, então, o travar a guerra de acordo com princípios que deixam sempre em aberto a possibilidade de abandonar o estado de natureza entre os Estados (na sua relação externa entre si) e ingressar numa condição jurídica.

116. Kant cita Cícero no *Pro Milone*, IV, 10: Durante o combate as leis silenciam. (N. T.)

Nenhuma guerra de Estados independentes entre si pode ser uma *guerra punitiva* (*bellum punitivum*), uma vez que a punição ocorre somente na relação de um superior (*imperantis*) aos que estão a ele submetidos (*subditum*) e os Estados não se mantêm nessa relação entre si; nem, tampouco, pode qualquer guerra ser ou uma *guerra de extermínio* (*bellum internecinum*) ou de *subjugação* (*bellum subiugatorium*), o que seria a aniquilação moral de um Estado (cujo povo ou se fundiria numa massa com o do conquistador ou seria reduzido à servidão). A razão de não poder haver uma guerra de subjugação não é que essa medida extrema, que poderia ser utilizada por um Estado para lograr uma condição de paz, contradiria em si mesma o direito de um Estado; é, diferentemente disso, que a ideia do direito das gentes envolve somente o conceito de antagonismo em conformidade com princípios de liberdade externa segundo os quais cada um é capaz de preservar o que lhe pertence, mas não uma maneira de adquirir, pelo que o aumento de poder de um Estado pudesse ameaçar os outros.

A um Estado contra o qual uma guerra está sendo travada é permitido o uso de quaisquer meios de defesa, salvo os que tornariam os seus súditos inaptos a ser cidadãos, pois ele tornaria então também a si mesmo inapto para se qualificar, de acordo com o direito das gentes, como uma pessoa na relação dos Estados (como um que gozaria dos mesmos direitos dos demais). Meios de defesa não permitidos incluem: o uso dos próprios súditos como espiões; o uso deles ou mesmo de estrangeiros como assassinos ou envenenadores (entre os quais estariam classificados os chamados franco-atiradores, que aguardam escondidos a fim de emboscar os indivíduos); ou o uso deles simplesmente para espalhar falsas notícias, numa palavra, o uso de meios desleais que destruiriam a confiança necessária ao estabelecimento de uma paz duradoura no futuro.

Na guerra é permissível cobrar provisões e contribuições de um inimigo vencido, mas não saquear o povo, ou seja, não forçar as pessoas individuais a abrir mão de seus pertences (uma vez que isso seria roubo visto não ter sido o povo conquistado aquele que travou a guerra; pelo contrário, foi o Estado, sob cujo governo vivia, que travou a guerra *através do povo*). Em lugar disso, devem ser emitidos recibos para tudo que seja requisitado, para que na paz que se segue a carga imposta ao país ou à província possa ser dividida proporcionalmente.

§ 58

O direito do Estado *após uma guerra*, quer dizer, por ocasião do tratado de paz e tendo em vista suas consequências, consiste no seguinte: o vencedor estabelece as condições com base nas quais chegará a um acordo com o vencido e mantém *negociações* para a conclusão da paz. O vencedor não o faz a partir de qualquer direito do qual se pretenda detentor devido ao prejuízo que se supõe ter seu oponente lhe causado; em vez disto, ele dá essa questão por encerrada e se fia em sua própria força. Deste modo, não é facultado ao vencedor propor indenizações em função dos custos da guerra, uma vez que neste caso teria de admitir que seu oponente lutara uma guerra injusta; e, ainda que pudesse cogitar deste argumento, prossegue impossibilitado de utilizá-lo, já que então estaria dizendo que estivera travando uma guerra punitiva e assim, de sua própria parte, cometendo uma ofensa contra o vencido. Os direitos pós-guerra incluem também o de troca de prisioneiros (sem pagamento de resgate), sem se considerar o fato de seu número ser igual.

O Estado vencido ou seus súditos não perdem sua liberdade civil com a conquista de seu país, de sorte que o Estado fosse reduzido degradantemente a uma colônia e seus súditos a escravos, pois, se assim fosse feito, a guerra teria sido uma *guerra punitiva*, o que é contraditório. Uma *colônia* ou província é um povo que, de fato, possui sua própria constituição, sua própria legislação e sua própria terra, sobre a qual aqueles que pertencem a um outro Estado são apenas estrangeiros, ainda que este outro Estado detenha supremo poder executivo sobre a colônia ou província. O Estado detentor deste poder executivo é chamado de *metrópole*[117] e o Estado-colônia,[118] embora governado por ela, ainda assim governa a si mesmo (através de seu próprio parlamento, possivelmente com um vice-rei o presidindo) (*civitas hybrida*). Esta era a relação que Atenas tinha com várias ilhas e que a Grã-Bretanha agora tem com a Irlanda.

Menos ainda pode a *escravidão* e a legitimidade desta serem deduzidas do fato de um povo ser subjugado na guerra, uma vez que para isso seria necessário admitir que uma guerra pudesse ser punitiva. Menos do que todas as demais pode a escravidão hereditária disso resultar. A escravidão hereditária como tal é absurda, posto que a culpa do crime de alguém não pode ser herdada.

O conceito de tratado de paz já encerra a disposição de que a *anistia* o acompanha.

§ 59

O direito à paz é 1. o direito de estar em paz quando acontece uma guerra nas vizinhanças ou o direito à *neutralidade*; 2. o direito de ser assegurado quanto à continuidade de uma paz que fora concluída, ou seja, o direito de uma *garantia*; 3. o direito a uma *aliança* (confederação) de vários Estados para sua *defesa* comum contra quaisquer agressões externas ou internas, porém não uma liga objetivando o ataque a outros Estados e a anexação de território.

---

117. Ou Estado-matriz (*Mutterstaat*). (N. T.)
118. *Tochterstaat*. (N. T.)

§ 60

Não há limites para os direitos de um Estado contra um *inimigo injusto* (nenhum limite no que toca à quantidade ou grau, ainda que haja limites no que tange à qualidade); quer dizer, um Estado agredido pode não usar *quaisquer* meios *indiscriminadamente*, mas pode usar os meios que são permissíveis a qualquer grau em que esteja capacitado, visando a conservar o que lhe pertence. Mas o que é um *inimigo injusto,* do ponto de vista dos conceitos do direito das gentes no qual – tal como é o caso em um estado de natureza em geral – cada Estado é juiz em seu próprio caso? É um inimigo cuja vontade publicamente expressa (pela palavra ou pela ação) revela uma máxima segundo a qual, se fosse constituída uma regra universal, qualquer condição de paz entre as nações seria impossível e, pelo contrário, seria perpetuado um estado de natureza. A violação de contratos públicos constitui uma expressão desta espécie. Uma vez que se pode supor ser isso um assunto de preocupação de todas as nações cuja liberdade é por ela ameaçada, são elas convocadas para se unirem contra tal conduta indevida, a fim de privar o Estado do seu poder de produzi-la. Mas não são convocadas *para dividir seu território entre elas próprias* e fazer o Estado, por assim dizer, sumir da Terra, posto ser isso uma injustiça contra seu povo, o qual não pode perder seu direito original de associar-se numa *coisa comum,* embora se possa fazer com que ele adote uma nova constituição que, por sua natureza, será desfavorável ao pendor para a guerra.

É, entretanto, *redundante* falar de um inimigo injusto num estado de natureza porque um estado de natureza é ele mesmo uma condição de injustiça. O inimigo justo seria aquele ao qual eu estaria causando dano através da resistência – mas neste caso ele também não seria meu inimigo.

§ 61

Uma vez que o estado de natureza entre as nações, como o estado de natureza entre seres humanos individuais, é uma condição que se deve abandonar a fim de ingressar-se numa condição legal, antes que isso aconteça, quaisquer direitos das gentes, e qualquer coisa externa que seja minha ou tua que os Estados possam adquirir ou reter pela guerra, são tão só *provisórios.* Somente numa *associação* universal de Estados (análoga àquela pela qual um povo se transforma num Estado) poderão os direitos vir a ter validade *definitivamente* e surgir uma efetiva *condição de paz.* Porém, se um tal Estado constituído por nações se estendesse demasiado longe sobre vastas regiões, governar esse Estado e, assim, também proteger cada um de seus membros acabaria por se tornar impossível, enquanto várias corporações desse jaez novamente gerariam um estado de guerra. Desta forma, a *paz perpétua*,[119] meta final de todo o direito das gentes, é, com efeito, uma ideia inatingível. Contudo, os princípios políticos dirigidos à paz perpétua, do ingresso em tais alianças dos Estados, que servem para a contínua *aproximação* dessa paz, não são inatingíveis. Pelo contrário, visto que a aproximação contínua dela constitui uma tarefa fundada no dever e, por conseguinte, no direito dos seres humanos e dos Estados, isso pode certamente ser atingido.

Tal *associação* de diversos *Estados* com o propósito de preservar a paz pode ser chamada de um *congresso permanente de Estados*, ao qual todo Estado vizinho está livre para juntar-se. Algo semelhante a isso sucedeu (ao menos no que respeita às formalidades do direito das gentes, com o objetivo da manutenção da paz), na primeira metade do século atual[120] na assembleia dos *Estados Gerais* em Haia. Os ministros da maioria das cortes europeias, e mesmo das menores repúblicas, apresentaram suas queixas a respeito de ataques empreendidos contra um deles por um outro. Desta maneira, cogitaram da Europa inteira como um único Estado confederado que aceitavam como árbitro, por assim dizer, em suas disputas públicas. Mas posteriormente, em vez disto, o direito das gentes sobreviveu somente em livros; desapareceu dos gabinetes ou então, após já se ter empregado a força, foi relegado sob a forma de dedução à obscuridade dos arquivos.

Entende-se aqui por *congresso* tão somente uma coalizão voluntária de diferentes Estados que pode ser *dissolvida* a qualquer tempo, e não uma união (como aquela dos Estados norte-americanos) que é baseada numa constituição e é, por conseguinte, indissolúvel. É somente através de um tal congresso que a ideia de um direito público das gentes é exequível, direito a ser instaurado para a decisão de suas lides de uma maneira civil, como por meio de um processo, e não de uma maneira bárbara (a maneira dos selvagens), a saber, pela guerra.

Seção III
DIREITO COSMOPOLITA

§ 62

Esta ideia racional de uma comunidade universal *pacífica*, ainda que não amigável, de todas as nações da Terra que possam entreter relações que as

119. ... *ewige Friede*... Ver *Da paz perpétua* de Kant. (N. T.)
120. Século XVIII. (N. T.)

afetam mutuamente não é um princípio filantrópico (ético), mas um princípio *jurídico*. A natureza as circunscreveu a todas conjuntamente dentro de certos limites (pelo formato esférico do lugar onde vivem, o *globus terraqueus*). E, uma vez que a posse da terra, sobre a qual pode viver um habitante da Terra, só é pensável como posse de uma parte de um determinado todo, e assim na qualidade de posse daquilo a que cada um deles originalmente tem um direito, segue-se que todas as nações *originalmente* se acham numa comunidade do solo, embora não numa comunidade *jurídica* de posse (*communio*) e, assim, de uso dele, ou de propriedade nele; ao contrário, acham-se numa comunidade de possível *interação* física (*commercium*), isto é, numa relação universal de cada uma com todas as demais de *se oferecer para devotar-se ao comércio* com qualquer outra, e cada uma tem o direito de fazer essa tentativa, sem que a outra fique autorizada a comportar-se em relação a ela como um inimigo por ter ela feito essa tentativa. Esse direito, uma vez que tem a ver com a possível união de todas as nações com vistas a certas leis universais para o possível comércio entre elas, pode ser chamado de *direito cosmopolita* (*ius cosmopoliticum*).

Ainda que possa parecer que os mares subtraiam às nações a formação de uma comunidade entre si, é a disposição da natureza que mais favorece o seu comércio por meio da navegação; e, quanto mais *costas* tiverem essas nações nas suas imediações (como no Mediterrâneo), mais intenso pode ser seu comércio. Todavia, as visitas a essas costas e, principalmente, os estabelecimentos instalados para ulterior conexão à metrópole ensejam problemas e atos de violência num determinado ponto do globo, de sorte a ter repercussão em todo o globo. A despeito desse possível inconveniente, não pode ser suprimido o direito dos cidadãos do mundo de *procurar* estabelecer relações comuns com todos e, para tanto, *visitar* todas as regiões da Terra. Não se trata, contudo, de um direito de *estabelecer uma colônia* no território de uma outra nação (*ius incolatus*), posto que para isso é necessário um contrato específico.

Mas aqui assoma a questão: em terras recentemente descobertas, pode uma nação *instalar*-se para aí habitar a título de vizinho (*accolatus*), apoderando-se das terras de um povo das vizinhanças que já tenha se instalado na região e o subjugando, mesmo sem o seu assentimento?

Se a nação instalar-se tão longe de onde reside tal povo que não haja nenhuma invasão de sua terra visando ao seu uso, o direito de estabelecimento não é contestável. Mas, se esses povos são pastores ou caçadores (como os hotentotes, os tongos ou a maioria das nações indígenas americanas) que, para seu sustento, dependem de vastas regiões abertas, essa instalação não pode ocorrer mediante a força, mas somente mediante contrato e, na verdade, por um contrato que não tira vantagem da ignorância desses habitantes com respeito à cessão de suas terras. Isso é verdadeiro, a despeito do fato de se contemplarem suficientes razões especiais que justificassem o uso da força, quais sejam, que é para o proveito mundial, em parte porque esses povos rudes se tornarão civilizados (semelhante ao pretexto mediante o qual mesmo Büsching[121] procura desculpar a sanguinária introdução do cristianismo na Alemanha), e em parte porque o próprio país de alguém será depurado de seres humanos corruptos, e eles ou seus descendentes se tornarão melhores, espera-se, numa outra parte do mundo (tal como a Nova Holanda). Mas todas estas pretensas boas intenções são incapazes de limpar a mácula da injustiça presente nos meios que utilizam em nome de tais intenções. Alguém pode retrucar que tais escrúpulos quanto a usar força no início, a fim de instaurar uma condição legal, poderia muito bem significar que toda a Terra estaria ainda numa condição sem lei. Porém, essa consideração não é mais capaz de eliminar aquela condição de direito, do que o é o pretexto de revolucionários no seio de um Estado, de que, quando as constituições são más, cabe ao povo remoldá-las mediante a força e ser injusto de uma vez por todas, de modo que posteriormente possam estabelecer a justiça com toda a segurança e produzir seu florescimento.

CONCLUSÃO

Se alguém não for capaz de provar que uma coisa é, pode tentar provar que ela não é. Se (como ocorre com frequência) não consegue obter êxito numa tarefa ou em outra, pode ainda indagar se tem algum *interesse* em assumir uma ou outra dessas posições (a título de hipótese), ou de um ponto de vista teórico ou de um ponto de vista prático. Adota-se uma hipótese de um prisma teórico simplesmente visando a explicar um certo fenômeno (à guisa de exemplo, para os astrônomos, o movimento retrógrado e o estado estacionário dos planetas). Uma hipótese é adotada sob um prisma prático visando a atingir um certo fim, o qual pode ser um fim *pragmático* (um fim meramente técnico) ou um fim *moral*, ou seja, um fim tal que a máxima de sua adoção é, ela mesma, um dever. Ora, é evidente que o que seria transformado em nosso dever nesse caso não é a *suposição* (*suppositio*) de que esse fim pode ser realizado, o que seria um julgamento a respeito dele meramente teórico e, ademais, problemático, uma vez que não pode haver nenhuma obrigação em fazê-lo (crer em algo). O que nos cabe como um dever é, pelo contrário, agir de conformidade com a ideia desse fim, mesmo que não haja a mais ínfima probabilidade teórica

121. Anton Friedrich Büsching (1724-1793), famoso teólogo e geógrafo contemporâneo de Kant. (N. T.)

de que possa ser realizado, na medida em que tampouco sua impossibilidade é demonstrável.

Ora, a razão moralmente prática pronuncia em nós seu *veto* irresistível: *não deve haver guerra alguma*, nem guerra entre tu e eu no estado de natureza, nem guerra entre nós como Estados, os quais, ainda que internamente numa condição legal, persistem externamente (na sua relação recíproca) numa condição ilegal, pois a guerra não constitui o modo no qual todos deveriam buscar seus direitos. Assim, a questão não é mais se a paz perpétua é algo real ou uma ficção, e se não estamos enganando a nós mesmos em nosso julgamento teórico quando supomos que é real. Ao contrário, temos de agir como se fosse algo real, a despeito de talvez não o ser; temos de trabalhar no sentido de estabelecer a paz perpétua e o tipo de constituição que nos pareça a que mais abra caminho para ela (digamos, um republicanismo de todos os Estados, conjunta e separadamente), a fim de instaurar a paz perpétua e colocar um fim à infame ação bélica, para o que, como seu principal objetivo, todos os Estados, sem exceção, têm até aqui dirigido seus arranjos internos. E, mesmo que a cabal realização desse objetivo se mantiver sempre como uma aspiração piedosa, não estaremos certamente enganando a nós mesmos ao adotar a máxima de nos empenharmos incessantemente na sua direção, pois este é o nosso dever, e admitir que a lei moral dentro de nós é ela própria enganosa faria nascer em nós o desejo, que suscita nossa abominação, de preferirmos nos livrar de toda razão e nos encararmos como lançados por nossos próprios princípios ao mesmo mecanismo da natureza de todas as demais espécies animais.

Pode-se afirmar que estabelecer a paz universal e duradoura constitui não apenas uma parte da doutrina do direito, mas todo o propósito final da doutrina do direito dentro dos limites exclusivos da razão, pois a condição de paz é a única condição na qual o que é meu e o que é teu estão assegurados sob as *leis* a uma multidão de seres humanos que vivem próximos uns dos outros e, portanto, submetidos a uma constituição. Mas a regra para esta constituição, na qualidade de uma norma para outros, não pode ser extraída da experiência dos que até agora a descobriram maximamente para sua vantagem; deve, pelo contrário, ser deduzida *a priori* mediante a razão do ideal de uma associação jurídica de seres humanos submetidos a leis públicas gerais. Isto porque todos os exemplos (que se limitam a ilustrar, mas são incapazes de provar qualquer coisa) são falaciosos, de sorte a exigirem, por certo, uma metafísica. Mesmo aqueles que ridicularizam a metafísica reconhecem sua necessidade, ainda que negligentemente, ao dizerem, por exemplo, como amiúde o fazem: "a melhor constituição é aquela na qual o poder pertence não aos homens, mas às leis." Afinal, o que pode ser mais metafisicamente sublimado do que exatamente essa ideia, que mesmo conforme a própria asserção deles detém a mais confirmada realidade objetiva, como pode também ser facilmente demonstrado em casos que efetivamente ocorrem? A tentativa de realizar essa ideia não deveria ser levada a cabo por meio de revolução, por um salto, ou seja, pela deposição violenta de uma constituição falha já existente (pois haveria então um momento interveniente no qual toda condição jurídica seria aniquilada). Mas, se essa tentativa for realizada por meio de reforma paulatina, fundada em princípios sólidos, poderá conduzir a uma aproximação contínua do mais elevado bem político, da paz perpétua.

APÊNDICE

Observações explicitativas sobre os primeiros princípios metafísicos da doutrina do direito

Aproveito o ensejo para estas observações principalmente em função da resenha deste livro no *Jornal de Göttingen* (nº 28, de 18 de fevereiro de 1797). Nessa resenha, a obra foi examinada com discernimento e rigor, mas também com apreço e a "esperança de que estes primeiros princípios serão um ganho duradouro para a ciência". Utilizarei essa resenha como um guia para minha apreciação, bem como para uma certa elaboração desse sistema.[122]

Meu hábil crítico atua como tal quanto a uma definição logo no início da *Introdução à doutrina do direito*. O que se quer dizer com faculdade do desejo? É, diz o texto, a faculdade de ser, por meio das suas representações, a causa dos objetos dessas representações. A esta explicação ele objeta "que ela passa a nada ser logo que se abstrai das condições *externas* do resultado do desejo. Mas a faculdade do desejo é alguma coisa mesmo para um idealista, ainda que o mundo externo nada seja para ele". *Respondo*: mas não há também anseios intensos, embora ainda conscientemente fúteis (por exemplo, quisesse Deus que aquele homem continuasse vivo!), que são *destituídos de qualquer ato,* mas não *destituídos de qualquer resultado*, uma vez que ainda atuarão poderosamente dentro do próprio sujeito (o tornar doente), embora não sobre coisas externas? Um desejo, como *empenho* (*nisus*) para ser uma *causa* por meio das representações de alguém, persiste sendo sempre causalidade, ao menos no interior do sujeito, mesmo quando ele contempla a inadequação de suas representações para o efeito que ele tem em vista. A incompreensão aqui redunda no seguinte: que uma vez que a consciência da faculdade de alguém *em geral* é (no caso mencionado) também consciência da sua *não faculdade* com respeito ao mundo

122. Este apêndice foi introduzido na edição de 1798 da *Doutrina do direito*, tendo sido motivado por uma crítica feita por Friedrich Bouterwek no jornal mencionado acima por Kant. É de se advertir que as citações efetuadas por Kant nem sempre são *in verbis*. (N. T.)

externo, a definição não é aplicável a um idealista. Entretanto, visto que tudo que está em questão aqui é a relação de uma causa (uma representação) com um efeito (um sentimento) em geral, a causalidade de uma representação (seja a causalidade externa ou interna) relativamente ao seu objeto tem que ser inevitavelmente pensada no conceito da faculdade do desejo.

1. Preparação lógica para um conceito de direito recentemente proposto

Se filósofos versados em direito quiserem ascender ou aventurar-se por todo o caminho até os primeiros princípios metafísicos da doutrina do direito (sem o que toda a sua ciência jurídica seria simplesmente estatutária), não poderão ser indiferentes à certeza da completitude de sua *divisão* dos conceitos jurídicos, posto que de outra maneira aquela ciência não seria um *sistema racional*, não passando de um agregado apressadamente coligido. A favor da forma do sistema, o *tópico* dos princípios tem de ser completo, isto é, o *lugar* para um conceito (*locus communis*) deve ser indicado, o lugar que é franqueado para esse conceito pela forma sintética da divisão. Posteriormente, pode-se também indicar que um ou outro conceito que poderia ser colocado nesse lugar seria contraditório e é deslocado desse lugar.

Até agora os juristas têm admitido dois lugares comuns: o de um direito a *coisas* e o de um direito relativamente a *pessoas*. Pela mera forma de fundir esses dois conceitos em um, mais dois lugares são franqueados para conceitos, como membros de uma divisão *a priori*: o de um direito a uma coisa aparentado a um direito relativamente a uma pessoa e o de um direito relativamente a uma pessoa aparentado a um direito a uma coisa. É, portanto, natural perguntar se temos de acrescentar um tal conceito novo e se devemos fazê-lo constar na completa tabela de divisão, mesmo se for apenas problemático. Não resta dúvida ser este o caso, uma vez que uma divisão meramente lógica (que faz abstração do conteúdo de conhecimento – do objeto) é sempre uma *dicotomia*, por exemplo, qualquer direito ou é um direito a uma coisa ou não um direito a uma coisa. Mas a divisão em pauta aqui, nomeadamente a divisão metafísica, poderia também ser uma divisão quádrupla, pois ao lado dos dois membros simples da divisão, duas outras relações poderiam ser adicionadas, a saber, aquelas das condições que limitam um direito, nas quais um direito compõe uma combinação com o outro. Esta possibilidade requer maior exame. O conceito de um *direito a uma coisa aparentado a um direito relativamente a uma pessoa* é descartado sem esforço adicional, uma vez que nenhum direito de uma *coisa* relativamente a uma *pessoa* é concebível. Ora, a questão é se o inverso dessa relação é exatamente tão inconcebível ou se esse conceito, a saber, o de um *direito relativamente a uma pessoa aparentado a um direito a uma coisa,* é um conceito que não apenas encerra qualquer contradição, como também pertence necessariamente (como dado *a priori* na razão) ao conceito do que é externamente meu ou teu, o de não *tratar* pessoas de maneira semelhante a *coisas* em todos os aspectos, mas ainda de *possuí-las* como coisas e com elas lidar como coisas em múltiplas relações.

2. Justificação do conceito do direito relativamente a uma pessoa aparentado ao direito a uma coisa

Formulada de modo breve e satisfatório, a definição de um direito relativamente a uma pessoa aparentado a um direito a uma coisa é esta: "É o direito de um ser humano de ter uma *pessoa* distinta de si mesmo como *sua*".[123] Tomo o cuidado de dizer *uma pessoa,* pois, embora seja verdadeiro que alguém pode ter como seu um outro *ser humano* que devido ao perpetrar de um crime perdeu sua personalidade (converteu-se num escravo), esse direito a uma coisa não é o objeto de discussão aqui.

É preciso que examinemos agora se esse conceito, esse "novo fenômeno no céu jurídico", é uma *stella mirabilis*[124] (um fenômeno jamais contemplado antes, desenvolvendo-se para uma estrela de primeira magnitude, mas gradualmente desaparecendo novamente, talvez para retornar em alguma época) ou apenas uma *estrela cadente.*

3. Exemplos

Ter alguma coisa externa como sua significa possuí-la juridicamente. Mas possuir alguma coisa é a condição de ser possível o seu uso. Se esta condição é pensada como meramente física, dá-se à posse a designação de *ocupação.* Por estar eu legitimamente ocupando alguma coisa não é o bastante por si só para dizer que o objeto é meu ou para torná-lo meu. Mas, se estou autorizado, por qualquer razão, a insistir na ocupação de um objeto que escapou ao meu controle ou foi deste arrancado, esse conceito de direito é um *sinal* (tal como um efeito é um

---

123. Não digo aqui *ter uma pessoa como minha* (empregando o pronome), mas *ter uma pessoa como o que é meu* (τo – *meum*, com o substantivo). Isto porque posso dizer "Este é *meu pai*", significando isso apenas minha relação física (de parentesco) com ele de uma maneira geral, por exemplo, eu *tenho* um pai; porém, não posso dizer "Eu o tenho como o *que é meu*". Entretanto, se digo "minha esposa", isso significa uma relação especial, especificamente uma relação jurídica do possuidor com um objeto como uma *coisa* (ainda que o objeto seja também uma pessoa). A posse (*posse física*), contudo, é a condição de ser capaz de *controlar* (*manipulatio*) algo como uma coisa, mesmo se isto tiver, num outro aspecto, de ser tratado simultaneamente como uma pessoa.

124. Literalmente *estrela maravilhosa*, ou seja, uma supernova. (N. T.)

sinal de sua causa) de que me julgo autorizado a tratar esse objeto e o usar como *o que é meu*, e considerar a mim mesmo como também de posse inteligível dele.

O que é seu aqui não significa, com efeito, o seu no sentido de propriedade na pessoa alheia (pois um ser humano não pode possuir propriedade em si mesmo, muito menos em outra pessoa), mas significa o que é seu no sentido de usufruto (*ius utendi fruendi*), fazer uso direto de uma pessoa *como de* uma coisa, como um meio para o meu fim, porém ainda assim sem infringir sua personalidade.

Mas esse fim, como a condição sob a qual tal uso é legítimo, tem de ser moralmente necessário. Um homem não pode desejar uma mulher a fim de a *gozar* como uma coisa, ou seja, a fim de obter imediata satisfação numa relação meramente animal com ela, nem pode uma mulher entregar-se a ele para isso, sem que ambos renunciem às suas personalidades (na coabitação carnal ou bestial), isto é, isso pode ser feito somente sob a condição do *casamento*. Visto que o casamento é uma entrega recíproca da própria pessoa à posse da outra, é mister que seja *primeiramente* concluído para que nem uma nem outra seja desumanizada através do uso corporal que uma faz da outra.

Independentemente dessa condição, o gozo carnal é *canibalístico* em princípio (mesmo se nem sempre em seu efeito). Quer alguma coisa seja *consumida* pela boca e pelos dentes, quer a mulher seja consumida pela gravidez e talvez pelo parto fatal resultante dela, quer o homem pelo esgotamento de sua capacidade sexual diante das frequentes solicitações que a mulher faz dessa capacidade, toda a diferença reside no modo de gozo. Nessa espécie de uso por cada um dos órgãos sexuais do outro, cada um é realmente uma *coisa consumível* (*res fungibilis*) relativamente ao outro, de sorte que, se alguém fosse converter-se a si mesmo em tal coisa por *contrato*, o contrato seria contrário à lei (*pactum turpe*).

Analogamente, um homem e uma mulher não podem gerar uma criança como seu *trabalho* conjunto (*res artificialis*) e sem que ambos incorram numa obrigação quanto à criança e um quanto ao outro no que se refere a mantê-la. Trata-se, ademais, de aquisição de um ser humano *como de* uma coisa, mas isto apenas formalmente (como é próprio a um direito a uma pessoa que é apenas aparentado a um direito a uma coisa). Pais[125] têm um direito contra todo possuidor (*ius in re*) do filho que tenha sido retirado de seu poder. Uma vez que eles têm também um direito de forçá-lo a cumprir e acatar quaisquer das suas instruções que não sejam contrárias a uma possível liberdade legal (*ius ad rem*), também detêm um direito pessoal relativamente à criança.

---

125. No alemão escrito, *Ältern* significa *Seniores* e *Eltern* significa *Parentes*. Embora essas duas palavras não possam ser distinguidas na palavra falada, seus significados são muito diferentes. (*) [(*) *Seniores*: velhos; *parentes*: pais. (N. T.)].

Finalmente, quando seu dever de sustentar seus filhos chega ao fim ao atingirem a maturidade, os pais ainda detêm o direito de os usar como membros da comunidade doméstica sujeitos à sua direção, na manutenção do lar, até que o deixem. Esse é um dever dos pais relativamente a eles derivado da limitação natural do direito dos pais. Até esta oportunidade os filhos são realmente membros do lar e pertencem à *família*; mas doravante pertencerão ao *serviço* da família (*famulatus*), de sorte que o chefe da casa fica impossibilitado de os acrescentar ao que é seu (como seus serviçais), a não ser que o faça mediante contrato. Do mesmo modo, o chefe da casa pode também tornar seu o serviço daqueles *fora da família* em termos de um direito a eles aparentado a um direito a uma coisa e os adquirir como serviçais (*famulatus domesticus*) por meio de um contrato. Um tal contrato não é simplesmente um contrato de locação (*locatio conductio operae*), mas uma entrega de suas pessoas à posse do chefe da casa, um arrendamento (*locatio conductio personae*). O que distingue este contrato daquele de locação é que o serviçal concorda *em fazer tudo aquilo que for permissível* para o bem-estar da sociedade doméstica, em lugar de ser comissionado para um trabalho especificamente determinado, ao passo que alguém que é contratado para um trabalho específico (um artesão ou trabalhador por jornada) não cede a si mesmo como parte dos pertences do outro e, por conseguinte, não é um membro da comunidade doméstica. Uma vez que ele não se acha na posse jurídica de um outro que o submete à obrigação de executar certos serviços, mesmo que viva na casa do outro (*inquilinus*), o chefe da casa não pode *tomar posse* dele como uma coisa (*via facti*); deve, ao contrário, instar o trabalhador a fazer o que prometeu em termos de um direito relativamente a uma pessoa, como algo que pode ordenar através de procedimentos jurídicos (*via iuris*). E basta quanto ao esclarecimento e defesa de um estranho tipo de direito que recentemente foi adicionado à doutrina do direito natural, ainda que haja estado sempre tacitamente em uso.

4. Da confusão de um direito a uma coisa com um direito relativamente a uma pessoa

Também fui censurado por heterodoxia em matéria de direito privado natural devido à proposição de que *a venda rompe a locação* (*Doutrina do direito*, § 31).

Realmente parece, à primeira vista, conflitar com todos os direitos gerados por um contrato de aluguel que alguém pudesse comunicar a rescisão àquele que aluga sua casa antes de findar o período de residência acordado, parecendo com isso que quebra sua promessa com o locatário, contanto que lhe conceda o tempo para a desocupar que é costumeiramente concedido pelas leis civis onde eles vivem. Porém, se puder ser provado que o locatário sabia ou devia ter sabido, quando contratou a locação, que a promessa feita a ele pelo *locador*, o proprietário, naturalmente (sem a necessidade de ser enunciado expressamente no contrato) e, portanto, tacitamente incluía a condição *enquanto o proprietário não vender a casa durante esse período* (ou não ter de a passar aos cuidados dos seus credores caso caia em bancarrota), então o locador não quebrou sua promessa, que já era condicional sob o prisma da razão, não tendo sido o direito do locatário violado se foi ele comunicado da rescisão antes do vencimento da locação.

O direito que um locatário tem num contrato de locação é um direito *relativamente a uma pessoa* a alguma coisa que uma certa pessoa tem de prestar a outra (*ius ad rem*); não é um direito relativamente a *todo* possuidor de uma coisa (*ius in re*), não um direito a uma coisa.

Um locatário poderia, na verdade, precaver-se em seu *contrato de locação* e procurar obter um direito a uma coisa no que concerne à casa; poderia, especificamente, ter esse direito somente relativamente à casa do locador *registrado* (inscrito no cartório de registro de vendas de terras), como vinculado à terra. Com isso, não poderia ter seu contrato de locação rescindido antes do prazo combinado de vencimento da locação pela comunicação do proprietário ou até mesmo por sua morte (sua morte natural ou, inclusive, sua morte civil, a bancarrota). Se ele não o fizer, quem sabe porque quisesse estar livre para concluir uma locação em melhores termos alhures ou porque o proprietário não quis fazer pesar sobre sua casa um tal *onus*, poderá ser concluído que, no tocante ao tempo para o aviso da rescisão, cada uma das partes estava ciente de que realizara um contrato sujeito à condição tácita de que este poderia ser dissolvido se isto se tornasse conveniente (salvo pelo prazo para desocupação, conforme determinado pela lei civil). Certas consequências jurídicas de um *simples* contrato de locação proporcionam confirmação adicional à autorização de alguém para romper uma locação por meio de venda, pois se um locador morre, não se atribui nenhuma obrigação de prosseguir a locação ao seu herdeiro, visto ser esta uma obrigação somente da parte de uma certa pessoa e que deixa de existir com sua morte (embora o prazo legal para aviso de rescisão deva ainda ser levado em consideração nesse caso). Tampouco pode o direito de um locatário, como tal, passar ao seu herdeiro sem um contrato separado; nem, enquanto vivas as duas partes, está o locatário autorizado a sublocar a alguém sem um consentimento explícito.

5. Discussão complementar do conceito do direito de punir

A mera ideia de constituição civil entre *seres humanos* traz consigo o conceito de justiça punitiva pertencente à autoridade suprema. A única questão é ser ou não indiferente para o legislador quais tipos de punição são adotados, por quanto tempo se constituem medidas efetivas para a erradicação do crime (que viola a segurança que um Estado outorga a cada um na sua posse do que é seu), ou se o legislador deve ou não também levar em conta o respeito pela humanidade presente na pessoa do criminoso (isto é, respeito pela espécie) simplesmente com base em fundamentos de direito. Eu afirmei que o *ius talionis*[126] é, por sua forma, sempre o princípio para o direito de punir posto ser ele exclusivamente o princípio que determina essa ideia *a priori* (não derivado da experiência de quais medidas seriam mais eficazes para a erradicação do crime).[127] Mas o que cabe fazer no caso de crimes que não podem ser punidos por uma retaliação, por ser isto ou impossível ou tal ato ele mesmo um crime punível contra a *humanidade* em geral, por exemplo, o estupro, bem como a pederastia ou a bestialidade? A punição para o estupro e a pederastia é a castração (como a de um eunuco branco ou negro num serralho), a da bestialidade, a expulsão permanente da sociedade civil, uma vez que o criminoso tornou a si mesmo indigno da sociedade humana. *Per quod quis peccat, per idem punitur et idem.*[128] Os crimes mencionados são qualificados como *contra a natureza* porque são cometidos contra a própria humanidade. Infligir *quaisquer* punições segundo *o próprio arbítrio* a esses crimes seria literalmente contrário ao conceito de *justiça punitiva*, pois a única vez que um criminoso não pode se queixar que um mal lhe é feito é quando faz retornar sua má ação sobre si mesmo, e o que é feito a ele de acordo com o direito penal é o que ele cometeu aos outros, se não em termos de sua letra, ao menos em termos de seu espírito.

6. Do direito de usucapião

"Um direito baseado em usucapião (*usucapio*) deveria, conforme os §§ 32 e seguintes, ser estabelecido pelo direito natural, pois, a menos que se reconheça que uma *aquisição ideal*, como é aqui denominada, seja estabelecida pela posse em boa-fé, nenhuma aquisição em absoluto seria assegurada definitivamente.

---

126. Direito de retaliação. (N. T.)

127. Em toda punição há alguma coisa que (corretamente) ofende o sentimento de honra do acusado, uma vez que envolve coerção que se limita a ser unilateral, de maneira que sua dignidade como cidadão é suspensa, ao menos neste caso particular, pois ele é submetido a um dever externo ao qual ele, de sua parte, não pode oferecer qualquer resistência. Um homem que detenha nobreza ou riqueza que tem de pagar uma multa sente a perda de seu dinheiro menos do que a humilhação de ter de submeter-se à vontade de um inferior. A *justiça punitiva* (*iustitia punitiva*) precisa ser diferenciada da inteligência punitiva, visto o argumento para a primeira ser *moral*, em termos de ser *punível* (*quia peccatum est*), enquanto aquele para a última ser *meramente pragmático* (*ne peccetur*) e baseado na experiência do que é mais eficaz na erradicação do crime; e a justiça punitiva apresenta um *lugar* completamente diferente no tópico de conceitos jurídicos, *locus iusti*; seu lugar não é o do *conducibilis*, do que é *útil* para um certo propósito, nem o do mero *honesti*, o qual deve ser buscado na ética.

128. Aquele que comete um pecado é punido através dele e de modo idêntico. (N. T.)

(E, no entanto, o próprio Kant[129] reconhece apenas a aquisição provisória no estado de natureza, e devido a isso insiste na necessidade jurídica de uma constituição civil. Eu assevero que sou o *possuidor* de alguma coisa *em boa-fé*, entretanto, apenas contra alguém incapaz de provar que foi *possuidor* da mesma coisa *em boa-fé antes de mim* e não deixou, por sua vontade, de ser seu possuidor.)" Esta não é a questão aqui. A questão é se posso também *asseverar* que sou o proprietário, mesmo se alguém se apresentar reivindicando ser o verdadeiro proprietário *mais antigo* da coisa, porém onde era *absolutamente* impossível saber de sua existência como seu possuidor e de estar ele de posse como seu proprietário. Isso ocorre se o reivindicador não forneceu (seja por sua própria falha ou não) nenhum indício publicamente válido de sua posse ininterrupta, por exemplo, registrando-a no cartório ou votando como proprietário inconteste em assembleias civis.

Pois a questão aqui é: quem deve provar a legitimidade de sua aquisição? Esta obrigação (*onus probandi*) não pode ser imposta ao possuidor, pois ele esteve de posse dela tão longe no passado quanto alcança sua confirmada história. De acordo com princípios do direito, aquele que reivindica ser o mais antigo proprietário da coisa é eliminado completamente da série de possuidores sucessivos pelo intervalo durante o qual ele não forneceu nenhum indício civilmente válido de sua propriedade. Esta falta de realizar qualquer ato possessório público o torna um reivindicador desprovido de um título. (Contra sua reivindicação, é possível dizer aqui, como em teologia, *conservatio est continua creatio*.)[130] Mesmo se um reivindicador, que previamente não aparecera, posteriormente se apresentasse munido de documentos encontrados por ele, haveria margem para dúvida em seu caso novamente, se um reivindicador ainda mais antigo pudesse aparecer em algum dia no futuro, baseando sua reivindicação numa posse mais antiga. Finalmente, adquirir alguma coisa por *usucapião* (*acquirere per usucapionem*) não depende, de modo algum, da *extensão de tempo* na qual alguém possuiu a coisa, pois é absurdo supor que uma injustiça se converta num direito, pelo fato de ter persistido por muito tempo. Longe de um direito a uma coisa ser baseado no uso dela, o *uso* dela (ainda que longo) pressupõe um direito a ela. Portanto, o usucapião (*usucapio*), considerado como a aquisição de uma coisa através do prolongado uso dela, constitui um conceito contraditório. A prescrição como um meio de conservar a posse (*conservatio possessionis meae per praescriptionem*) não é menos contraditória, embora seja um conceito distinto, na medida em que envolve o argumento para apropriação. Quer dizer, uma base negativa, ou seja, o completo *não uso*

129. No original, *Hr. K.* (N. T.)
130. Conservação é criação contínua. (N. T.)

de direito de alguém (nem sequer o que é necessário para mostrar a si mesmo como possuidor), é considerado um *abandono* desse direito (*derelictio*), um ato jurídico, isto é, o uso do direito de um contra um outro, de modo a adquirir o objeto do possuidor mais antigo o excluindo (*per praescriptionem*) de sua reivindicação, o que envolve uma contradição.

Eu adquiro, portanto, sem apresentar provas e sem qualquer ato que estabeleça meu direito. Dispenso provas; pelo contrário, eu adquiro pela lei (*lege*). E qual a consequência disto? Imunidade *pública* em relação a reivindicações, ou seja, *segurança na minha posse* por força da lei, visto que não necessito produzir provas e assumo minha posição na minha posse ininterrupta. Mas o fato de qualquer *aquisição* num estado de natureza ser apenas provisória não tem respaldo na questão da segurança da *posse* daquilo que é adquirido e que deve preceder a aquisição.

7. Da herança

No que concerne ao direito de herança, desta vez a agudeza do autor da resenha lhe faltou para que achasse o nervo da prova de minha asserção. Eu não disse (§ 34) que todo homem necessariamente aceita qualquer *coisa oferecida* a ele que pode apenas ganhar e não perder pela aceitação (pois tais coisas, de fato, não existem). Eu disse, ao contrário, que todos sempre, de fato, aceitam, inevitável e tacitamente, mas ainda assim validamente, o *direito de aceitar a oferta* no mesmo momento, a saber, quando a natureza da matéria envolve a absoluta impossibilidade de a oferta ser retraída, o momento da morte do testador, pois então o promitente fica impossibilitado de retirá-la e o beneficiário da promessa, sem necessidade de proceder a qualquer ato para estabelecer o direito, é concomitantemente o aceitador, não do legado prometido, mas do direito de aceitá-lo ou recusá-lo. Quando o testamento é aberto, ele percebe que já havia naquele momento, antes de aceitar o legado, se tornado mais rico do que antes, uma vez que adquirira a *autorização exclusiva de aceitar*, o que já constitui uma circunstância enriquecedora. Embora esteja pressuposta uma condição civil para alguém que não existe mais *fazer alguma coisa pertencer a outrem*, essa transferência de posse por alguém que está morto não altera a possibilidade de adquirir de acordo com princípios universais do direito natural, ainda que uma constituição civil estabeleça o fundamento necessário para a aplicação desses princípios ao caso em pauta; quer dizer, alguma coisa deixada incondicionalmente para que a minha livre escolha aceite ou recuse é classificada como uma *res iacens*. Se o proprietário de alguma coisa a oferece a mim gratuitamente (promete que será minha), por exemplo, quando me oferece uma peça do mobiliário da casa da qual estou prestes a me mudar, tenho o direito exclusivo de aceitar sua oferta (*ius in re iacente*) enquanto ele não a retirar (e se ele morre neste ínterim isso é impossível), isto é, somente eu posso aceitá-la ou recusá-la como me aprouver; e não obtenho esse direito exclusivo para efetuar a escolha através de qualquer ato jurídico especial no qual haja a declaração de que quero ter esse direito. Adquiro-a na ausência de tal ato (*lege*). Assim posso, com efeito, declarar que *não quero ter a coisa* (porque aceitá-la poderia acarretar-me uma situação desagradável com os outros), mas não posso querer ter a escolha exclusiva de fazer com que a coisa *me pertença ou não*, pois tenho esse direito (aceitar ou recusar) imediatamente a partir da oferta, sem declarar minha aceitação dela, uma vez que, se pudesse recusar até mesmo a ter essa escolha, estaria escolhendo não escolher, o que constitui uma contradição. Ora, esse direito de escolher é transferido a mim no momento da morte do testador e por seu testamento (*institutio haeredis*) eu adquiro, não ainda seus pertences e bens, mas, não obstante isso, *meramente a posse jurídica* (inteligível) de seus pertences ou uma parte deles, que posso agora recusar a aceitar a favor de outrem. Consequentemente, essa posse não é interrompida por um momento; a sucessão passa, ao contrário, numa série ininterrupta, do homem moribundo aos seus herdeiros indicados pela aceitação destes. A proposição *testamenta sunt iuris naturae*[131] é assim estabelecida ao abrigo de qualquer dúvida.

8. Do direito de um Estado no tocante às fundações perpétuas para seus súditos

Uma *fundação* (*sanctio testamentaria beneficii perpetui*) é uma instituição que foi voluntariamente estabelecida e ratificada por um Estado, para o benefício de certos membros dela que se sucedem entre si até que tenham todos perecido. É chamada de *perpétua* se o estatuto para sua manutenção estiver vinculado à constituição do próprio Estado (posto que um Estado tem de ser considerado como perpétuo). Aqueles a serem beneficiados por uma fundação são ou o *povo* em geral, ou uma parte deste unida por certos princípios especiais, ou uma certa *classe*, ou uma *família* e seus descendentes em continuidade perpétua. Um exemplo do primeiro tipo é um *hospital*; do segundo, uma *igreja*; do terceiro, uma *Ordem* (espiritual ou secular); do quarto, o morgadio.

Diz-se que tais corporações e seu *direito* de sucessão não podem ser anulados, uma vez que se tornaram, por meio de *legado*, a propriedade dos herdeiros indicados, de forma que a anulação de uma tal constituição (*corpus mysticum*) redundaria em privar alguém de seus pertences.

131. Os testamentos são por direito de natureza. (N. T.)

A

Essas instituições em benefício dos pobres, inválidos e enfermos, que foram estabelecidas às expensas do Estado (fundações e hospitais) não podem, certamente, ser extinguidas. Mas, se é para dar prioridade à intenção do testamento do testador, de preferência à sua letra, poderão surgir circunstâncias no decorrer do tempo que tornem aconselhável abolir uma tal fundação, ao menos do ponto de vista de sua forma. Assim, foi considerado que os pobres e os enfermos (exceto no que diz respeito a pacientes de manicômios) são mais bem cuidados e de maneira mais econômica quando são amparados com certas quantias de dinheiro (proporcionais às necessidades da ocasião), com as quais podem ter sua pensão onde quiserem, com parentes ou conhecidos, do que quando – como no hospital de Greenwich – contam com esplêndidas instituições, dotadas de pessoal dispendioso, que restringem duramente sua liberdade. Não se pode dizer neste caso que o Estado está privando o povo, que tem o direito aos benefícios dessa fundação, do que é seu; o Estado, ao contrário, está promovendo isso, ao optar por meios mais prudentes para preservá-lo.

B

O clero, que não se multiplica sexualmente (o clero católico), possui, favorecido pelo Estado, propriedades agrícolas e súditos a estas vinculados, que pertencem a um Estado espiritual (chamado de Igreja), ao qual os leigos, para a salvação de suas almas, deram a si mesmos, através de seus legados, como sua propriedade. E, assim, o clero, na qualidade de uma classe especial, tem posses que podem ser legadas legalmente de uma geração à seguinte e se acham adequadamente documentadas por bulas papais. Mas é possível que se suponha que essa relação com os leigos pode ser diretamente tomada do clero pelo poder absoluto do Estado secular? Não significaria isso despojar alguém, pela força, daquilo que é seu, como tentam fazer aqueles que não acreditam na república francesa?

A questão que enfrentamos aqui é se a Igreja pode pertencer ao Estado ou o Estado pertencer à Igreja, porquanto duas autoridades supremas não podem sem contradição se subordinar uma à outra. É evidente que somente a *primeira constituição* (*politico-hierarchica*) poderia subsistir por si só, pelo fato de que toda constituição civil é *deste* mundo porque é um poder terreno (de seres humanos) que, juntamente com seus resultados, pode ser confirmado na experiência. Mesmo se concedermos aos crentes, cujo *reino* é no céu e *outro mundo*, uma constituição relativa a esse mundo (*hierarchico-politica*), terão de se submeter aos sofrimentos desta época, sob a autoridade suprema de seres humanos deste mundo. Por conseguinte, cumpre se ater somente à primeira constituição.

A religião (na aparência), enquanto crença nos dogmas de uma Igreja e no poder dos sacerdotes, que são os aristocratas dessa constituição, ainda que possa ser também monárquica (papal), não pode nem ser imposta a um povo, nem dele arrancada por alguma autoridade civil; tampouco pode um cidadão ser excluído do serviço do Estado e das vantagens advindas disso para ele, pelo fato de sua religião ser diferente daquela da corte (como fez a Grã-Bretanha com a nação irlandesa).

A fim de partilhar da graça que uma igreja promete exibir aos crentes, mesmo depois da morte destes, certas almas devotas e piedosas estabelecem fundações em caráter perpétuo, pelas quais determinadas propriedades rurais suas devem converter-se em propriedade de uma igreja após sua morte; e o Estado talvez se comprometa a um dever de vassalagem com uma igreja no que tange a esta ou àquela fundação, ou, com efeito, a todas elas, de sorte que essas pessoas possam ter as orações, indulgências e penitências, pelas quais os servos da igreja designados por esse (clero) prometem que elas se darão bem no outro mundo. Mas tal fundação, supostamente instituída em perpetuidade, não é de modo algum estabelecida em perpetuidade; o Estado pode descartar-se desta carga que uma Igreja colocou sobre ele quando quiser, pois uma Igreja ela mesma é uma instituição construída meramente com base na crença, de modo que, quando a ilusão oriunda dessa opinião desvanece através do esclarecimento do povo, a temida autoridade do clero nela baseada também desaparece, e o Estado, com pleno direito, assume o controle da propriedade que a Igreja arrogou a si mesma, a saber, a terra a ela concedida por meio de legados. Entretanto, os detentores feudais da instituição até então existente têm o direito de reivindicar compensação enquanto viverem.

Mesmo fundações perpétuas a favor dos pobres e instituições educacionais não podem ser fundadas em perpetuidade e constituir um perpétuo encargo sobre a terra porque possuem um certo caráter especificado pelo fundador em conformidade com suas ideias; ao contrário, o Estado precisa estar livre para ajustá-las às necessidades do tempo. Não deve causar surpresa a ninguém o fato de se tornar cada vez mais difícil tal ideia ser levada a cabo em todas as suas minúcias (por exemplo, que estudantes pobres devem suplementar um fundo educacional inadequado, beneficentemente estabelecido, cantando para obter esmolas); pois, se aquele que monta a fundação for um pouco ambicioso, bem como benévolo, não desejará que uma outra pessoa a altere conforme suas ideias – desejará ser nela imortalizado, o que, contudo, não muda a natureza da matéria mesma e o direito, na verdade o dever, de um Estado de modificar qualquer fundação, se esta se opuser à preservação do Estado e seu avanço para o aprimoramento. Uma tal fundação, por conseguinte, jamais pode ser considerada como estabelecida em perpetuidade.

C

A nobreza de um país que não está submetido a uma constituição aristocrática, mas a uma monárquica, é uma instituição permissível por um certo período de tempo e que pode, até mesmo, ser necessária diante das circunstâncias. Mas não se pode afirmar que essa classe possa ser estabelecida em caráter perpétuo, e que o chefe do Estado não devesse estar autorizado a suprimir inteiramente essa vantagem de classe, ou que, se o fizer, haja privado seus súditos (nobres) do que era *deles*, do que lhes pertencia por herança. Uma nobreza é uma fraternidade temporária autorizada pelo Estado, que precisa acompanhar as circunstâncias ditadas pelo tempo e não infringir o direito universal dos seres humanos que esteve suspenso por tanto tempo. Isto porque a posição de nobre num Estado não depende apenas da própria constituição; é somente um acidente da constituição, que pode existir só como algo inerente a um Estado (um nobre como tal é concebível somente num Estado, não no estado de natureza). Consequentemente, quando um Estado altera sua constituição, alguém que tenha com isso perdido seu título e privilégio não pode dizer que foi privado do que era seu, uma vez que poderia classificá-los como seus somente sob a condição de essa forma de Estado ter continuado; porém, um Estado tem o direito de alterar sua forma (por exemplo, transformar-se numa república). Ordens e o privilégio de ostentar certos sinais delas, portanto, não outorgam nenhum direito *perpétuo* de posse.

D

Finalmente, no que toca à *fundação de morgadios*, na qual alguém possuidor de bens dispõe sua herança de forma que o próximo no parentesco na série de herdeiros sucessivos deva ser sempre senhor da propriedade rural (analogamente a um Estado que apresenta uma monarquia hereditária, no qual o *senhor da terra* é determinado dessa maneira), não só pode uma tal fundação ser suprimida a qualquer tempo mediante o consentimento de todos os parentes do sexo masculino, sem a necessidade de durar perpetuamente – como se o direito de herança estivesse vinculado à terra – como não se pode dizer que causar o fim de um morgadio viola a fundação e a vontade do senhor original que o estabeleceu, seu fundador; mas um Estado também tem um direito e, com efeito, um dever nessa matéria: à medida que razões para sua transformação gradualmente se tornem aparentes, de não permitir que um tal sistema federativo de seus súditos em que eles sejam como vice-reis (análogo a dinastias e satrapias) reviva quando outrora se tornou extinto.

Conclusão

E, finalmente, o autor da resenha fez a seguinte observação acerca das ideias que apresentei sob o título "Direito público", em relação ao que, conforme ele diz, o espaço não lhe permite expressar-se: "Pelo que sabemos, nenhum filósofo até agora admitiu esta mais paradoxal de todas as proposições paradoxais: a proposição de que a *mera* ideia de soberania deveria constranger-me a obedecer como meu senhor a quem quer que haja se estabelecido como meu senhor, sem que eu lhe perguntasse quem lhe deu o direito de comandar-me. Não há diferença entre dizer que alguém deve reconhecer a soberania e a autoridade suprema e dizer que alguém deve considerar *a priori* como seu senhor esta ou aquela pessoa, cuja existência não é dada sequer *a priori*?". Ora, admitindo o *paradoxo* aqui, eu ao menos espero que, uma vez examinada a matéria mais rigorosamente, não possa ser condenado por *heterodoxia*. Espero, de preferência, que meu sagaz e cauteloso resenhador, que critica moderadamente (e quem, a despeito de sentir-se melindrado, "julga estes primeiros princípios metafísicos de uma doutrina do direito, no conjunto, um ganho para a ciência"), não se arrependa de tê-los tomado sob sua proteção contra a condenação obstinada e superficial de outros, ao menos como uma tentativa não indigna de um segundo exame.

Que alguém que descobre a si mesmo de posse do supremo poder executivo e legislativo sobre um povo deve ser obedecido; que a obediência a ele é tão juridicamente incondicional que até mesmo *investigar* publicamente o título pelo qual ele adquiriu sua autoridade, e assim pô-lo em dúvida com o intuito de a ele se opor, caso esse título seja julgado deficiente, já é punível; que há um imperativo categórico, *Obedece a autoridade que detém poder sobre ti* (em tudo que não entrar em conflito com a moral interior) – esta é a ofensiva proposição questionada. Mas o que parece chocar a razão do autor da resenha não é apenas esse princípio, que transforma um fato real (o apoderamento) na condição e base para um direito, mas também que a *mera* ideia de soberania sobre um povo me constrange, como membro pertencente a este povo, a obedecer sem previamente investigar o direito que é reivindicado (*Doutrina do direito*, § 49).

Todo ato real (fato) é um objeto em *aparência* (para os sentidos). Por outro lado, o que pode ser representado somente pela razão pura e tem de ser computado entre as *ideias*, para as quais nenhum objeto dado na experiência pode ser adequado – e uma *constituição perfeitamente jurídica* entre seres humanos pertence a esse tipo –, é a coisa em si.

Se então existe um povo unido por leis sob uma autoridade, é dado como um objeto da experiência em conformidade com a ideia da unidade de um povo *como tal* sob uma poderosa vontade suprema, ainda que seja realmente dado somente na aparência, isto é, uma constituição jurídica no sentido geral do termo, existe. E, embora essa constituição possa ser portadora de grandes defeitos e falhas grosseiras, e necessite eventualmente de importantes aprimoramentos, é, não obstante isso, absolutamente interdito e punível se opor a ela. Pois, se o povo sustentasse que se justifica opondo força a essa constituição, ainda que falha, e à autoridade suprema, pensaria que detém o direito de aplicar força no lugar da suprema legislação que prescreve todos os direitos, o que resultaria numa suprema vontade autoaniquiladora.

A *ideia* de uma constituição civil como tal, que é também um comando absoluto que a razão prática, julgando conceitos jurídicos, confere a todo povo, é *sagrada* e irresistível. E, mesmo que a organização de um Estado seja falha por si mesma, nenhuma autoridade subordinada nela encerrada pode resistir ativamente ao seu poder legislativo supremo; os defeitos aderidos a ela devem, ao contrário, ser gradativamente eliminados mediante reformas executadas pelo próprio Estado, pois, de outra maneira, se um súdito agir com base na máxima oposta (procedendo segundo o arbítrio desautorizado), uma boa constituição poderá passar a existir somente por um acaso cego. O comando "Obedece a autoridade que detém poder sobre ti" não indaga como essa autoridade chegou a deter esse poder (para, talvez, solapá-la), pois a autoridade que já existe, sob a qual tu vives, já está de posse do poder legislativo, e, embora possas efetivamente raciocinar publicamente acerca de sua legislação, não podes erguer-te na qualidade de um legislador oponente.

A submissão incondicional da vontade do povo (a qual em si mesma não é unida, sendo, portanto, sem lei) a uma vontade *soberana* (que tudo une por meio de *uma* lei) é um *fato* que só pode desencadear-se agarrando a autoridade suprema e, assim, começando por estabelecer o direito público. Permitir qualquer resistência a esse poder absoluto (resistência que limitaria esse poder supremo) seria contraditório, pois neste caso esse poder supremo (que é resistível) não seria o poder supremo legal que determina em primeira instância o que deve ser publicamente direito ou não. Este princípio já está presente *a priori* na *ideia* de uma constituição civil em geral, isto é, num conceito da razão prática; e, embora nenhum exemplo na experiência seja *adequado* para ser submetido a esse conceito, ainda assim nenhum exemplo deve contradizê-lo como uma norma.

PARTE SEGUNDA

PRIMEIROS PRINCÍPIOS METAFÍSICOS DA DOUTRINA DA VIRTUDE

PREFÁCIO

Uma *filosofia* de qualquer matéria (um sistema de conhecimento racional a partir de conceitos) requer um sistema de conceitos *racionais puros* independente de quaisquer condições de intuição, isto é, uma *metafísica*. A única questão é se toda filosofia *prática*, como doutrina dos deveres, e, assim, igualmente, a *doutrina da virtude* (ética), também necessita de *primeiros princípios metafísicos*, de sorte que possa ser formulada como uma ciência genuína (sistematicamente) e não meramente como um agregado de preceitos investigados um a um (fragmentariamente). Ninguém duvidará de que a doutrina pura do direito requer primeiros princípios metafísicos, porque tem ela a ver somente com a *condição formal* de escolha a ser limitada nas relações externas de acordo com leis da liberdade, desconsiderando qualquer *fim* (a matéria da escolha). Nesse ponto, a doutrina dos deveres é, por via de consequência, uma mera *doutrina científica* (*doctrina scientiae*).[132]

Mas, nesta filosofia (a doutrina da virtude), parece contrariar diretamente sua ideia remontar totalmente aos *primeiros princípios metafísicos*, de modo a tornar o conceito de dever, ainda que depurado de qualquer coisa empírica (qualquer sentimento) o incentivo, pois qual tipo de conceito pode ser constituído da energia e força hercúlea necessárias à subjugação das inclinações geradas pelo vício, se a virtude tiver de tomar emprestadas suas armas do arsenal da metafísica, uma matéria especulativa com a qual poucos sabem como lidar? Consequentemente, todo ensino da virtude em salas de conferências, dos púl-

132. *Alguém versado em filosofia prática* não é, em função disso, um *filósofo prático*. Este é alguém que faz da *meta final da razão* o princípio *de suas ações* e junta a este aquele conhecimento que lhe é necessário. Visto que este conhecimento colima a ação, não precisa ser reduzido aos mais delgados fios da metafísica, a menos que tenha a ver com um dever de direito. Nesse caso, *o que é meu* e *o que é teu* têm de ser determinados na balança da justiça com exatidão, de acordo com o princípio de que ação e reação são iguais e, desse modo, com uma precisão análoga à da matemática; porém, isso é desnecessário quando diz respeito a um mero dever de virtude, pois o que conta nesse último caso não é meramente saber *no que consiste o dever a ser feito* (devido aos fins alimentados por todos os seres humanos em função de sua natureza, isso é facilmente indicado); é, primordialmente, o princípio interior da vontade, quer dizer, que a consciência desse dever seja também o *incentivo* para as ações. Eis o que se requer para dizer de alguém que junta ao seu conhecimento esse princípio de sabedoria, que é ele um *filósofo prático*.

pitos ou em livros populares também se torna ridículo, se ornado com retalhos de metafísica. Mas não é inútil, muito menos ridículo, investigar na metafísica os primeiros fundamentos da doutrina da virtude, uma vez que alguém, na condição de filósofo, tem de ir aos primeiros fundamentos desse conceito do dever, pois, de outra maneira, não se poderá esperar nem certeza nem pureza em parte alguma da doutrina da virtude. Nesse caso, um professor popular pode, com efeito, contentar-se em fiar-se num certo *sentimento* que, devido aos resultados dele esperados, é classificado de *moral,* na medida em que ele insiste que a lição seguinte seja sentida como a pedra de toque para decidir se alguma coisa é ou não um dever de virtude: "Como poderia uma máxima como a tua se harmonizar consigo mesma, se todos, em todos os casos, fizessem dela uma lei universal?". Mas, se fosse o mero sentimento que dela fizesse o nosso dever mesmo para usar essa proposição como a pedra de toque, tal dever não seria ditado pela razão, mas seria considerado como um dever apenas instintivamente e, assim, cegamente.

Contudo, o fato é que nenhum princípio moral é baseado, como por vezes as pessoas supõem, em qualquer *sentimento* que seja. Qualquer princípio desse jaez é realmente uma *metafísica* obscuramente pensada, que é inerente a todo ser humano, devido à sua predisposição racional, como um professor prontamente concederá se experimentar questionar seu aluno *socraticamente* sobre o imperativo do dever e sua aplicação à avaliação moral de suas ações. A maneira na qual o professor *apresenta* isso (sua técnica) não deveria ser sempre metafísica e, tampouco, seus termos escolásticos, salvo se desejasse treinar seu aluno como um filósofo. Mas seu *pensamento* deve remontar completamente aos elementos da metafísica, sem o quê não se pode esperar certeza ou pureza alguma na doutrina da virtude e nem, realmente, qualquer força impulsionadora.

Se nos afastarmos desse princípio e começarmos com o *sentimento* patológico ou estético puro, ou mesmo moral (com aquilo que é subjetivamente prático e não objetivamente prático); se, quer dizer, se começa com a matéria da vontade, a *finalidade,* em lugar de começar com a forma da vontade, a *lei*, a fim de determinar deveres sobre essa base, então realmente não haverá *primeiros princípios metafísicos* da doutrina da virtude, uma vez que o sentimento, seja lá o que for que possa despertá-lo, sempre pertence à *ordem física*. Mas então a doutrina da virtude, tendo sido corrompida em sua fonte, será igualmente corrompida nas escolas, salas de conferências, etc., pois o tipo de estímulo pelo qual, a título de meio, se é conduzido a um bom propósito (aquele de cumprir todo dever) não é uma matéria de indiferença. Por conseguinte, não importa quanto possa a *metafísica* desgostar os pretensos mestres da sabedoria que discursam sobre o dever como *oráculos de gênios*, essas mesmas pessoas que se opõem à metafísica continuam tendo um dever indispensável de remontar aos seus princípios mesmo na doutrina da virtude e, antes de ensinarem, se tornarem alunas nas aulas de metafísica.

Depois de se ter patenteado com tanta clareza que o princípio do dever é deduzido da razão pura, não podemos evitar imaginar como esse princípio poderia ser reduzido novamente a uma *doutrina da felicidade*, ainda que de uma tal forma que uma certa felicidade *moral* não baseada em causas empíricas – um absurdo contraditório – fosse cogitada como o fim. Acontece dessa forma. Quando um ser humano ponderado superou incentivos ao vício e está ciente de que cumpriu seu dever geralmente amargo, ele descobre a si mesmo num estado que bem poderia ser chamado de felicidade, um estado de contentamento e paz de alma no qual a virtude é sua própria recompensa. E então um *eudemonista* diz: este deleite, esta felicidade é realmente seu motivo para agir virtuosamente. O conceito de dever não determina a vontade dele *diretamente*; ele é impulsionado a fazer seu dever apenas *por meio* da felicidade que antecipa. Mas, uma vez que ele pode esperar essa recompensa da virtude somente a partir da consciência de ter cumprido seu dever, fica claro que esse último deve ter surgido primeiro, isto é, ele deve ter se descoberto a si mesmo sob a obrigação de cumprir seu dever, antes de pensar que a felicidade resultará de sua observância do dever e sem cogitar disso. A *etiologia* do eudemonista o envolve num *círculo*, quer dizer, ele é capaz de ter esperança de ser *feliz* (ou interiormente bem-aventurado) somente se estiver consciente de haver cumprido seu dever, mas ele pode ser movido a cumprir seu dever somente se previr que será tornado feliz por ele. Mas há também uma *contradição* nesse raciocínio sutil, pois, por um lado, ele deve cumprir seu dever sem primeiro indagar qual efeito isso terá em sua felicidade, e assim sobre bases *morais*; mas, por outro lado, ele pode reconhecer que alguma coisa é seu dever somente se puder contar com o ganho de felicidade cumprindo-o, e, assim, de acordo com um princípio *patológico*, o qual constitui o oposto direto do princípio moral.

Num outro lugar (*Berliner Monatsschrift*) reduzi, acho, a distinção entre *prazer patológico* e *prazer moral* aos seus termos mais simples. O prazer que necessita preceder a observância da lei, para que se aja em conformidade com a lei, é patológico e a conduta da pessoa segue a *ordem da natureza*; o prazer, contudo, que tem de ser *precedido* pela lei, para ser sentido está na *ordem moral*. Se esta distinção não for observada, se o *eudemonismo* (o princípio da felicidade) for estabelecido como princípio básico em lugar da *eleuteronomia* (o princípio da liberdade de legislação interna), o resultado será a *eutanásia* (a morte suave) de todas as morais.

Apresento a seguir a causa desses erros. As pessoas que estão habituadas simplesmente com explicações fisiológicas[133] não enfiarão na cabeça o imperativo categórico do qual essas leis procedem ditatorialmente, ainda que se sintam elas mesmas compelidas irresistivelmente por ele. Sendo incapazes de *explicar* o que existe totalmente além dessa esfera (*liberdade* de escolha), por mais exaltadora que seja essa própria prerrogativa de um ser humano, sua capacidade para tal *ideia*, elas são agitadas pelas pretensões orgulhosas da razão especulativa, que torna seu poder tão intensamente sentido em outros campos, para formar um bando numa geral *convocação às armas*, por assim dizer, a fim de defender a onipotência da razão teórica. E assim, agora, e talvez, por enquanto, assaltam o conceito moral de liberdade e, onde é possível, o tornam suspeito; mas, ao final, terão de capitular.

133. Ou seja, explicações fornecidas pelas ciências naturais. (N. T.)

INTRODUÇÃO À DOUTRINA DA VIRTUDE

Na Antiguidade, "ética" significava a *teoria dos costumes* (*philosophia moralis*) em geral, que também era chamada de *teoria dos deveres.* Mais tarde, pareceu melhor reservar a denominação "ética" a uma parte da teoria dos costumes, nomeadamente à doutrina daqueles deveres que não se enquadram em leis externas (pensou-se ser apropriado chamar isso em alemão de *Tugendlehre*).[134] Por conseguinte, o sistema da doutrina dos deveres em geral é agora dividido no sistema da *doutrina do direito* (*ius*), que se ocupa de deveres passíveis de serem apresentados por leis externas e no sistema da *doutrina da virtude* (*ethica*), que trata de deveres que não podem ser apresentados assim. E essa divisão pode ser mantida.

I – Discussão do conceito de doutrina da virtude

O próprio *conceito de dever* já é o conceito de um *constrangimento* (coação) da livre escolha através da lei. Esse constrangimento pode ser um *constrangimento externo* ou um *autoconstrangimento.* O *imperativo* moral torna esse constrangimento conhecido através da natureza categórica de seu pronunciamento (o *deve* incondicional).[135] Esse constrangimento, portanto, não se aplica a seres racionais em geral (poderia haver também seres racionais *sagrados*), mas sim a *seres humanos*, seres *naturais* racionais, que são suficientemente não sagrados para que o prazer possa induzi-los a transgredir a lei moral, ainda que reconheçam sua autoridade; e, mesmo quando efetivamente obedecem à lei, eles o fazem *relutantemente* (diante da oposição proveniente de suas inclinações) e é nisso que consiste propriamente tal *constrangimento.*[136] Mas, uma vez que o

134. Doutrina da virtude. (N. T.)

135. ...*das unbedingte Sollen*... (N. T.)

136. Entretanto, se um ser humano olha para si mesmo objetivamente (do ponto de vista do aspecto de *humanidade* em sua própria pessoa), como sua pura razão prática o determina fazer, descobre que como um *ser moral* é também suficientemente sagrado para violar a lei interna *relutantemente*, pois não há um ser humano tão infame a ponto de não sentir uma oposição a violá-la e uma repulsa por si mesmo em virtude do que tem de se constranger a transgredir a lei. Ora, é impossível explicar o fenômeno em que,

ser humano persiste sendo um ser *livre* (moral), quando o conceito de dever toca à determinação interna de sua vontade (o estímulo), o constrangimento que o conceito de dever encerra só pode ser autoconstrangimento (através da representação da lei exclusivamente), pois somente assim pode aquela *coação* (mesmo se for externa) ser unida à liberdade de sua escolha. Consequentemente, nesse caso, o conceito de dever será um conceito ético.

Impulsos da natureza, consequentemente, envolvem *obstáculos* na alma do ser humano ao seu cumprimento do dever e forças (por vezes poderosas) que a ele se opõem, ao que ele precisa avaliar que é capaz de resistir e subjugar pela razão, não em alguma ocasião no futuro, mas imediatamente (no momento em que pensa no dever): ele tem de considerar que *pode* fazer o que a lei lhe diz incondicionalmente que ele *deve* fazer.

Ora, a faculdade e a intenção deliberada de resistir a um oponente vigoroso, mas injusto, é a *coragem* (*fortitudo*) e, no que tange ao que opõe a disposição moral *em nós*, a *virtude* (*virtus, fortitudo moralis*). Assim, a parte da doutrina geral dos deveres que resulta em liberdade interior, e não exterior, sob as leis é uma *doutrina da virtude*.

A doutrina do direito se ocupou apenas da condição *formal* da liberdade exterior (a coerência da liberdade exterior consigo mesma se sua máxima fosse transformada em lei universal), isto é, com o direito. A ética, porém, vai além disso e produz uma *matéria* (um objeto da livre escolha), uma finalidade da razão pura que ela representa como uma finalidade que é também objetivamente necessária, isto é, uma finalidade que, no que concerne aos seres humanos, é um dever possuir, pois, uma vez que as inclinações sensíveis dos seres humanos os tentam para fins (a matéria da escolha) que podem contrariar o dever, a razão legisladora pode, por sua vez, deter sua influência somente mediante um fim moral instaurado contra os fins da inclinação, um fim que precisa, portanto, ser dado *a priori*, independentemente das inclinações.

Um *fim* é um objeto da escolha (de um ser racional) através de cuja representação a escolha é determinada relativamente a uma ação no sentido de levar a efeito esse objeto. Ora, posso efetivamente ser constrangido por outros a executar *ações* que são dirigidas como meios a um fim, porém não posso jamais ser constrangido por outros a *ter um fim*: somente eu próprio posso *fazer* de alguma coisa meu fim. Mas, se estou obrigado a tornar meu fim alguma coisa

---

nessa separação dos caminhos (onde a bela fábula coloca Hércules entre a virtude e o prazer sensual), o ser humano exibe mais propensão para acatar às suas inclinações do que à lei, pois podemos explicar o que ocorre apenas fazendo-o originar-se de uma causa que se harmoniza com leis da natureza e, ao fazê-lo, não estaríamos pensando na escolha como livre. Mas é esse autoconstrangimento em direções opostas e sua inevitabilidade que tornam conhecida a propriedade inexplicável da própria *liberdade*.

que reside em conceitos da razão prática, e ter assim, além do fundamento formal determinante da escolha (tal como o direito encerra), também um material, um fim que poderia ser estabelecido contra o fim oriundo dos impulsos sensíveis, este seria o conceito de um *fim que é em si mesmo um dever*. Mas a teoria deste fim não pertenceria à doutrina do direito, mas à ética, uma vez que o *autoconstrangimento* de acordo com leis (morais) pertence exclusivamente ao conceito da ética.

Por essa razão, a ética também pode ser definida como o sistema dos *fins* da pura razão prática. Fins e deveres distinguem as duas divisões da doutrina dos costumes em geral. Que a ética contém deveres que não se pode ser constrangido por outros (através de meios naturais) a cumprir se conclui meramente de ser ela uma doutrina de *fins*, uma vez que a *coerção* aos fins (para tê-los) é contraditória.

Que a ética é uma *doutrina da virtude* (*doctrina officiorum virtutis*)[137] se segue, todavia, da exposição acima da virtude quando esta se acha relacionada ao tipo de obrigação cujo traço distintivo foi precisamente salientado, ou seja, a determinação para um *fim* é a única determinação de escolha cujo próprio conceito exclui a possibilidade de constrangimento *através de meios naturais* pela escolha de outrem. Um outro pode efetivamente *coagir-me* a *fazer* alguma coisa que não constitui meu fim (mas somente um meio para o fim de outrem), mas não *fazer disso o meu fim*; e, contudo, não posso ter fim algum sem fazer dele um fim para mim mesmo. Ter um fim do qual eu mesmo não fiz um fim é contraditório, um ato de liberdade que é, no entanto, não livre. Mas não constitui contradição estabelecer um fim para mim mesmo que seja também um dever, posto que constranjo a mim mesmo a ele, e isto é completamente compatível com a liberdade.[138] Mas como é possível um tal fim? Eis a questão agora, pois o conceito de uma coisa ser possível (não contraditório) não é ainda suficiente para assumir a possibilidade da coisa ela mesma (a realidade objetiva do conceito).

II – Discussão do conceito de fim que é também um dever

Pode-se pensar na relação entre o fim e o dever de dois modos: pode-se começar pelo fim e investigar a *máxima* das ações em conformidade com o

137. Doutrina dos deveres de virtude. (N. T.)

138. Quanto menos possa um ser humano ser constrangido por meios naturais e quanto mais possa ser constrangido moralmente (através da mera representação do dever), mais livre ele é. Supõe, por exemplo, alguém tão firme de propósito e de alma tão vigorosa que não pode ser dissuadido de um prazer que tenciona experimentar, não importa como os outros possam com ele ponderar acerca do mal que fará a si mesmo por conta desse prazer. Se tal pessoa renuncia ao seu projeto imediatamente, embora relutantemente, ante o pensamento de que o concretizando omitiria um dos seus deveres na qualidade de um oficial ou negligenciaria um pai enfermo, prova sua liberdade no mais alto grau por ser incapaz de resistir ao chamado do dever.

dever ou, por outro lado, pode-se começar pela máxima das ações em conformidade com o dever e investigar o fim que é também um dever. A *doutrina do direito* assume o primeiro modo. O fim que qualquer pessoa deseja estabelecer para sua ação é deixado ao critério de sua livre escolha. A máxima de sua ação, entretanto, é determinada *a priori*, a saber, que a liberdade do agente possa coexistir com a liberdade de todos os demais de acordo com uma lei universal.

A *ética*, porém, adota o modo oposto. Não pode começar pelos fins que um ser humano possa estabelecer para si mesmo, e de acordo com eles prescrever as máximas que a ele cumpre adotar, isto é, seu dever, pois isso seria adotar máximas com base em fundamentos empíricos, e esses fundamentos não produzem conceito algum de dever, já que este conceito (o *deve* categórico) tem sua raiz exclusivamente na razão pura. Consequentemente, ao se adotarem máximas com base nesses fins (todos eles egoístas), não se poderia realmente falar do conceito de dever. Por conseguinte, na ética, o conceito de dever conduzirá a fins e terá de estabelecer máximas com respeito a fins que *devemos* estabelecer nós mesmos, fundamentando-os de acordo com princípios morais.

Colocando de lado a questão de qual tipo de fim é em si mesmo um dever e como é possível um tal fim, cabe-nos aqui apenas mostrar que um dever dessa espécie é chamado de *dever de virtude* e por que é designado por esse nome.

A todo dever corresponde *um* direito, no sentido de uma *autorização* para fazer alguma coisa (*facultas moralis generatim*), porém não se trata de a todo dever corresponder *direitos* de outrem de exercer coação sobre alguém (*facultas iuridica*). Pelo contrário, tais deveres são chamados especificamente de *deveres de direito*. Analogamente, a toda *obrigação* ética corresponde o conceito de virtude, mas nem todos os deveres éticos são, em função disso, deveres de virtude. Os deveres que têm a ver não tanto com um certo fim (matéria, objeto de escolha) enquanto meramente com o que é *formal* na determinação moral da vontade (por exemplo, que uma ação conforme o dever tem de ser realizada também *a partir do dever*) não são deveres de virtude. Somente um fim que é também um dever pode ser classificado como um *dever de virtude*. Por essa razão, há vários deveres de virtude (e também várias virtudes), ao passo que para a primeira espécie de dever cogita-se de apenas um (disposição virtuosa), que, entretanto, é válido para todas as ações.

O que essencialmente distingue um dever de virtude de um dever de direito é que o constrangimento externo a esse último tipo de dever é moralmente possível, enquanto o primeiro é baseado somente no livre autoconstrangimento. Para seres finitos *sagrados* (que jamais poderiam ser tentados a violar o dever) não haveria doutrina da virtude, mas somente uma doutrina dos costumes, uma vez que esta é autonomia da razão prática, enquanto a primeira é também *autocracia* da razão prática, isto é, envolve consciência da faculdade de dominar as próprias inclinações quando estas se insurgem contra a lei, uma faculdade que, embora não diretamente percebida, é, no entanto, acertadamente inferida do imperativo categórico moral. Assim, a moralidade humana no seu estágio mais elevado pode, de qualquer modo, ser nada mais do que virtude, mesmo que seja inteiramente pura (totalmente isenta da influência de qualquer estímulo que não seja o do dever). Em seu estágio mais elevado, é um ideal (do qual é preciso aproximar-se continuamente), que é comumente personificado poeticamente pelo *sábio*.

Mas a virtude não é para ser definida e valorada meramente como uma *aptidão* e (como a tese premiada de Cochius,[139] o capelão da corte, coloca) um *hábito* há muito existente de ações moralmente boas adquirido pela prática, pois, a menos que essa aptidão resulte de princípios ponderados, sólidos e continuamente purificados, semelhantemente a qualquer outro mecanismo de razão tecnicamente prática, não é nem armada para todas as situações nem adequadamente protegida contra as transformações que podem ser produzidas pelas novas tentações.

Observação

A virtude = + *a* se opõe à *ausência negativa de virtude*[140] (debilidade moral = 0) na qualidade de seu oposto lógico (*contradictorie oppositum*); mas se opõe ao vício = – *a* na qualidade de seu oposto real (*contrarie s. realiter oppositum*); é não apenas desnecessário, mas inclusive impróprio indagar se grandes *crimes* poderiam não requerer mais vigor de alma do que grandes *virtudes*, pois por *vigor de alma* queremos dizer a força de resolução num ser humano como um ser dotado de liberdade e, por conseguinte, sua força, na medida em que se acha no controle de si mesmo (em seus sentidos) e, assim, no estado de saúde apropriado a um ser humano. Grandes crimes, todavia, são paroxismos cuja visão faz tremer alguém cuja alma está saudável. A questão, portanto, resultaria em algo como: se um ser humano num acesso de loucura poderia ter mais força física do que quando está são. Isto é admissível sem que se atribua mais vigor de alma a ele, se por alma se entende o princípio vital do ser humano no livre uso de seus poderes; uma vez que a base dos grandes crimes é meramente força das inclinações que enfra-

139. Leonhard Cochius foi premiado pela Academia de Berlim, em 1767, por seu ensaio *Untersuchung über die Neigungen* (Estudo das inclinações). (N. T.)

140. Literalmente em alemão:...*negative Untugend*. (N. T.)

quecem a razão, o que não revela qualquer vigor de alma, a questão acima equivaleria a se alguém poderia exibir mais força durante um acometimento de enfermidade do que quando se encontra saudável. Isso pode ser negado incontinenti, visto que a saúde consiste no equilíbrio de todas as suas forças corporais, ao passo que a falta de saúde constitui um enfraquecimento no sistema dessas forças. E é somente por referência a esse sistema que a saúde absoluta pode ser avaliada.

III – Da base para pensar um fim que é também um dever

Um *fim* é um objeto de livre escolha, cuja representação o determina para uma ação (pela qual o objeto é instaurado). Toda ação, portanto, possui seu fim; e, uma vez que alguém não pode ter um fim sem esse próprio alguém transformar o objeto de sua escolha num fim, ter qualquer fim de ação, seja qual for, constitui um ato de *liberdade* da parte do sujeito agente e não um efeito de *natureza*. Mas porque este ato determinante de um fim é um princípio prático que prescreve o fim ele mesmo (e assim prescreve incondicionalmente), e não o meio (por conseguinte, não condicionalmente), trata-se de um imperativo categórico de pura razão prática e, portanto, um imperativo que liga um *conceito de dever* àquele de um fim em geral.

Ora, tem de haver um tal fim e um imperativo categórico a ele correspondente, pois, uma vez que há ações livres, é necessário haver também fins para os quais, como seus objetos, essas ações são dirigidas. Mas entre esses fins é preciso haver alguns que sejam (isto é, por força de seu conceito) deveres, pois, se não houvesse tais fins, todos os fins seriam válidos para a razão prática somente como meios para outros fins e, uma vez que não pode haver nenhuma ação sem um fim, um imperativo categórico seria impossível. Isso suprimiria qualquer doutrina dos costumes.

Assim, não se trata aqui dos fins que o ser humano *realmente adota* no acatamento dos impulsos sensíveis de sua natureza, mas de objetos de livre escolha em submissão às suas leis, dos quais ele *deve fazer* seus fins. O estudo da primeira modalidade de fins pode ser chamado de doutrina técnica (subjetiva) dos fins; trata-se realmente da doutrina pragmática dos fins, contendo as regras da prudência na escolha dos fins de cada um. O estudo da segunda espécie de fins, entretanto, precisa ser chamado de doutrina moral (objetiva) dos fins. Contudo, essa distinção é supérflua aqui, uma vez que a doutrina dos costumes já está claramente distinguida no seu conceito da teoria da natureza (neste caso, antropologia) pelo fato de que a antropologia é baseada em princípios empíricos, ao passo que a doutrina moral dos fins, que se ocupa de deveres, é baseada em princípios dados *a priori* na pura razão prática.

IV – Quais são os fins que são também deveres?

São *a própria perfeição de cada* um e *a felicidade dos outros*.

A perfeição e a felicidade não são intercambiáveis aqui, de sorte que *a própria felicidade de cada um* e *a perfeição dos outros* seriam convertidas em fins que seriam em si mesmos deveres da mesma pessoa.

Pois *a própria felicidade* é um fim que todo ser humano tem (em virtude dos impulsos de sua natureza), mas esse fim jamais pode ser considerado como um dever sem que se incorra em contradição. Aquilo que todos já desejam inevitavelmente, em harmonia consigo mesmo, não se enquadra no conceito de *dever*, que é *constrangimento* relativamente a um fim adotado com relutância. Por conseguinte, é contraditório dizer que ele está submetido à obrigação de promover sua própria felicidade com todas as suas forças.

Assim, também constitui uma contradição para mim fazer da *perfeição* de outrem o meu fim e julgar-me na obrigação de promover isso, pois a perfeição de um outro ser humano, como uma pessoa, consiste simplesmente nisto: que ele – *ele próprio* – é capaz de estabelecer seu fim de acordo com seus próprios conceitos de dever; e é contraditório exigir que eu faça (torne meu dever fazer) alguma coisa que somente o outro ele mesmo pode fazer.

V – Explicação destes dois conceitos

A) A própria perfeição de cada um

A palavra *perfeição* dá margem a muita interpretação equívoca. A perfeição é por vezes entendida como um conceito que pertence à filosofia transcendental, o conceito da *totalidade* do múltiplo que, tomado em conjunto, constitui uma coisa. Por outro lado, como um conceito pertencente à teleologia, é tomado para significar a harmonia das propriedades de uma coisa com um *fim*. Perfeição, no primeiro sentido, poderia ser chamada de perfeição *quantitativa* (material), e no segundo, de perfeição *qualitativa* (formal). A perfeição quantitativa de uma coisa só pode ser una (pois a totalidade do que pertence a uma coisa é una). Mas uma coisa pode ter várias perfeições qualitativas, e o que discutimos aqui é realmente perfeição qualitativa.

Quando se diz que é em si mesmo um dever para um ser humano converter em seu fim a perfeição pertencente a um ser humano como tal (expressando-se, propriamente, à humanidade), essa perfeição tem de ser colocada naquilo que pode resultar de seus *atos*, não em meros *dons* pelos quais ele precisa estar em débito com a natureza, pois, de outro modo, não seria um dever. Esse dever pode, portanto, consistir somente no *cultivo* das faculdades de cada um (ou predisposições naturais), a mais elevada das quais é o *entendimento*, a faculdade dos conceitos e, assim, também, daqueles conceitos que têm a ver com o dever. Simultaneamente, esse dever inclui o cultivo da *vontade* de cada um (índole moral), de maneira a satisfazer todas as exigências do dever. 1. Um ser humano tem o dever de erguer-se da tosca condição de sua natureza, de sua animalidade (*quoad actum*) cada vez mais rumo à humanidade, pelo que somente ele é capaz de estabelecer ele mesmo fins; tem o dever de reduzir sua ignorância através da instrução e corrigir seus erros. E não é meramente que a razão tecnicamente prática o aconselha a fazê-lo como um meio para seus outros propósitos (ou arte); moralmente a razão prática o comanda absolutamente e faz desse fim o dever dele, de modo que possa ser digno da humanidade que dentro dele reside. 2. Um ser humano tem o dever de conduzir o cultivo de sua *vontade* à mais pura disposição virtuosa, na qual a *lei* se converte também no incentivo para suas ações que se conformam ao dever e ele acata a lei a partir do dever. Essa disposição é perfeição interior moralmente prática. Uma vez que é um sentimento do efeito que a vontade legisladora dentro do ser humano exerce sobre sua capacidade de agir de acordo com sua vontade, é denominado *sentimento moral*, um sentido especial (*sensus moralis*), por assim dizer. É verdade que o senso moral é amiúde objeto de mau uso de uma maneira visionária, como se (como o *dáimon* de Sócrates) ele pudesse preceder a razão ou até mesmo dispensar o julgamento da razão. Ainda assim, constitui uma perfeição moral, através da qual se faz do objeto de cada um todo fim particular que é também um dever.

B) A felicidade dos outros

Considerando-se que é inevitável à natureza humana desejar e buscar a felicidade, isto é, a satisfação com o próprio estado de cada um enquanto se é assegurado do seu perdurar, não se trata aqui de um fim que seja também um dever. Algumas pessoas, todavia, fazem uma distinção entre *felicidade moral* (a qual consiste na satisfação com sua própria pessoa e com a própria conduta moral, e, portanto, com o que se faz) e *felicidade natural* (a qual consiste na satisfação com o que é concedido pela natureza e, portanto, com o que se *goza* como uma dádiva de origem externa). Embora eu me abstenha aqui de reprovar o mau uso da palavra felicidade (que já implica uma contradição), é imperioso observar que o primeiro tipo de sentimento se enquadra somente no título anterior, a saber, perfeição, isto porque alguém de quem se diz que se sente feliz na mera consciência de sua retidão já é possuidor da perfeição que foi explicitada como o fim que é também um dever.

Quando se trata de eu fomentar felicidade como um fim que é também um dever, é forçoso, consequentemente, que seja a felicidade de *outros* seres humanos, de cujo fim (permitido) faço assim o meu próprio fim também. Cabe a eles decidir o que contam como pertencente à sua felicidade, mas é-me facultado recusar-lhes muitas coisas que *eles* pensam que os farão felizes, mas eu não, enquanto eles não tiverem nenhum direito de exigi-las de mim como o que é deles. Mas ocasionalmente uma *pretensa obrigação* de atender a minha *própria* felicidade (natural) se instala competindo com esse fim, e meu fim natural e meramente subjetivo é, assim, transformado num dever (um fim objetivo). Visto ser isso utilizado com frequência como uma objeção plausível à divisão dos deveres feita anteriormente (em IV), é mister proceder aqui a uma retificação.

A adversidade, o sofrimento e a carência constituem grandes tentações para a violação do próprio dever. Seria possível parecer, portanto, que a prosperidade, o vigor, a saúde e o bem-estar em geral, que barram a influência daqueles, poderiam igualmente ser tidos como fins que são deveres, de sorte que se tivesse o dever de promover *a própria* felicidade e não simplesmente a alheia. Mas nesse caso o fim não é a felicidade do sujeito, mas sua moralidade, e a felicidade não passa de um meio para a remoção de obstáculos para sua moralidade – um meio *permitido,* uma vez que ninguém mais tem o direito de exigir de mim que sacrifique meus fins, se estes não forem imorais. Buscar a prosperidade pela própria prosperidade não é diretamente um dever, mas indiretamente pode muito bem ser um dever, o de afastar a pobreza na medida em que esta constitui uma grande tentação para o vício. Mas então não é minha felicidade, e sim a preservação de minha integridade moral, que constitui meu fim e, também, meu dever.

VI – A ética não propõe leis para ações (*ius*[141] o faz), mas somente para as máximas das ações

O conceito de dever se coloca em relação imediata com uma *lei* (mesmo se faço abstração de todos os fins, como a matéria da lei). O princípio formal do dever no imperativo categórico "Assim age de modo que a máxima de tua ação possa tornar-se uma lei universal" já indica isso. A ética apenas acresce que esse princípio deve ser pensado como a lei de *tua* própria vontade e não da vontade em geral, que poderia também ser a vontade dos outros; nesse último caso, a lei proveria um dever de direito, que reside fora da esfera da ética. As máximas são

141. Em latim no original: o direito. (N. T.)

aqui consideradas como princípios subjetivos que se limitam a *qualificar* para uma produção de lei universal, e a exigência para que assim qualifiquem é apenas um princípio negativo (que não entra em conflito com uma lei como tal). Como pode haver, além desse princípio, uma lei para as máximas das ações?

Somente o conceito de um *fim* que é também um dever, um conceito que pertence exclusivamente à ética, estabelece uma lei para máximas de ações subordinando o fim subjetivo (que todos têm) ao fim objetivo (que todos *devem* tornar seu fim). O imperativo "*Deves* tornar isto ou aquilo (por exemplo, a felicidade dos outros) o teu fim" tem a ver com a matéria de escolha (um objeto). Ora, nenhuma ação livre é possível, a menos que o agente também vise a um fim (que é a matéria de escolha). Por conseguinte, se houver um fim que seja também um dever, a única condição que máximas de ações, na qualidade de meios para fins, devem encerrar é a da qualificação para uma possível produção de lei universal. Por outro lado, o fim que é também um dever pode transformar em lei ter uma tal máxima, embora para a máxima ela mesma a mera possibilidade de concordar com uma produção de lei universal já seja suficiente.

Pois máximas de ações podem ser *voluntárias*, e estão sujeitas somente à condição restritiva de serem apropriadas para a produção de uma lei universal, que é o princípio formal das ações. Uma *lei*, entretanto, suprime o que é voluntário das ações e isso a distingue de qualquer *recomendação* (onde tudo o que se requer é conhecer o meio mais adequado a um fim).

VII – Deveres éticos envolvem lata obrigação, ao passo que deveres de direito envolvem estrita obrigação

Esta proposição se segue da precedente, pois, se a lei somente pode prescrever a máxima das ações e não as próprias ações, isso constitui um indício de que deixa uma folga (*latitudo*) para a livre escolha no seguir (conformar-se com) a lei, isto é, que a lei não pode especificar precisamente de qual maneira alguém deve agir e quanto alguém precisa fazer através da ação para um fim que é também um dever. Porém, um dever lato não é para ser tomado como permissão para efetuar exceções à máxima das ações, mas somente como permissão para restringir uma máxima de dever por uma outra (por exemplo, o amor ao semelhante em geral pelo amor aos próprios pais), pelo que realmente o campo para a prática da virtude é ampliado. Quanto mais lato o dever, portanto, mais imperfeita é a obrigação de um homem para com a ação; à medida que ele, contudo, mais aproxima do dever *estrito* (deveres de direito) a máxima de conformar-se com o lato dever (em sua disposição), tanto mais perfeita é sua ação virtuosa.

Deveres imperfeitos são, consequentemente, apenas *deveres de virtude*. O cumprimento deles é *mérito* (*meritum*) = + *a*, mas o não cumprimento deles não é em si mesmo *culpabilidade* (*demeritum*) = – *a*, mas mera *deficiência de valor moral* = 0, a menos que o sujeito erija como seu princípio não aquiescer a tais deveres. É somente a força de resolução de cada um, no primeiro caso, que é propriamente chamada de *virtude* (*virtus*); a fraqueza de cada um, no segundo caso, não é tanto o *vício* (*vitium*) mas mera *carência de virtude*, falta de força moral (*defectus moralis*). (Como a palavra *Tugend*[142] deriva de *taugen*,[143] *Untugend*[144] deriva de *zu nichts taugen*[145].) Toda ação contrária ao dever é chamada de *transgressão* (*peccatum*). É quando uma transgressão intencional se converteu num princípio que é propriamente chamado de um *vício* (*vitium*).

Embora não haja nada de meritório na conformidade das ações de alguém com o direito (em ser alguém honesto), a conformidade com o direito das máximas de tais ações de alguém, enquanto deveres, isto é, o *respeito* pelo direito, é *meritório*, pois com isso alguém *torna* o direito de humanidade, ou também o direito dos seres humanos, o seu *fim*, fazendo-o o seu conceito de dever além do conceito do que é *devido* (*officium debiti*), uma vez que outrem pode efetivamente por seu direito requerer de mim ações de acordo com a lei, mas não que a lei seja também meu estímulo para essas ações. O mesmo vale para o comando ético universal "age conforme o dever a partir do dever". Estabelecer e fomentar essa disposição em si mesmo é, como no caso anterior, *meritório*, uma vez que vai além da lei do dever para as ações e torna a própria lei também o estímulo.

Mas, por essa própria razão, esses deveres, também, têm de ser computados como deveres de lata obrigação. No tocante a eles (e, com efeito, visando a aproximar a lata obrigação o máximo possível do conceito de estrita obrigação), há um princípio subjetivo de *recompensa* ética, ou seja, uma receptividade para ser recompensado de acordo com as leis da virtude: a recompensa, especificamente, de um prazer moral que ultrapassa o mero contentamento consigo mesmo (que pode ser meramente negativo) e que é celebrada no dizer que, através da consciência desse prazer, a virtude é sua própria recompensa. Se esse mérito é o mérito de um ser humano em relação a outros seres humanos para a promoção do que todos os seres humanos reconhecem como seu fim natural (para tornar a felicidade deles a sua própria), poderia ser

142. Virtude. (N. T.)
143. Ser apropriado para. (N. T.)
144. Não virtude, falta de virtude (conceito distinto de vício). (N. T.)
145. Não ser apropriado para nada. (N. T.)

chamado de *doce mérito*, visto que a consciência dele produz um gozo moral no qual os seres humanos estão inclinados por simpatia a se regalar. Mas o *amargo mérito*, que provém de promover o verdadeiro bem-estar dos outros, mesmo quando deixam de reconhecê-lo como tal (quando não são reconhecidos e são ingratos), geralmente não resulta num tal retorno. Tudo que ele produz é contentamento consigo mesmo, embora nesse caso o mérito fosse maior ainda.

VIII – Exposição dos deveres de virtude como deveres latos

1. A própria perfeição de cada um como um fim que é também um dever

a) A perfeição *natural* é o cultivo de quaisquer *faculdades* para o fomento de fins anunciados pela razão. Que isto seja um dever e, deste modo, em si mesmo um fim, e que o cultivo de nossas faculdades, mesmo desconsiderando a vantagem que isso nos concede, está baseado num imperativo incondicional (moral) e não num imperativo condicional (pragmático) pode ser demonstrado da maneira que se segue. A faculdade de fixar-se um fim – qualquer fim que seja – é o que caracteriza a humanidade (enquanto distinta da animalidade). Por conseguinte, está vinculada também ao fim de humanidade em nossa própria pessoa a vontade racional, e assim o dever de tornar a nós mesmos dignos da humanidade pela cultura em geral, no sentido de procurar obter ou estimular a faculdade de realizar todas as modalidades de fins possíveis, na medida em que isso é para ser encontrado num ser humano ele mesmo. Em outras palavras, o ser humano tem um dever de cultivar as rudes inclinações de sua natureza, através do que o animal é, num primeiro momento, promovido a ser humano. Trata-se, portanto, de um dever em si mesmo.

Mas esse dever é um dever meramente ético, isto é, um dever de lata obrigação. Nenhum princípio racional prescreve especificamente *até que ponto* se deveriam cultivar as próprias faculdades (na ampliação ou correção da própria faculdade de entendimento, isto é, na aquisição de conhecimento ou habilidade). Então também as diferentes situações nas quais os seres humanos possam encontrar a si mesmos tornam a escolha de um homem da ocupação a favor da qual deve ele cultivar seus talentos em grande medida uma matéria para sua decisão por ocasião de sua escolha. No que diz respeito à perfeição natural, em consonância com isso, não há lei da razão para as ações, mas somente uma lei para as máximas das ações, que é expressa nos seguintes termos: "Cultiva teus poderes da mente e do corpo de modo que estejam aptos a realizar quaisquer fins com que possas te deparar", não importa quão incerto estejas quanto a qual deles possa em algum tempo se tornar teu.

b) O *cultivo da moralidade* em nós. A maior perfeição de um ser humano é realizar seu dever *a partir do dever* (para que a lei seja não apenas a regra, como também o estímulo de suas ações). À primeira vista, isso se assemelha a uma *estrita* obrigação e o princípio do dever parece prescrever com a precisão e o rigor de uma lei não apenas a *legalidade,* como também a *moralidade* de toda ação, ou seja, a disposição. Mas de fato a lei, aqui mais uma vez, prescreve somente a *máxima da ação*, aquela de procurar a base da obrigação exclusivamente na lei, e não no impulso sensível (vantagem ou desvantagem) e, por conseguinte, não a *ação ela mesma*. Pois um ser humano não pode ver nas profundezas de seu próprio coração de modo a estar inteiramente certo, mesmo numa *única* ação, da pureza de sua intenção moral e da sinceridade de sua disposição, mesmo quando não tenha dúvida alguma acerca da legalidade da ação. Com muita frequência, ele confunde sua própria fraqueza, que o aconselha contra o risco de um crime, com a virtude (que é o conceito de força); e quantas pessoas que têm vivido vidas longas e sem culpa não podem ter sido simplesmente *felizes* por terem escapado de tantas tentações? No caso de qualquer ato, permanece oculto do próprio agente quanto contentamento moral puro houve em sua disposição.

Resulta que também este dever – aquele de apreciar o valor das ações de alguém não em função exclusiva de sua legalidade, mas também em função de sua moralidade (a disposição de alguém) – é apenas de lata obrigação. A lei não prescreve essa ação íntima na alma humana, mas apenas a máxima da ação, se empenhando com todo o poder para que o pensamento do dever ao seu próprio favor seja o estímulo suficiente de toda ação que se conforma ao dever.

2. A felicidade dos outros como um fim que é também um dever

a) *Bem-estar natural.* A *benevolência* pode ser ilimitada, uma vez que nada precisa ser feito com ela. Mas é mais difícil *fazer o bem,*[146] especialmente se for para ser feito não por afeição (amor) pelos outros, mas por dever, ao custo de abrir mão da satisfação da concupiscência e da lesão ativa a esta em muitos casos. A razão de um dever ser beneficente é esta: uma vez que nosso amor-próprio é inseparável de nossa necessidade de sermos amados (ajudados em caso de necessidade) pelos outros também, tornamos a nós mesmos um fim para os outros; e a

146. Kant enfatiza a distinção entre benevolência (*Wohlwollen* – querer o bem) e beneficência (*Wohltun* – fazer o bem). (N. T.)

única forma de ser esta máxima obrigatória é através de sua qualificação como uma lei universal, daí através de nossa vontade também tornar os outros nossos fins. A felicidade dos outros é, portanto, um fim que é também um dever.

Devo, todavia, sacrificar uma parte de meu bem-estar a favor dos outros, sem esperança de retorno, porque se trata de um dever e é impossível atribuir limites determinados à extensão desse sacrifício. Até que ponto deveria se estender depende, em grande medida, daquilo que são as verdadeiras necessidades de cada pessoa em vista de suas sensibilidades, e deve caber a cada um decidir quanto a isso por si mesmo, pois uma máxima de promoção da felicidade de outros com o sacrifício da felicidade própria, das verdadeiras necessidades próprias, entraria em conflito consigo mesma, se fosse convertida em uma lei universal. Por conseguinte, esse dever é somente um lato dever; o dever possui em si uma folga para fazer mais ou menos, e limites específicos não podem ser atribuídos ao que deveria ser feito. A lei vale somente para máximas, não para ações determinadas.

b) A felicidade dos outros também inclui seu *bem-estar moral* (*salubritas moralis*) e temos um dever – mas somente negativo – de promovê-lo. Embora o sofrimento que se sente pelas angústias da consciência tenha uma fonte moral, é, ainda assim, um efeito natural como a aflição, o medo ou qualquer outro estado de padecimento. Apurar que outrem não sofre merecidamente essa censura interior não é *meu* dever, mas *seu* assunto; mas é meu dever abster-me de fazer qualquer coisa que, considerando-se a natureza de um ser humano, pudesse tentá-lo a fazer alguma coisa pelo que sua consciência pudesse depois penalizá-lo, abster-se do que é classificado como produzir escândalo. Mas essa preocupação com o contentamento moral dos outros não admite que limites determinados lhe sejam atribuídos, de modo que a obrigação que pesa sobre ele é apenas uma obrigação lata.

IX – O que é um dever de virtude?

Virtude é a força das máximas de um ser humano no cumprimento de seu dever. Força de qualquer tipo pode ser reconhecida somente pelos obstáculos que pode superar, e, no caso da virtude, esses obstáculos são inclinações naturais que podem entrar em conflito com a resolução moral do ser humano; e, visto que é o *próprio* homem que coloca esses obstáculos no caminho de suas máximas, a virtude não se limita a ser um autoconstrangimento (pois então uma inclinação natural poderia impulsionar para sobrepujar uma outra), mas é também um autoconstrangimento de acordo com um princípio de liberdade interior e, deste modo, através da mera representação do dever de cada um de acordo com sua lei formal.

Todos os deveres envolvem um conceito de *constrangimento* através de uma lei. Deveres éticos envolvem um constrangimento para o qual somente a legislação interna é possível, ao passo que deveres de direito envolvem um constrangimento para o qual a legislação externa também é possível. Ambos, portanto, envolvem constrangimento, quer seja autoconstrangimento, quer seja constrangimento por outrem. Uma vez que a faculdade moral de constranger a si mesmo pode ser chamada de virtude, a ação que emerge de tal disposição (respeito pela lei) pode ser chamada de ação (ética) virtuosa, ainda que a lei estabeleça um dever de direito, pois é a doutrina da virtude que nos ordena a manter sagrado o direito dos seres humanos. Mas o que é virtuoso fazer não é necessariamente um *dever de virtude* a rigor. O que é virtuoso fazer pode tocar somente ao que é formal nas máximas, enquanto um dever de virtude tem a ver com sua matéria, isto é, com um fim que é concebido como também um dever. Porém, visto que a obrigação ética para os fins, para os quais pode haver diversas, é apenas a obrigação *lata* – porque envolve uma lei somente para máximas das ações, e um fim é a matéria (objeto) de escolha –, haverá muitos deveres diferentes correspondentes aos diferentes fins prescritos pela lei, que são chamados de *deveres de virtude* (*officia honestatis*) simplesmente porque estão sujeitos somente ao livre autoconstrangimento, não o constrangimento por outros seres humanos, e porque determinam um fim que é também um dever.

Como qualquer coisa *formal*, a virtude como a conformidade da vontade a todo dever, baseada numa firme disposição, é simplesmente una e a mesma. Mas no que tange ao *fim* das ações que é também um dever, ou seja, aquilo de que se *deve* fazer seu fim (o que é material), pode haver diversas virtudes e, uma vez que a obrigação à máxima de um tal fim é denominada dever de virtude, há muitos deveres de virtude.

O princípio supremo da doutrina da virtude é: *age de acordo com uma máxima dos fins que possa ser uma lei universal a ser considerada por todos*. De acordo com esse princípio, um ser humano é um fim para si mesmo, bem como para outros, e não é suficiente não estar ele autorizado a usar a si mesmo ou a outros meramente como meios (uma vez que ele poderia, neste caso, ainda ser indiferente a eles); é em si mesmo seu dever fazer do ser humano *como tal* seu fim.

Esse princípio básico da doutrina da virtude como um imperativo categórico não é demonstrável, mas pode ser objeto de uma dedução a partir da pura razão prática. O que, na relação de um ser humano consigo mesmo e os outros *pode* ser um fim, *é* um fim para a pura razão prática, pois esta é uma faculdade dos fins em geral e para ela ser indiferente aos fins, ou seja, não alimentar interesse por eles, seria, portanto, uma contradição, visto que então não determinaria, tampouco, máximas para as ações (porque toda máxima da ação encerra um fim) e, assim, não seria razão prática. Mas a razão pura não pode prescrever fins *a priori* sem os formular também como deveres e esses deveres são então chamados de deveres de virtude.

X – O princípio supremo da doutrina do direito[147] era analítico; o da doutrina da virtude é sintético

É claro, segundo o princípio de contradição, que, se o constrangimento externo obsta o embaraço da liberdade externa de acordo com leis universais (e constitui assim um embaraço das barreiras da liberdade), pode coexistir com fins em geral. Não preciso ir além do conceito de liberdade para compreender isso; o fim que cada um possui pode ser seja o que for que queira. O supremo *princípio de direito* é, portanto, uma proposição analítica.

Mas o princípio da doutrina da virtude vai além do conceito de liberdade externa e conecta a ele, de acordo com leis universais, um *fim* que ele torna um *dever*. Esse princípio é, portanto, sintético. Sua possibilidade está contida na dedução (IX).

Quando, em lugar do constrangimento de origem externa, a liberdade *interior* entra em cena – a capacidade para autoconstrangimento não por meio de outras inclinações, mas pela pura razão prática (a qual rejeita tais intermediários) –, o conceito de dever é estendido além da liberdade externa, que é limitada somente pela provisão formal de sua compatibilidade com a liberdade de todos. Essa extensão além do conceito de um dever de direito ocorre através de *fins* que são formulados, dos quais o direito se abstrai totalmente. No imperativo moral e na pressuposição de liberdade que lhe é necessária são encontradas a lei, a capacidade (de cumprir a lei) e a vontade que determina a máxima. Esses são todos os elementos que moldam o conceito de um dever de direito. Mas no imperativo que prescreve um *dever de virtude* se acha acrescentado não só o conceito de autoconstrangimento, como também aquele de um *fim*, não um fim que temos, mas um que *devemos* ter, um que a pura razão prática, portanto, tem dentro de si mesma. O fim mais elevado, incondicional de pura razão prática (que continua sendo um dever) consiste nisto: que a virtude seja o seu próprio fim e, a despeito dos benefícios que confere aos seres humanos, também sua própria recompensa. A virtude, desta feita, resplandece como uma ideia que parece, pelos padrões humanos, eclipsar a própria *santidade*, que jamais é tentada a transgredir

147. Ver parágrafo D da Introdução à doutrina do direito. (N. T.)

a lei.[148] Contudo, trata-se de uma ilusão proveniente do fato de que, não dispondo de uma maneira de avaliar o grau de uma força, salvo pela magnitude dos obstáculos que poderia superar (em nós são inclinações), somos levados a tomar as condições *subjetivas,* pelas quais estimamos a magnitude, pelas condições *objetivas* da própria magnitude. No entanto, comparando com *fins humanos*, que têm todos os seus obstáculos a serem confrontados, é verdade que o valor da virtude ela mesma, como seu próprio fim, excede muitíssimo o valor de qualquer utilidade e quaisquer fins empíricos e vantagens que possa a virtude ainda trazer no seu despertar.

É também correto dizer que o ser humano se acha em obrigação com a virtude (como força moral), pois, enquanto a faculdade (*facultas*) de superar todos os impulsos sensíveis em oposição pode e deve ser simplesmente *pressuposta* no homem por conta de sua liberdade, ainda assim essa faculdade como força (*robur*) é algo que ele precisa adquirir; e a forma de adquiri-la é ampliar o incentivo moral (o pensamento da lei), tanto contemplando a dignidade da pura lei racional em nós (*contemplatione*) quanto praticando a virtude (*exercitio*).

XI – O material do dever de virtude

De acordo com os princípios acima formulados, o esquema dos deveres de virtude pode ser delineado da seguinte maneira:

O material do dever de virtude

<table>
<tr><td rowspan="3">Dever de virtude interior</td><td>1
Meu próprio fim
que é também meu dever.
(Minha própria perfeição.)</td><td>2
O fim dos outros,
cuja promoção também
é meu dever.
(A felicidade dos outros.)</td><td rowspan="3">Dever de virtude exterior</td></tr>
<tr><td>3
A lei
que é também o incentivo.
No qual a moralidade</td><td>4
O fim
que é também o incentivo.
No qual a legalidade</td></tr>
<tr><td colspan="2">de toda livre determinação da vontade está baseada.</td></tr>
</table>

O formal do dever de virtude

148. O ser humano com suas falhas é melhor do que uma hoste de anjos destituídos de vontade. *Haller.* (*) [(*) Kant alude ao poema de Albrecht Haller, intitulado *Über die Ursprung des Übels* (*Sobre a origem do mal*). Em alemão: *Der Mensch mit seinen Mangeln/Ist besser als das Heer von willenlosen Engeln.* (N. T.)]

XII – Conceitos do que é pressuposto da parte da sensação pela receptividade da mente aos conceitos de dever como tais

Há certos dotes morais que qualquer um que não os tenha poderia não ter dever algum de adquiri-los. São o sentimento moral, a consciência, o amor pelo próximo e o respeito por si mesmo (*autoestima*). Não há obrigação de tê-los porque jazem na base da moralidade como condições *subjetivas* da receptividade ao conceito do dever, não como condições *objetivas* de moralidade. Todos eles são predisposições naturais da mente (*praedispositio*) para ser afetada por conceitos de dever, predisposições antecedentes do lado da sensação. Experimentar essas predisposições não pode ser considerado um dever; ao contrário, todo ser humano as experimenta e é em virtude delas que ele pode ser submetido à obrigação. A consciência delas não tem origem empírica; essa consciência pode, pelo contrário, somente resultar da consciência de uma lei moral, como o efeito que isso exerce sobre a mente.

A) Sentimento moral

É a suscetibilidade de sentir prazer ou desprazer meramente a partir de estar ciente de que nossas ações são compatíveis ou contrárias à lei do dever. Toda determinação de escolha procede *da* representação de uma possível ação *para* o ato através do sentimento de prazer ou desprazer, assumindo um interesse na ação ou seu efeito. O estado de sensação[149] aqui (a maneira em que o senso interior é afetado) é ou *patológico* ou *moral*. O primeiro é aquele sentimento[150] que precede a representação da lei; o último, aquele que só pode segui-la.

Uma vez que qualquer consciência da obrigação depende do sentimento moral para nos tornar cientes do constrangimento presente no pensamento do dever, não pode haver dever algum de ter sentimento moral ou adquiri-lo. Pelo contrário, todo ser humano (como um ser moral) o tem em si originalmente. A obrigação no tocante ao sentimento moral só pode ser a de cultivá-lo e fortalecê-lo através da admiração ante sua fonte inescrutável. Isto acontece ao ser mostrado como é ele separado de qualquer estímulo patológico e induzido o mais intensamente em sua pureza mediante uma representação meramente racional.

Não é apropriado chamar esse sentimento de *senso* moral,[151] já que pela palavra *"senso"* se entende usualmente uma capacidade teórica de percepção

149. ... *Der ästhetische Zustand...* (N. T.)
150. ... *Gefühl...* (N. T.)
151. ... moralischen *Sinn...* (N. T.)

dirigida para um objeto, ao passo que o *sentimento* moral[152] (como o prazer e desprazer em geral) é algo meramente subjetivo, que não produz nenhuma cognição. Nenhum ser humano é inteiramente desprovido de sentimento moral, pois, se fosse completamente destituído da receptividade a ele, seria moralmente morto; e, se (para se expressar em termos médicos) a força vital moral não fosse mais capaz de excitar esse sentimento, então a humanidade se dissolveria (por assim dizer, por força de leis químicas) na mera animalidade e se misturaria irreparavelmente à massa dos outros seres naturais. Mas nós não mais dispomos de um *senso* especial para o que é (moralmente) bom e mau, do que para a *verdade,* embora as pessoas amiúde falem desta maneira. Dispomos, diferentemente disso, de uma *suscetibilidade* da parte da livre escolha para sermos movidos pela pura razão prática (e sua lei), e isso é o que chamamos de sentimento moral.

B) Consciência

De igual modo, a consciência não é algo adquirível e não temos o dever de nos provermos de uma; pelo contrário, todo ser humano, como um ser moral, possui uma consciência dentro de si originalmente. Estar sob a obrigação de ter uma consciência seria equivalente a ter um dever de reconhecer deveres, pois a consciência é a razão prática sustendo o dever do ser humano diante deste para sua absolvição ou condenação em todos os casos submetidos à lei. Assim, não é dirigida a um objeto, mas meramente ao sujeito (para afetar o sentimento moral através de seu ato) e, por conseguinte, não é alguma coisa que seja incumbência de alguém, um dever, mas um fato inevitável. Assim, quando se diz que um certo ser humano *não tem* consciência, o que se quer dizer com isso é que ele não presta atenção à sentença da consciência, pois, se ele realmente não tivesse consciência, não poderia sequer conceber o dever de ter uma, visto que nem imputaria alguma coisa a si mesmo em conformidade com o dever, nem censuraria a si mesmo com alguma coisa como contrária ao dever.

Ignorarei aqui as várias divisões da consciência e me limitarei a observar que, à guisa de conclusão do que foi dito, uma consciência *que erra* é um absurdo, pois, embora eu possa realmente me enganar por vezes no meu julgamento objetivo quanto a uma coisa ser um dever ou não, não posso estar enganado no meu julgamento subjetivo no que toca a se o submeti à minha razão prática (aqui na sua função de juiz) a favor de um tal julgamento, pois se pudesse me enganar nisso, não teria feito nenhum julgamento prático,

152. ... moralische *Gefühl...* (N. T.)

e nesse caso não haveria nem verdade nem erro. Inconsciência não é falta de consciência, mas a propensão de não prestar atenção ao seu julgamento. Mas, se alguém está ciente de que agiu de acordo com sua consciência, então, na medida em que está envolvida a culpa ou a inocência, nada mais pode ser exigido desse alguém; é sua incumbência somente iluminar seu entendimento no que diz respeito ao que é ou não é dever; mas, quando atinge, ou atingiu, um feito, a consciência se pronuncia de modo involuntário e inevitável. Portanto, agir de acordo com a consciência não pode em si mesmo ser um dever, pois, se o fosse, teria de haver ainda uma segunda consciência para que alguém se tornasse ciente do ato da primeira.

O dever aqui se restringe a cultivar a própria consciência, aguçar a própria atenção para a voz do juiz interior e utilizar todo meio para obter uma audição para ela (daí ser o dever apenas indireto).

C) Do amor dos seres humanos

O *amor* é uma matéria do *sentir*, não do *querer*, e não posso amar porque o quero e, ainda menos, porque o devo (não posso ser constrangido a amar); por conseguinte, um *dever de amar* é um absurdo. Mas a benevolência (*amor benevolentiae*), como conduta, pode estar sujeita a uma lei do dever. Entretanto, a benevolência altruísta para com os seres humanos é com frequência (embora com muita impropriedade) também chamada de *amor*. As pessoas chegam mesmo a falar de amor que é também um dever para nós quando não se trata da felicidade do outro, mas da plena e livre capitulação de todos os nossos fins a favor dos fins de um outro ser (mesmo um ser sobrenatural). Mas todo dever é uma coação, um constrangimento, mesmo se este é para ser autoconstrangimento de acordo com a lei. O que é feito a partir do constrangimento, contudo, não é feito a partir do amor.

Fazer o bem a outros seres humanos na medida de nossa capacidade é um dever, quer os amemos ou não, e, mesmo se alguém tivesse de observar tristemente que nossa espécie, num relacionamento mais estreito, não é particularmente *amável*, isto não diminuiria a força desse dever. Mas o *ódio dos seres humanos* é sempre *odioso*, mesmo quando assume a forma do simples esquivar-se completamente deles (misantropia separatista), sem uma ativa hostilidade contra eles, pois a benevolência sempre permanece como um dever, mesmo dirigida a um misantropo, a quem não se pode realmente amar, mas a quem se pode ainda fazer o bem.

Mas odiar o vício nos seres humanos não é nem um dever nem contrário ao dever; é, diferentemente, um mero sentimento de aversão ao vício, um sentimento nem afetado pela vontade nem que a afeta. A *beneficência* é um dever.

Se alguém a pratica frequentemente e obtém êxito na concretização de sua intenção beneficente, acaba por realmente amar a pessoa que ajudou. Assim a frase "Deves amar ao teu próximo como a ti mesmo" não significa que deves de imediato (primeiramente) amá-lo e (mais tarde) por meio desse amor fazer-lhe o bem. Significa, ao contrário, *fazer o bem* aos teus companheiros humanos e a tua beneficência produzirá amor por eles em ti (como uma aptidão do pendor à beneficência em geral)!

Consequentemente, somente *o amor que é prazer*[153] (*amor complacentiae*) é direto. Mas ter um direito a isso (que é um prazer unido de imediato à representação da existência de um objeto), isto é, ter de ser constrangido a extrair prazer de alguma coisa, é uma contradição.

D) Respeito

O respeito (*reverentia*) é, igualmente, algo meramente subjetivo, um sentimento de um tipo especial, e não um julgamento acerca de um objeto que constituiria um dever causar ou promover. Pois um tal dever, considerado como tal, poderia ser representado a nós somente através do *respeito* que temos por ele. Um dever de *ter respeito* redundaria assim em ser submetido à obrigação em relação a deveres. Em conformidade com isso, não é correto afirmar que um ser humano tem um dever de autoestima; seria preciso, de preferência, dizer que a lei dentro dele inevitavelmente força, a partir dele, respeito por seu próprio ser, e este sentimento (que é de um tipo especial) é a base de certos deveres, ou seja, de certas ações que são coerentes com seu dever para consigo mesmo. Não se pode dizer que ele *tem* um dever de respeito para consigo mesmo, pois ele precisa ter respeito pela lei dentro de si mesmo para poder pensar em qualquer dever que seja.

XIII – Princípios gerais da metafísica dos costumes no trato de uma pura doutrina da virtude

Primeiro. Para qualquer dever singular só pode ser encontrado *um* fundamento de obrigação; e, se alguém produz duas ou mais provas para um dever, é um sinal seguro de que ou não encontrou ainda uma prova válida ou tomou dois ou mais deveres distintos por um.

Assim é porque qualquer prova moral, enquanto filosófica, só pode ser delineada por meio do conhecimento racional *a partir de conceitos* e não,

153. ...*Die Liebe des Wohlgefallens*... (N. T.)

como na matemática, pela construção de conceitos. Os conceitos matemáticos permitem muitas provas para uma e mesma proposição porque numa intuição *a priori* pode haver diversas maneiras de determinar as propriedades de um objeto, todas as quais conduzem de volta ao mesmo fundamento. Se, por exemplo, alguém deseja traçar uma prova a favor do dever de veracidade primeiramente a partir do *dano* provocado por uma mentira a outros seres humanos e, em seguida, a partir também da *indignidade* de um mentiroso e sua violação do respeito por si mesmo, o que prova no primeiro caso é um dever de benevolência, não de veracidade e, portanto, um dever distinto daquele para o qual se requeria a prova. Mas constitui um expediente altamente não filosófico recorrer a um grande número de provas para uma e mesma proposição, consolando-se que a multidão de razões compensa a inadequação de qualquer uma delas tomada sozinha, pois isso indica artifício e insinceridade. Quando diferentes razões são justapostas, uma não é compensatória da deficiência das demais para efeito de certeza ou mesmo probabilidade. Provas têm de proceder por fundamento e consequentes numa *única série* para um fundamento suficiente; somente dessa forma podem elas ser demonstrativas. No entanto, o primeiro método constitui o dispositivo usual da retórica.

Segundo. A distinção entre virtude e vício nunca pode ser procurada no *grau* em que alguém acata certas máximas; deve ser, ao contrário, procurada somente na qualidade específica das máximas (sua relação com a lei). Em outras palavras, o famoso princípio (de Aristóteles) que situa a virtude na *mediania* entre dois vícios[154] é falso.[155, 156] Digamos que a boa administração, por exemplo, consiste na *mediania* entre dois vícios, prodigalidade e avareza: como uma virtude, não pode ser representada como tendo surgido seja de uma gradual redução da prodigalidade (através da poupança), seja de um aumento de gasto da parte do avarento – como se esses dois vícios, movendo-se

154. Ver *Ética a Nicômaco*, Livro II, especialmente capítulos 6, 7, 8 e 9 (obra presente em Clássicos Edipro). (N. T.)

155. As fórmulas comumente usadas na linguagem da ética clássica: *medio tutissimus ibis*; *omne nimium vertitur in vitium*; *est modus in rebus*, etc.; *medium tenuere beati*; *insani sapiens nomen habeat*, etc. encerram uma sabedoria superficial que realmente não apresenta princípios determinados, pois quem especificará para mim essa mediania entre os dois extremos? O que distingue a avareza (como um vício) da parcimônia (como uma virtude) não é que a avareza leva a parcimônia *longe demais*, mas que a avareza possui um princípio *totalmente diferente* (máxima), o de colocar o fim do economizar no gozo dos próprios recursos, mas meramente na posse deles, ao mesmo tempo negando a si mesma qualquer desfrute deles. De modo idêntico, o vício da prodigalidade não deve ser buscado num gozo excessivo dos próprios recursos, mas na máxima ruim que torna o uso dos próprios recursos o fim único, sem cuidado pela preservação deles.

156. Apresentamos as traduções das citações, completando estas quando necessário: irás com máxima segurança pelo meio do caminho (*Metamorfoses*, Ovídio); o excesso de qualquer coisa se torna vício; nos nossos assuntos há uma certa medida e, por fim, limites estabelecidos além dos quais ou aquém dos quais inexiste lugar para o direito (*Sátiras*, Horácio); felizes os que se mantêm na mediania; sabedoria insensata, equivalente à perversidade, a que busca ser virtuosa além da medida apropriada (*Epístolas*, Horácio). (N. T.)

em direções opostas, se encontrassem na boa administração. Diferentemente disso, cada um deles possui sua máxima distintiva, que necessariamente contradiz a máxima do outro.

Por razão idêntica, nenhum vício pode ser definido em termos de *ir adiante* na realização de certos objetivos do que o justificado pela presença de qualquer propósito (por exemplo, *prodigalitas est excessus in consumendis opibus*)[157] ou de não ir até o necessário na sua realização (por exemplo, *avaritia est defectus, etc.*).[158] Uma vez que isso não especifica o grau, ainda que faça a conformidade ou não conformidade de conduta com o dever depender inteiramente dele, não pode servir como definição.

Terceiro. Deveres éticos não devem ser determinados de acordo com a capacidade de cumprir a lei que é atribuída aos seres humanos; ao contrário, a capacidade moral destes deve ser estimada pela lei, a qual comanda categoricamente e, assim, de acordo com nosso conhecimento racional do que *devem* ser em harmonia com a ideia de humanidade, não de acordo com o conhecimento empírico que deles dispomos tal como são. Estas três máximas para o tratamento científico de uma doutrina da virtude se opõem aos seguintes apotegmas antigos:

1. Há somente uma virtude e um vício.
2. A virtude é a observância da via mediana entre vícios opostos.[159]
3. A virtude deve (como a prudência) ser aprendida a partir da experiência.

XIV[160] – Da virtude em geral

Virtude significa uma força moral da vontade, o que, entretanto, não esgota o conceito, uma vez que tal força poderia também pertencer a um ser *sagrado* (sobre-humano) no qual nenhum impulso impeditivo barraria a lei de sua vontade e quem, desse modo, faria jubilosamente tudo em conformidade com a lei. A virtude é, portanto, a força moral da vontade de um *ser humano* no cumprimento de seu dever, um *constrangimento* moral através de sua própria razão legisladora, na medida em que esta constitui ela mesma uma autoridade executando a lei. A virtude ela mesma, ou a sua posse, não é um dever (pois

157. A prodigalidade é excesso no consumo dos próprios recursos. (N. T.)
158. A avareza é deficiência. (N. T.)
159. Na primeira edição de *Metafísica dos costumes* lemos: *Tugend ist die Beobachtung der Mittelstraße zwischen entgegengesetzten Meinungen.* Considerando-se que a crítica de Kant dirigida à ética clássica recai precisamente na máxima aristotélica presente na *Ética a Nicômaco*, deve-se ler *Lastern* (vícios) e não *Meinungen* (opiniões, pontos de vista). (N. T.)
160. Na primeira edição alemã de *Doutrina da virtude* (publicada separada e posteriormente à *Doutrina do direito*, em 1797) não consta a indicação em romano. (N. T.)

neste caso ter-se-ia de ser submetida à obrigação aos deveres); em lugar disso, ela comanda e acompanha seu comando com um constrangimento moral (um constrangimento possível de acordo com leis de liberdade interior). Mas pelo fato de esse constrangimento ter de ser irresistível, a força é exigida num grau que só podemos avaliar pela magnitude dos obstáculos que o próprio ser humano apresenta através de suas inclinações. Os vícios, como a ninhada de disposições que se opõem à lei, são os monstros que ele tem de combater. Consequentemente, essa força moral, na qualidade de *coragem* (*fortitudo moralis*), também constitui a maior e a única verdadeira honra que o ser humano pode conquistar na guerra, e é, ademais, chamada de *sabedoria* no sentido estrito, a saber, a sabedoria prática, visto que torna a meta final da existência do ser humano sobre a Terra a sua própria meta. Somente mediante sua posse é o ser humano livre, saudável, rico, um rei, e assim por diante, não podendo sofrer perda alguma devido ao acaso ou ao destino, já que está de posse de si mesmo e o homem virtuoso não pode perder sua virtude.

Qualquer alto apreço pelo ideal de humanidade em sua perfeição moral nada pode perder na realidade prática dos exemplos do contrário, retirados do que atualmente são os seres humanos, se tornaram ou presumivelmente se tornarão no futuro; e a *antropologia*, que brota de conhecimento meramente empírico, é incapaz de causar dano à *antroponomia*, que é formulada por uma razão que legisla incondicionalmente. E, embora se possa dizer da virtude, aqui e acolá (em relação aos seres humanos, não em relação à lei), que é meritória e que merece ser recompensada, ainda assim em si mesma, uma vez que ela é seu próprio fim, tem também de ser considerada como sua própria recompensa.

Considerada em sua perfeição plena, a virtude é, por conseguinte, representada não como se um ser humano possuísse a virtude, mas como se a virtude o possuísse, pois no primeiro caso pareceria que ainda lhe restasse uma escolha (para a qual ele necessitaria ainda uma outra virtude, a fim de escolher a virtude, de preferência a quaisquer outros bens que lhe fossem oferecidos). Pensar em diversas virtudes (como se faz inevitavelmente) nada mais é do que pensar nos vários objetos morais aos quais a vontade é conduzida pelo princípio uno da virtude e, assim também, no que tange aos vícios opostos. A expressão que personifica ambos é um dispositivo estético que persiste apontando para um senso moral. Daí, uma estética dos costumes, a despeito de não ser realmente uma parte da metafísica dos costumes, é, ainda assim, uma apresentação subjetiva desta na qual os sentimentos que acompanham o poder de coação da lei moral (por exemplo, nojo, horror, etc., que tornam sensível a repugnância moral) fazem com que sua eficácia seja sentida para obter o melhor de incitamentos *meramente* sensíveis.

XV – Do princípio que distingue a doutrina da virtude da doutrina do direito

Esta distinção, na qual também se apoia a principal divisão da *doutrina dos costumes* como um todo, baseia-se no seguinte: que o conceito de *liberdade*, que é comum a ambas, torna necessário dividir os deveres em deveres de *liberdade exterior* e deveres de *liberdade interior*, sendo apenas esses últimos éticos. Por conseguinte, a liberdade interior deve, primeiramente, ser tratada numa observação preliminar (*discursus praeliminaris*) como a condição de todos os deveres de virtude (tal como a consciência foi tratada antes como a condição de todas as virtudes em geral).

Observação
Da doutrina da virtude de acordo com o princípio da liberdade interior

Uma *habilidade* (*habitus*) é uma facilidade na ação e uma perfeição subjetiva de *escolha*. Mas nem toda facilidade tal constitui uma *habilidade livre* (*habitus libertatis*), pois, se é um *hábito* (*assuetudo*), isto é, uma uniformidade na ação que se converteu numa *necessidade* através de repetição frequente, não é um hábito que se origina da liberdade e, portanto, não uma habilidade moral. Por via de consequência, a virtude não pode ser definida como uma habilidade para ações livres em conformidade com a lei, a menos que se acrescesse "para se determinar a agir através da ideia da lei", e então essa habilidade não é uma propriedade da escolha, mas da *vontade*, que é uma faculdade do desejo que ao adotar uma regra também a outorga como uma lei universal. Somente uma tal habilidade pode ser tida como virtude.

Mas para a liberdade interior são requeridas duas coisas: ser o seu próprio senhor num dado caso (*animus sui compos*) e regrar a si mesmo (*imperium in semetipsum*), ou seja, submeter os próprios afetos e governar as próprias paixões. Nestes dois estados, o *caráter* (*indoles*) de alguém é nobre (*erecta*); no caso oposto, é vil (*indoles abiecta, serva*).

XVI – A virtude requer, em primeiro lugar, o domínio de si mesmo

Afetos e paixões[161] são essencialmente diferentes uns dos outros. Os afetos concernem ao sentimento, na medida em que, precedendo a reflexão, impos-

161. *Affekten und Leidenschaften*: Kant acolhe basicamente a distinção presente na psicologia. (N. T.)

sibilitam esta ou a tornam mais difícil. Por conseguinte, um afeto que é qualificado como *brusco* ou *precipitado* (*animus praeceps*) e a razão diz, através do conceito de virtude, que cada um deve *controlar-se*. E, não obstante isso, esta debilidade no uso do próprio entendimento, unida à força das próprias emoções, é apenas uma *falta de virtude* e, por assim dizer, algo pueril e débil, que é capaz, efetivamente, de coexistir com a melhor vontade. Possui, até mesmo, algo de bom a seu favor: que essa tempestade rapidamente se acalma. Consequentemente, a propensão a um afeto (por exemplo, a *ira*) não se associa ao vício tão prontamente como acontece com uma paixão. Uma paixão é um desejo sensível que se transformou numa inclinação duradoura ou permanente (por exemplo, o *ódio* em contraposição à ira). A calma com a qual alguém se entrega a ele admite reflexão e permite que a mente construa princípios sobre ele e, assim, se a inclinação se ilumina sobre alguma coisa contrária à lei, incubá-la, enraizá-la profundamente e assim erigir o mal (como algo premeditado) em sua máxima. E o mal é então *propriamente* mal, isto é, um verdadeiro *vício*.

Visto que a virtude está baseada na liberdade interior, encerra um comando positivo dirigido a um ser humano, a saber, submeter todas as suas capacidades e inclinações ao controle (de sua razão) e assim dominar a si mesmo, o que vai além de proibi-lo deixar-se governar por seus sentimentos e inclinações (o dever da *apatia*), pois a menos que a razão mantenha as rédeas do governo em suas próprias mãos, os sentimentos e inclinações do ser humano atuarão como senhor sobre ele.

XVII – A virtude pressupõe necessariamente a apatia (considerada como força)

A palavra *apatia* adquiriu má reputação, como se significasse ausência de sentimento e, assim, indiferença subjetiva com respeito aos objetos de escolha; é tomada por fraqueza. Podemos nos esquivar a essa má interpretação atribuindo a designação de *apatia moral* àquela ausência de afetos que deve ser distinguida da indiferença porque, em casos de apatia moral, sentimentos oriundos de impressões sensíveis perdem sua influência sobre o sentimento moral exclusivamente porque o respeito pela lei é mais poderoso do que todos esses sentimentos juntos. Somente a aparente força de alguém acometido de febre permite que uma viva simpatia mesmo *pelo que é bom* ascenda a um afeto, ou, pelo contrário, nele degenere. Um afeto desse tipo é chamado de *entusiasmo*, e a moderação geralmente recomendada, mesmo para a prática da virtude, deve ser interpretada como a ele referente (*Insani sapiens nomen habeat aequus iniqui – ultra quam satis est virtutem si petat ipsam. Horat.*),[162] pois, de outro modo, é absurdo supor que alguém pudesse ser *demasiado sábio, demasiado virtuoso.* Um afeto sempre pertence à sensibilidade, não importa por qual tipo de objeto tenha sido despertado. A autêntica força da virtude é uma mente tranquila com uma ponderada e firme resolução de pôr a lei da virtude em prática. Esse é o estado de *saúde* na vida moral, ao passo que um afeto, mesmo aquele despertado pela ideia *do que é bom,* é um fenômeno momentâneo, resplandecente, que deixa alguém esgotado. Mas pode ser classificado como fantasticamente virtuoso aquele ser humano que não permite que *nada seja moralmente indiferente* (*adiaphora*) e cobre cada um dos seus passos com deveres, como com armadilhas; não lhe é indiferente se como carne ou peixe, se bebo cerveja ou vinho, supondo que ambos me dirijam seu assentimento. A virtude fantástica é um interesse pela micrologia[163] que, se fosse admitido na doutrina da virtude, transformaria o próprio domínio da virtude em tirania.

Observação

A virtude está sempre em progresso e, apesar disso, sempre parte do início. Está sempre em progresso porque, *objetivamente* considerada, é um ideal inatingível, enquanto, não obstante isso, a aproximação constante dela é um dever. Que sempre parta do início tem uma base *subjetiva* na natureza humana, que é afetada por inclinações em função das quais a virtude jamais pode sossegar em paz e quietude com suas máximas adotadas uma vez e para todos, mas que, se não for ascendente, é inevitavelmente descendente, já que as máximas morais, diferentemente de máximas técnicas, não podem ser baseadas no hábito (porquanto este diz respeito à constituição natural da determinação da vontade); pelo contrário, se a prática da virtude fosse para ser convertida em hábito, o sujeito sofreria uma perda relativamente àquela liberdade ao adotar suas máximas que distinguem uma ação realizada do dever.

XVIII – Conceitos preliminares à divisão da doutrina da virtude

O princípio da divisão deve, *em primeiro lugar,* em termos do que é formal, encerrar todas as condições que servem para distinguir uma parte da doutrina

162. O sábio é classificado de insensato, o justo de iníquo, se busca a virtude além do que seja suficiente. (Horácio, *Epístolas*). (N. T.)
163. Ou seja, o estudo ou a discussão de trivialidades ou picuinhas. (N. T.)

dos costumes em geral da doutrina do direito e realizá-lo em termos de sua forma específica. Ele o realiza declarando: 1) que deveres de virtude são deveres para os quais não há legislação externa; 2) que uma vez que uma lei tem, no entanto, que permanecer à base de todo dever, essa lei na ética pode ser uma lei de dever produzida não para ações, mas somente para as máximas das ações; 3) que (o que, por sua vez, é disso consequência) o dever ético deve ser pensado como *lato* dever, e não estrito.

O princípio de divisão deve, *em segundo lugar*, em termos do que é material, apresentar a doutrina da virtude não meramente como uma doutrina dos deveres em geral, mas também como uma doutrina dos fins, de maneira que um ser humano tem a obrigação de considerar a si mesmo, bem como a todo outro ser humano, como seu fim. Trata-se do que é chamado usualmente de deveres do *amor a si mesmo* e de *amor ao próximo*. Mas, neste caso, essas expressões são empregadas indevidamente, uma vez que não pode haver dever direto para amar, mas sim fazer aquilo através do que alguém faz de si mesmo e dos outros o seu fim.

Terceiro. No que se refere à distinção entre o formal e o material no princípio do dever (da conformidade com a lei a partir da conformidade com os fins), é de se notar que nem toda *obrigação de virtude*[164] (*obligatio ethica*) é um dever de virtude (*officium ethicum s. virtutis*); em outras palavras, o respeito à lei em geral não estabelece, todavia, um fim como um dever, e somente um tal fim é um dever de virtude. Por conseguinte, só há *uma* obrigação de virtude, ao passo que há *muitos* deveres de virtude, pois há, com efeito, muitos objetos que também é nosso dever ter como fins, mas há somente uma disposição virtuosa, o fundamento subjetivo determinante para o cumprimento do próprio dever, que se estende a deveres de direito também, a despeito de não poderem, devido a isso, ser chamados de deveres de virtude. Daí todas as *divisões* da ética só tocarão aos deveres de virtude. Vista do prisma de seu princípio formal, a ética é a ciência de como se está submetido à obrigação sem se considerar qualquer legislação possível.

Observação

Entretanto, indagar-se-á: por que introduzo uma divisão da ética numa *doutrina dos elementos* e numa *doutrina do método,* quando nenhuma divisão tal foi necessária na doutrina do direito? A razão é que a doutrina do direito tem a ver somente com deveres estritos, ao passo que a ética tem a ver com latos

164. ...*Tugendverpflichtung*... que Kant distingue de *Tugendpflicht* (dever de virtude). (N. T.)

deveres. Por conseguinte, a doutrina do direito, que por sua natureza precisa determinar deveres estritamente (exatamente), não tem mais necessidade de orientações gerais (método) no que tange ao procedimento de julgar do que tem a pura matemática; em lugar disso, certifica seu método pelo que executa. A ética, contudo, em função da folga que faculta em seus deveres imperfeitos, inevitavelmente leva a questões que requerem julgamento para decidir-se como uma máxima tem de ser aplicada em casos particulares e, de fato, de uma tal forma que o julgamento fornece uma outra máxima (subordinada) (e se pode sempre solicitar ainda um outro princípio para aplicação dessa máxima a casos que possam surgir). O resultado é que a ética se enquadra numa casuística que não tem lugar na doutrina do direito.

A casuística não é, em conformidade com isso, nem uma *ciência* nem uma parte de uma ciência, pois nesse caso seria dogmática, e a casuística não é tanto uma teoria a respeito de *como descobrir alguma coisa* quanto, ao contrário, uma prática de como *buscar a verdade*, de sorte que está entretecida na ética de uma maneira *fragmentária*, não sistematicamente (como teria de estar a dogmática), e é somada à ética tão só através de escólios ao sistema.

Por outro lado, a doutrina do método da razão moralmente prática, que se ocupa nem tanto com o julgamento quanto com a razão e seu exercício, tanto na *teoria* como na *prática* de seus deveres, pertence particularmente à ética. O seu *primeiro* exercício consiste em questionar o aluno sobre o que ele já sabe dos conceitos de deveres, podendo ser denominado método *erotético*. Se ele o sabe porque lhe foi previamente dito, de modo que agora é extraído meramente de sua memória, o método é designado como *catequístico* propriamente dito; mas, se é presumido que isto já está presente naturalmente na razão do aluno e requer apenas ser desdobrado dela, o método é chamado de *dialogal* (socrático).[165] A *catequese*, como exercício teórico, tem a *ascese* como sua contraparte prática. A ascese é aquela parte da doutrina do método na qual é ensinado não só o conceito de virtude, como também como pôr na prática e cultivar a capacidade para a virtude, bem como a vontade para a virtude.

De acordo com esses princípios, formularemos o sistema em duas partes: a *doutrina dos elementos da ética* e a *doutrina dos métodos da ética*. Cada parte terá suas divisões. Na primeira parte, estas serão feitas conforme os diferentes *sujeitos* aos quais os seres humanos estão obrigados; na segunda parte, conforme os diferentes *fins* que a razão os obriga a ter e sua receptividade a esses fins.

165. Ou seja, a *maiêutica* (parturição das ideias), método ampla e continuamente utilizado por Sócrates nos *Diálogos* de Platão. (N. T.)

XIX – Divisões da ética[166]

A divisão que a razão prática dispõe para estabelecer um sistema de seus conceitos numa *ética* (divisão arquitetônica) pode ser feita de acordo com princípios de dois tipos tomados isolada ou conjuntamente. Um deles mostra, *do ponto de vista de sua matéria,* a relação *subjetiva* entre um ser que está submetido à obrigação e o ser que o submete à obrigação; o outro mostra num sistema, *do ponto de vista de sua forma,* a relação *objetiva* entre leis éticas e deveres em geral. A *primeira divisão* é a dos *seres* em relação aos quais pode-se pensar a obrigação ética; a *segunda* seria a divisão dos conceitos da pura razão eticamente prática que têm a ver com os deveres daqueles seres. Esses conceitos são, por conseguinte, requeridos para a ética somente na medida em que lhe cabe ser uma *ciência*, e assim são requeridos para a organização metódica de todas as proposições encontradas na base da primeira divisão.

Primeira divisão da ética de acordo com a distinção dos sujeitos e suas leis. Contém:

<table>
<tr><th colspan="4">Deveres</th></tr>
<tr><td colspan="2">de seres humanos
para seres humanos</td><td colspan="2">de seres humanos
para seres distintos de seres humanos</td></tr>
<tr><td>para
si mesmo</td><td>para
outros seres</td><td>seres
sub-humanos</td><td>seres
sobre-humanos</td></tr>
</table>

Segunda divisão da ética de acordo com princípios de um sistema de pura razão prática

<table>
<tr><th colspan="4">Éticos</th></tr>
<tr><td colspan="2">Doutrina dos elementos</td><td colspan="2">Doutrina do método</td></tr>
<tr><td>Dogmática</td><td>Casuística</td><td>Catequese</td><td>Ascese</td></tr>
</table>

Pelo fato de essa última divisão ter a ver com a forma da ciência, tem de preceder a primeira na qualidade de projeção horizontal do conjunto.

166. No original, este tópico XIX não tem título. Nós o acrescentamos para facilitar a compreensão do texto. (N. E.)

DOUTRINA DOS ELEMENTOS DA ÉTICA

Parte I – Dos deveres consigo mesmo em geral

Introdução

§ 1 – O conceito de dever consigo mesmo contém (à primeira vista) uma contradição

Se o eu *que impõe obrigação* for tomado no mesmo sentido do eu *que é submetido à obrigação*, um dever consigo mesmo será um conceito contraditório, pois o conceito de dever contém o conceito de ser passivamente constrangido (sou *obrigado*). Mas, se o dever é um dever comigo mesmo, concebo a mim mesmo como *o que obriga* e, assim, como ativamente constrangedor (eu, o mesmo sujeito, estou impondo obrigação). E a proposição que afirma um dever comigo mesmo (eu *devo* obrigar a mim mesmo) envolveria ser obrigado a obrigar a mim mesmo (uma obrigação passiva que era, ainda, no mesmo sentido da relação, também uma obrigação ativa) e, consequentemente, uma contradição. Pode-se também trazer à luz essa contradição, destacando que aquele que impõe obrigação (*auctor obligationis*) poderia sempre liberar o submetido à obrigação (*subiectum obligationis*) da obrigação (*terminus obligationis*), de sorte que (se ambos são um e o mesmo sujeito) ele não seria de modo algum obrigado a um dever que ele colocou sobre si mesmo. Isso implica uma contradição.

§ 2 – O ser humano, todavia, tem deveres para consigo mesmo

Pois, supondo que não houvesse tais deveres, não haveria deveres quaisquer que fossem e, assim, tampouco deveres externos, posto que posso reconhecer que estou submetido à obrigação a outros somente na medida em que eu simultaneamente submeto a mim mesmo à obrigação, uma vez que a lei em virtude da qual julgo a mim mesmo como estando submetido à obrigação procede em todos os casos de minha própria razão prática e, no ser constrangido por minha própria razão, sou também aquele que constrange a si mesmo.[167]

§ 3 – Solução desta aparente antinomia

Quando um ser humano está consciente de um dever consigo mesmo, ele vê a si mesmo, como o sujeito do dever, sob dois atributos: primeiro, como um *ser sensível*, isto é, como um ser humano (membro de uma das espécies animais) e, segundo, como um *ser inteligível* (não meramente como um ser que possui razão, uma vez que a razão como faculdade teórica poderia muito bem ser uma qualidade de um ser vivo corpóreo). Os sentidos não podem atingir esse último aspecto de um ser humano, que só é possível conhecer em relações moralmente práticas, nas quais a incompreensível propriedade da *liberdade* é revelada pela influência da razão sobre a vontade legisladora interior.

Ora, o ser humano, como um *ser natural* possuidor da razão (*homo phaenomenon*), pode ser determinado por sua razão, como uma *causa*, às ações no mundo sensível e, até aqui, o conceito de obrigação não é considerado. Mas o mesmo ser humano pensado em termos de sua *personalidade*, ou seja, como um ser dotado de *liberdade interior* (*homo noumenon*), é considerado como um ser que pode ser submetido à obrigação e, com efeito, à obrigação para consigo mesmo (para com a humanidade em sua própria pessoa). Assim, o ser humano (tomado nesses dois sentidos distintos) pode reconhecer um dever consigo mesmo, sem cair em contradição (porque o conceito de ser humano não é pensado em um e mesmo sentido).

§ 4 – Do princípio no qual a divisão dos deveres para consigo mesmo está baseada

A divisão somente pode ser feita no que toca a objetos do dever, não no tocante ao sujeito que se submete à obrigação. O sujeito que é obrigado, bem como o sujeito que obriga, é sempre exclusivamente o ser humano, e ainda que nos seja possível, de um prisma teórico, distinguir alma e corpo uma do outro, como características naturais de um ser humano, não nos é possível neles pensar como distintas substâncias que o submetem à obrigação, visando

167. Assim, quando é uma questão, por exemplo, de defender minha honra ou de preservar a mim mesmo, eu digo "eu o *devo* a mim mesmo". Mesmo no que concerne a deveres de menor importância – aqueles que têm a ver somente com o que é meritório e não necessário em minha aquiescência ao dever – manifesto-me do mesmo modo, por exemplo: "Eu o *devo* a mim mesmo para aumentar minha aptidão para o relacionamento social, e assim por diante (para cultivar-me)".

a justificar uma divisão dos deveres *com o corpo* e deveres *com a alma*. Nem a experiência nem inferências da razão nos outorgam fundamentos adequados para decidirmos se o ser humano tem uma alma (no sentido de uma substância que nele habita, distinta do corpo e capaz de pensar independentemente dele, ou seja, uma substância espiritual) ou se não pode a vida, ao contrário, ser uma propriedade da matéria. E, mesmo que a primeira alternativa fosse verdadeira, seria ainda inconcebível que devesse ele ter um dever para com um *corpo* (como um sujeito que impõe obrigação), mesmo para com um corpo humano.

1. A única divisão objetiva dos deveres consigo mesmo será, consequentemente, a divisão no que é *formal* e no que é *material* nos deveres consigo mesmo. Os primeiros destes são (deveres negativos) *limitativos*; os segundos (deveres positivos), *ampliativos* (consigo mesmo). Deveres negativos proíbem um ser humano de agir contrariamente ao *fim* de sua natureza e, assim, têm a ver meramente com sua autopreservação moral; deveres positivos, que lhe ordenam a fazer de um certo objeto de escolha o seu fim, concernem ao *aperfeiçoamento* de si mesmo. Ambos pertencem à virtude, quer como *deveres de omissão* (*sustine et abstine*), quer como *deveres de execução* (*viribus concessis utere*), mas ambos pertencentes aos deveres de virtude. Os primeiros dizem respeito à *saúde* moral (*ad esse*) de um ser humano como objeto tanto de seus sentidos exteriores quanto de seu sentido interior, para a preservação de sua natureza em sua perfeição (como *receptividade*). Os segundos dizem respeito à sua *prosperidade* moral (*ad melius esse; opulentia moralis*), que consiste na posse de uma capacidade suficiente para todos os seus fins na medida em que isso possa ser adquirido; concernem ao seu cultivo (aperfeiçoamento ativo) de si mesmo. O primeiro princípio de dever consigo mesmo se acha na máxima "vive em conformidade com a natureza" (*naturae convenienter vive*), ou seja, preserva a ti mesmo na perfeição de tua natureza; o segundo está no aforismo "faz a ti mesmo mais perfeito do que a simples natureza te fez" (*perfice te ut finem; perfice te ut medium*).

2. Haverá uma divisão *subjetiva* dos deveres de um ser humano consigo mesmo, isto é, uma divisão do ponto de vista de se o sujeito do dever (o ser humano) vê a si mesmo tanto como um *animal* (natural) quanto como um ser moral ou somente como um ser *moral*.

Há impulsos da natureza que tangem à *animalidade* do ser humano. Através deles a natureza visa *a)* à preservação do indivíduo humano, *b)* à preservação da espécie e *c)* à preservação da capacidade do indivíduo humano de desfrutar a vida, a despeito de ainda apenas no nível animal.[168] Os vícios que

168. Na segunda edição desta obra houve um acréscimo a essa passagem, resultando no seguinte: *c) à preservação da capacidade do sujeito para usar seus poderes com um propósito para desfrutar a vida, a despeito de ainda apenas no nível animal.* (N. T.)

aqui se opõem a esse dever para consigo mesmo são o *suicídio*, *o uso não natural de sua inclinação sexual* e o *consumo excessivo de alimento e bebida,* a ponto de debilitar sua capacidade de fazer um uso proveitoso de seus poderes.

Mas o dever de um ser humano consigo mesmo como um ser moral *somente* (sem considerar sua animalidade) consiste no que é *formal* na harmonia das máximas de sua vontade com a *dignidade* da humanidade em sua pessoa. Consiste, portanto, numa proibição de despojar a si mesmo da prerrogativa de um ser moral, a de agir de acordo com princípios, isto é, liberdade interior e, assim, fazer de si mesmo um joguete de meras inclinações e, por conseguinte, uma coisa. Os vícios que contrariam esse dever são a *mentira*, a *avareza* e a *falsa humildade* (servilismo). Estas adotam princípios diretamente contrários ao seu caráter como um ser moral (nos termos de sua própria forma), isto é, à liberdade interior, a dignidade inata de um ser humano, o que equivale a dizer que fazem com que o princípio básico de alguém careça de princípio básico e, consequentemente, de caráter, ou seja, descartar a si mesmo e fazer de si um objeto de desprezo. A virtude que se opõe a todos esses vícios poderia ser chamada de *amor à honra* (*honestas interna*, *iustum sui aestimium*), uma *disposição de alma*[169] sumamente distante da ambição (*ambitio*) (que pode ser inteiramente torpe). Entretanto, esta aparecerá destacadamente mais tarde com esse nome.

A DOUTRINA DA VIRTUDE

LIVRO I
DOS DEVERES PERFEITOS CONSIGO MESMO

Capítulo I
O dever de um ser humano consigo mesmo como ser animal

§ 5

O primeiro, ainda que não o principal dever de um ser humano para consigo mesmo como um ser humano é *preservar a si mesmo* em sua natureza animal.

169. Literalmente, *maneira de pensar* (*Denkungsart*). (N. T.)

O oposto disso é a *morte física* voluntária ou *matar a si mesmo* (*autochiria*),[170] que pode ser concebido *ou* como total, suicídio (*suicidium*), *ou* como apenas parcial, a mutilação de si mesmo. A mutilação de si mesmo pode, por sua vez, ser *material*, o privar a si mesmo de certas partes orgânicas íntegras, deformando-se, ou *formal*, o privar-se (em caráter permanente ou temporário) de uma capacidade para o uso natural (e, assim, indiretamente para o moral) dos próprios poderes.

Uma vez que este capítulo se ocupa apenas de deveres negativos e, assim, de deveres de omissão, os artigos sobre deveres precisam ser dirigidos contra os *vícios* opostos aos deveres para consigo mesmo.

Artigo I
Do suicídio

§ 6

O suicídio voluntário[171] é qualificável como o *assassinato de si mesmo* (*homicidium dolosum*) somente se for possível provar que é em geral um crime cometido *ou* contra a nossa própria pessoa *ou*, inclusive, ao nos matarmos, o crime ser cometido contra outrem (como quando uma pessoa grávida dá cabo da vida).

a)[172] O suicídio é um crime (*assassínio*). Pode ser considerado também como uma violação de nosso dever com outros seres humanos (o dever mútuo entre marido e mulher, dos pais em relação a seus filhos, de um súdito em relação à autoridade ou aos seus concidadãos, e finalmente, mesmo uma violação do dever relativamente a Deus, como nosso abandono do posto que nos foi destinado no mundo por ele sem termos sido chamados a deixá-lo). Mas uma vez que a questão discutida aqui é somente uma violação do dever para consigo mesmo, a questão é, se eu colocar de lado todas essas relações, um ser humano ainda permanecerá obrigado a preservar sua vida simplesmente em virtude de sua qualidade de pessoa e se tem ele de reconhecer nisso um dever (e realmente um estrito dever) para consigo mesmo.

---

170. Kant, por vezes, indica o conceito grego correspondente ou paralelo ao conceito expresso pelo vocábulo alemão, em lugar de indicar o latino, como faz usualmente nesta obra. *Autochiria* (αὐτοχειρία), entretanto, não significa o matar a si mesmo ou suicídio (*Entleibung*), mas *o matar ou assassinato executado pelas próprias mãos* em geral e não explícita e especificamente de si mesmo. (N. T.)

171. Kant faz questão de explicitar o conceito analiticamente: ...*Die willkürliche Entleibung seiner selbst*... (N. T.)

172. Não há na sequência um "b". (N. T.)

Parece absurdo dizer que um ser humano pudesse lesar a si mesmo (*volenti non fit iniuria*). Daí o estoico pensar ser uma prerrogativa de sua personalidade (do sábio) o deixar a vida segundo o seu critério (como de um aposento repleto de fumaça), com serenidade de alma, livre da pressão de males presentes e antecipados, pelo fato de não poder ser mais útil na vida.[173] Mas deveria ter havido nessa própria coragem, nessa força de alma de não temer a morte e conhecer algo a que um ser humano pode atribuir um valor ainda mais elevado do que ao da sua vida, um motivo ainda mais forte para ele não destruir a si mesmo, um ser dotado de autoridade tão poderosa sobre os mais intensos estímulos sensíveis, a ponto de não se privar da vida.

Um ser humano não pode renunciar à sua personalidade enquanto for um sujeito do dever e, por conseguinte, enquanto viver; e constitui uma contradição que devesse estar autorizado a esquivar-se de toda obrigação, isto é, agir livremente como se nenhuma autorização fosse necessária a essa ação. Aniquilar o sujeito da moralidade na própria pessoa é erradicar a existência da moralidade mesma do mundo, o máximo possível, ainda que a moralidade seja um fim em si mesma. Consequentemente, dispor de si mesmo como um mero meio para algum fim discricionário é rebaixar a humanidade na própria pessoa (*homo noumenon*), à qual o ser humano (*homo phaenomenon*) foi, todavia, confiado para preservação.

Privar-se de uma parte ou órgão íntegro (mutilar-se) – por exemplo, ceder ou vender um dente para o transplante na boca de outrem, ou ver-se castrado a fim de obter um meio de vida mais fácil como cantor, e assim por diante – é uma forma de matar a si mesmo parcialmente. Contudo, ter um órgão sem vida ou enfermo amputado, quando este põe em risco a própria vida, ou ter alguma coisa cortada que constitui parte, mas não órgão do corpo, por exemplo, o próprio cabelo, não pode ser tido como crime contra a própria pessoa – ainda que cortar o próprio cabelo com o fito de vendê-lo não seja inteiramente isento de culpa.

Questões casuísticas

É *assassinato de si mesmo* lançar-se a uma morte certa (como Cúrcio), com o propósito de salvar a pátria?... Ou deve o martírio deliberado, em sacrifício de si mesmo pelo bem de toda a humanidade, também ser considerado um ato de heroísmo?

173. O fundador da escola estoica, Zenão de Cítio, bem como o seu sucessor, Cleanto de Assos, em coerência com os próprios princípios estoicos, voluntariamente puseram fim à vida, o primeiro aos 72 anos e o segundo aos 71. (N. T.)

É permitido antecipar pelo suicídio a sentença de morte injusta do governante – mesmo se o governante o permitir (como fez Nero com Sêneca)?[174] Pode um grande rei recentemente morto[175] ser acusado de uma intenção criminosa por carregar consigo um veneno de ação rápida, presumivelmente para o caso de, se capturado quando conduzisse suas tropas ao campo de batalha, pudesse não ser forçado a assentir às condições de resgate prejudiciais ao seu Estado? Isto porque se pode atribuir esse objetivo a ele sem ter de presumir que por trás disso apresentava-se o mero orgulho.

Um ser humano que fora mordido por um cachorro louco já sentia a iminência da hidrofobia. Explicou numa carta que deixou que, uma vez que sabia ser a doença incurável, dava cabo da vida a fim de não causar mal a outros também em sua loucura (cujo acesso ele já sentia). Ele agiu errado?

Qualquer um que se decida a ser vacinado contra a varíola coloca sua vida em risco,[176] embora o faça visando a preservar sua vida; e, na medida em que ele mesmo causa a doença que põe em perigo sua vida, encontra-se numa situação extremamente mais dúbia no que concerne à lei do dever, do que o marinheiro que, ao menos, não provoca a tempestade com a qual se envolve. É então a inoculação da varíola permitida?

Artigo II
Da degradação de si mesmo pela concupiscência

§ 7

Tal como o amor pela vida está destinado por força da natureza a preservar a pessoa, o amor sexual está destinado pela natureza a preservar a espécie; em outras palavras, cada um deles constitui um *fim natural*, pelo que se entende aquela conexão de uma causa com um efeito na qual, embora nenhum entendimento seja atribuído à causa, ela é concebida, ainda assim, por analogia com uma causa inteligente, e, assim, como se produzisse seres humanos propositalmente. O que se debate agora é se o uso que uma pessoa faz de sua capacidade sexual está sujeito a uma lei de dever limitativa relativamente à

174. Sêneca também era um estoico. (N. T.)

175. Frederico II, o Grande (1712-1786), rei da Prússia. (N. T.)

176. A vacina antivariólica (também conhecida como vacina de Jenner [*Edward Jenner* (1749-1823) foi o médico inglês que descobriu o princípio da vacinação] é produzida a partir de uma suspensão glicerinada com base no exsudato de vesículas da *varíola que acomete as vacas,* obtida de bezerros ou carneiros sadios que foram vacinados. Assim, o indivíduo humano vacinado pode tanto obter a imunidade desejada contra a varíola quanto a própria varíola... (N. T.)

própria pessoa ou se esta está autorizada a dirigir o uso de seus atributos sexuais ao mero prazer animal, sem ter em vista a preservação da espécie, e não estaria com isso agindo contrariamente a um dever para consigo mesma. Na doutrina do direito foi demonstrado que o ser humano não pode fazer uso de *uma outra* pessoa a fim de lograr esse prazer independentemente de uma limitação especial contida num contrato que estabeleça o direito, e pelo qual duas pessoas se obrigam mutuamente. Mas a questão aqui é se o ser humano está sujeito a um dever para consigo mesmo no tocante a esse prazer, cuja violação é uma *degradação* (não meramente um rebaixamento) da humanidade em sua própria pessoa. O ímpeto para esse prazer é chamado de desejo carnal (ou simplesmente concupiscência). O vício por ela engendrado é chamado de luxúria; a virtude relativamente a esse impulso sensual é chamada de pudicícia, que deve ser representada aqui como um dever do ser humano consigo mesmo. A concupiscência é classificada como *não natural* caso se seja despertado para ela não por um objeto real, mas pela imaginação, de modo que o próprio indivíduo cria um objeto que é contrário ao propósito natural; pois desta maneira a imaginação produz um desejo contrário ao fim da natureza, e realmente um fim ainda mais importante do que aquele do próprio amor à vida, uma vez que colima a preservação de toda a espécie e não apenas a do indivíduo.

Que um tal uso não natural (e, assim, abuso) do próprio atributo sexual constitui uma violação do dever *para consigo mesmo*, e efetivamente uma violação contrária à moralidade em seu mais elevado grau, a todos ocorre de imediato ante a sua ideia e incita a uma aversão diante dessa ideia a um tal ponto que é tido como indecente mesmo chamar esse vício pelo seu próprio nome.[177] Isto não ocorre com o suicídio, o qual não se hesita minimamente em exibir perante os olhos do mundo em todo o seu horror (numa *species facti*).[178] No caso do vício não natural, é como se o ser humano em geral se sentisse envergonhado de ser capaz de tratar sua própria pessoa de uma tal forma que o faz descer abaixo dos animais, de sorte que quando mesmo a união corporal permitida dos sexos no casamento (uma união que é em si mesma tão só uma união animal) é para ser mencionada numa sociedade educada, isto enseja e requer muito tato no sentido de jogar um véu sobre aquilo.

Mas não é tão fácil produzir uma prova racional de que o uso não natural, e até mesmo meramente inútil, do próprio atributo sexual seja inadmissível,

---

177. Presume-se que Kant se refere à masturbação, que, como a sodomia e a pederastia (práticas sexuais contra a natureza), era um *tabu* na sexualmente repressiva e quase puritana sociedade prussiana de seu tempo. (N. T.)
178. *Species facti* é a soma completa de todos os aspectos de uma ação ou ato que são essencialmente pertinentes à imputabilidade dessa ação ou ato. (N. T.)

sendo uma violação do dever para consigo mesmo (e, de fato, no que concerne ao seu uso não natural, uma violação no mais alto grau). O fundamento da prova é, na verdade, que através dessa violação o ser humano abre mão de sua personalidade (descartando-a), posto que ele usa a si mesmo meramente como um meio de satisfação de um impulso animal. Entretanto, isso não explica o elevado grau de violação da humanidade na própria pessoa de alguém por tal vício em sua não naturalidade, que parece do ponto de vista de sua forma (a disposição que envolve) exceder, inclusive, o suicídio. Consiste, então, no seguinte: que alguém que desafiadoramente se livra da vida como de um fardo não está, ao menos, capitulando debilmente ante o impulso animal num desprezo de si mesmo; o suicídio requer coragem, e nessa disposição existe ainda sempre espaço para o respeito pela humanidade na própria pessoa de alguém. A concupiscência não natural, porém, que é a completa entrega de si mesmo à inclinação animal, faz do ser humano não só um objeto de gozo como, adicionalmente, uma coisa que é contrária à natureza, isto é, um objeto *repugnante*, e assim o priva de todo respeito por si mesmo.

Questões casuísticas

A meta da natureza na coabitação dos sexos é a procriação, isto é, a preservação da espécie. Consequentemente, não se pode, ao menos, atuar contrariamente a esta meta. Mas é permitido engajar-se nesta prática (mesmo dentro do casamento) *sem levar essa meta em consideração?*

Se, por exemplo, a mulher é fértil ou estéril (devido à idade ou enfermidade), ou se ela não experimenta desejo para manter relações sexuais, não é contrário à meta da natureza, e, assim, também contrário ao dever de cada um para consigo mesmo, para um ou os outros, fazer uso de seus atributos sexuais – tal como na concupiscência não natural? Ou há, neste caso, uma lei facultativa de razão moralmente prática, que na colisão de seus fundamentos determinantes torna permitida alguma coisa que é em si mesma não permitida (indulgentemente, por assim dizer), a fim de prevenir uma violação ainda maior? A que ponto pode a limitação de uma lata obrigação ser atribuída ao *purismo* (um pedantismo relativo ao cumprimento do dever no que concerne à largueza da obrigação), e ser permitida uma folga à inclinação animal ao risco de se abandonar a lei da razão?

A inclinação sexual é também chamada de *amor* (no mais estrito sentido da palavra) e é, de fato, o mais intenso prazer dos sentidos possível num objeto. Não é simplesmente prazer sensível, como em objetos que são agradáveis na mera reflexão sobre eles (receptividade ao que é chamado de gosto). É, ao contrário, prazer proveniente do *gozo* de uma outra pessoa, que, portanto, pertence à *facul-*

dade do desejo e, efetivamente, no seu mais alto estágio, *paixão*. Mas não pode ser classificado seja ao lado do amor que é regozijo, seja ao lado do amor-benevolência (uma vez que esses dois, ao contrário, detêm as pessoas do gozo carnal). Trata-se de um tipo singular de prazer (*sui generis*), e este ardor nada tem em comum com o amor moral propriamente dito, embora possa unir-se estreitamente com este no âmbito das limitativas condições de razão prática.

Artigo III
Do entorpecer-se através do uso excessivo de alimento ou bebida

§ 8

Neste caso, a razão para considerar esse tipo de excesso um vício não é o dano ou sofrimento físico (doenças) que um ser humano causa a si mesmo através dele, pois então o princípio pelo qual deve ser contrariado seria aquele do bem-estar e do conforto (e, assim, da felicidade), e um tal princípio é capaz de estabelecer apenas uma regra de prudência e jamais um dever – ao menos não um dever direto.

O excesso animalesco no uso do alimento e da bebida constitui um abuso dos recursos de nutrição que restringe ou exaure nossa faculdade de usá-los inteligentemente. A *embriaguez* e a *glutonice* são os vícios que se enquadram nesse título. Um ser humano embriagado se assemelha a um mero animal que não é para ser tratado como um ser humano. Quando empanturrado com comida, encontra-se numa condição em que está incapacitado, durante um certo tempo, para produzir ações que dele exigiriam o uso de seus poderes com habilidade e deliberação. É óbvio que se reduzir a um tal estado viola um dever para consigo mesmo. O primeiro desses rebaixamentos, abaixo até mesmo da natureza de um animal, é geralmente ocasionado por bebidas fermentadas, mas pode resultar também de outros narcóticos, tais como o ópio e outros produtos vegetais. Estes são sedutores porque sob sua influência as pessoas sonham por algum tempo que estão felizes e livres das preocupações, e até mesmo imaginam que são fortes; mas a sequência é preenchida pela depressão e pela debilidade, e, o pior de tudo, estas criam a necessidade de se utilizar novamente os narcóticos e mesmo de aumentar a sua quantidade. A glutonice é ainda mais baixa do que o gozo animal dos sentidos, uma vez que se limita a aquietar os sentidos dentro de uma condição passiva e, diferentemente da embriaguez, nem sequer estimula a imaginação para um jogo ativo de representações, com o que aproxima o ser humano ainda mais estreitamente do prazer do gado.

Não se poderia, ao menos, justificar – se não elogiar – um uso de vinho vizinho à intoxicação, uma vez que ele aviva a manutenção do grupo e, ao produzir isso, faz com que os membros deste discursem mais livremente? Ou não se poderia até mesmo conceder-lhe o mérito de promover o que Horácio[179] louva em Catão: *virtus eius incaluit mero*?[180] O uso do ópio e da aguardente, em busca de prazer, corre maior risco de ser um ato vil do que o uso do vinho, visto que tornam o usuário silencioso, reticente e retraído, devido à euforia onírica a que induzem, o que, portanto, os faz permitidos somente como medicamentos. Mas quem pode determinar a *medida* para alguém que está absolutamente pronto para passar a um estado no qual deixa de ter visão aguda para *medir*? O Islã, que proíbe terminantemente o vinho, fez assim uma péssima escolha ao permitir que o ópio tomasse o seu lugar.

A despeito de um banquete constituir um convite formal ao excesso no que toca tanto ao alimento quanto à bebida, existe nele, ainda assim, algo que visa a um fim moral, além do mero bem-estar físico: faz com que muitas pessoas se reúnam por um longo tempo para se dedicarem ao diálogo. E, todavia, o próprio número de convidados (se, como diz Chesterfield,[181] excede o número das musas)[182] permite somente pouco diálogo (entre aqueles sentados lado a lado); e, assim, essa organização está em divergência com aquele fim, enquanto o banquete persiste sendo uma tentação para algo imoral, nomeadamente a *intemperança*, que é uma violação do dever para consigo mesmo – sem mencionar o dano físico causado pelo abuso, que pode, talvez, ser curado por um médico. Até onde vai a autorização moral de cada um para a aceitação desses convites à intemperança?

Capítulo II
O dever de um ser humano consigo mesmo meramente como um ser moral

Este dever se opõe aos vícios da *mentira*, *avareza* e *falsa humildade* (servilismo).

179. Na primeira edição lemos Seneca (Lucius Annaeus, 4? a.C.-65 d.C.), filósofo estoico romano, ministro e assessor do imperador Nero. Horácio (Quintus Horatius Flaccus, 65-8 a.C.). (N. T.)
180. Sua virtude era inflamada pelo vinho puro. (N. T.)
181. Conde de Chesterfield (Philip Dormer Stanhope, 1694-1773), escritor e político inglês. (N. T.)
182. Nove. (N. T.)

§ 9

A maior violação do dever de um ser humano consigo mesmo, considerado meramente como um ser moral (a humanidade em sua própria pessoa), é o contrário da veracidade, a *mentira* (*alliud lingua promptum, alliud pectore inclusum gerere*).[183] Na doutrina do direito, uma inverdade intencional é chamada de mentira somente se violar o direito de outrem; mas na ética, onde nenhuma autorização é derivada da inocuidade, fica claro de *per si* que nenhuma inverdade intencional na manifestação dos pensamentos de alguém pode eximir-se dessa áspera denominação, pois a desonra (sendo um objeto de desprezo moral) que acompanha uma mentira também acompanha um mentiroso, como sua sombra. A mentira pode ser externa (*mendacium externum*) ou, inclusive, interna. Através de uma mentira externa um ser humano faz de si mesmo um objeto de desprezo aos olhos dos outros; através de uma mentira interna ele realiza o que é ainda pior: torna a si mesmo desprezível aos seus próprios olhos e viola a dignidade da humanidade em sua própria pessoa. E, assim, uma vez que o dano que pode atingir outros a partir da mentira não é o que distingue esse vício (pois, se fosse, o vício consistiria apenas em violar o dever de cada um para com os outros), esse dano não é considerado aqui. Tampouco é o dano que um mentiroso causa a si mesmo, pois então uma mentira, como um mero erro em matéria de prudência, entraria em conflito com a máxima pragmática, não com a máxima moral, e não poderia ser considerada de modo algum uma violação do dever. Pela mentira um ser humano descarta e, por assim dizer, aniquila sua dignidade como ser humano. Um ser humano que não crê ele próprio no que diz a outro (mesmo que o outro seja uma pessoa simplesmente ideal) tem mesmo menos valor do que se fosse uma mera coisa; pois uma coisa, por ser algo real e dado, possui a propriedade de ser útil, de maneira que um outro pode destiná-la a algum uso. Mas a comunicação dos próprios pensamentos a alguém através de palavras que, entretanto (intencionalmente), contêm o contrário daquilo que pensa o discursador sobre o assunto constitui um fim diretamente oposto ao natural propósito da faculdade do discursador de comunicar seus pensamentos, e, constitui, assim, uma renúncia da parte do discursador à sua personalidade, e um tal discursador é uma mera aparência enganosa de um ser humano, não um ser humano

183. Kant cita Salústio (*Guerra contra Catilina*): ter uma coisa calada no coração e uma outra pronta na língua. (N. T.)

ele próprio. A *veracidade* nas nossas declarações é também chamada de *honestidade* e, se as declarações constituem promessas, *sinceridade*; mas, mais geralmente, a veracidade é chamada de *retidão*.

A mentira (no sentido ético da palavra), a inverdade intencional em geral, não necessita ser *prejudicial* aos outros para ser repudiada, pois seria então uma violação dos direitos dos outros. É possível que seja praticada meramente por frivolidade ou mesmo por bondade; aquele que fala pode, até mesmo, pretender atingir um fim realmente benéfico por meio dela. Mas esta maneira de perseguir este fim é, por sua simples forma, um crime de um ser humano contra sua própria pessoa e uma indignidade que deve torná-lo desprezível aos seus próprios olhos.

É fácil demonstrar que o ser humano é efetivamente culpado de muitas mentiras *internas;* porém, parece mais difícil explicar como são possíveis, pois uma mentira requer uma segunda pessoa que se pretende enganar, ao passo que enganar a si mesmo propositalmente parece encerrar uma contradição.

O ser humano, como ser moral (*homo noumenon*), não pode utilizar a si mesmo como um ser natural (*homo phaenomenon*) na qualidade de mero meio (uma máquina falante), como se seu ser natural não estivesse vinculado ao fim interior (de comunicar pensamentos), mas está vinculado à condição de utilizar a si mesmo como um ser natural em acordo com a declaração (*declaratio*) de seu ser moral e se encontra obrigado para consigo mesmo à *veracidade*. Alguém diz uma mentira interna, por exemplo, se professa a crença num futuro juiz do mundo, embora não descubra realmente tal crença no seu íntimo, mas persuade a si mesmo que não faria mal algum e poderia ser, até, útil professar em seus pensamentos a alguém que sonda corações uma crença em tal juiz, a fim de conquistar seu favorecimento, caso devesse ele existir. Alguém também mente se, não tendo qualquer dúvida sobre a existência desse futuro juiz, ainda assim lisonjeia a si mesmo de que intimamente reverencia sua lei, embora o único estímulo que experimenta seja o medo da punição.

A insinceridade é mera falta de *escrupulosidade*, isto é, de pureza no que professamos ante o nosso juiz interior, que é concebido como uma outra pessoa quando a escrupulosidade é tomada com absoluto rigor; então, se alguém, a partir do amor-próprio, toma um desejo pela ação porque tem um fim realmente benéfico em mente, sua mentira externa, embora seja efetivamente contrária ao seu dever para consigo mesmo, ganha o nome de *fraqueza*, como quando o desejo de um amante de encontrar apenas boas qualidades na sua amada o deixa cego para os óbvios defeitos dela. Mas tal insinceridade em suas declarações, que um ser humano perpetua sobre si mesmo, ainda merece a mais severa censura, uma vez que provém de mácula tão abjeta (a falsidade, que parece estar arraigada na própria natureza humana) que o mal da inveracidade[184] se dissemina em suas relações com outros seres humanos também, posto que o mais elevado princípio da veracidade foi violado.

Observação

É de se notar que a *Bíblia* situa o primeiro crime, através do qual o mal ingressou no mundo, não a partir do *fratricídio* (de Caim) mas a partir da primeira *mentira* (pois até mesmo a natureza se ergue contra o fratricídio) e classifica o autor de todo o mal como um mentiroso desde o início e como o pai das mentiras. Entretanto, a razão não pode atribuir nenhum outro fundamento à propensão humana para a *hipocrisia* (*esprit fourbe*), embora essa propensão deva ter estado presente antes da mentira, pois um ato de liberdade não pode (como um efeito natural) ser deduzido e explicado de acordo com a lei natural da conexão dos efeitos com suas causas, todas as quais são aparências.

Questões casuísticas

Pode uma inverdade por mera delicadeza (por exemplo, o "teu obediente servo" no fim de uma carta) ser considerada uma mentira? Ninguém é enganado por isso. Um autor pergunta a um dos seus leitores: "O que achou de minha obra?". Poderia parecer meramente que se dá uma resposta gracejando quanto à impropriedade de uma tal pergunta. Mas quem tem seu dito espirituoso sempre pronto? O autor considerará a menor hesitação para responder um insulto. Pode, então, alguém dizer o que dele se espera?

Se digo alguma coisa não verdadeira em assuntos mais sérios, relacionados com o que é meu ou teu, terei de responder por todas as consequências que poderia ter? Por exemplo, um dono de casa ordena ao seu criado que diga "ele não está em casa", se um certo indivíduo perguntar por ele. O criado assim procede e, como resultado, seu senhor sai furtivamente de casa e comete um grave crime que, de outra maneira, teria sido impedido pelo policial enviado para prendê-lo. Quem (de acordo com princípios éticos) é culpado neste caso? Certamente também o criado, que violou um dever para consigo mesmo por meio de sua mentira, cujos resultados sua própria consciência lhe imputa.

184. A ideia é a mesma de falsidade, mentira, mas Kant utiliza o termo negativo (*Unwahrhaftigkeit*). (N. T.)

II - Da avareza

§ 10

Por avareza, neste contexto, não quero dizer *ganância* (a aquisição dos meios para viver bem, excedendo-se as verdadeiras necessidades), pois esta pode igualmente ser encarada como uma mera violação do próprio dever (de beneficência) para com os outros; também não quero dizer *mesquinhez*, que é chamada de sovinice ou pão-durice quando é vergonhosa, mas que ainda assim pode ser mera negligência quanto aos próprios deveres de amor com os outros. Refiro-me, ao contrário, à restrição *do próprio* gozo dos recursos do bem viver de modo tão estrito a ponto de deixar as próprias efetivas necessidades insatisfeitas. É realmente a esse tipo de avareza, que é contrário ao dever para consigo mesmo, que estou me referindo aqui.

Na reprovação desse vício, um exemplo pode mostrar claramente que é incorreto definir qualquer virtude ou vício em termos de mero *grau*, e ao mesmo tempo provar a inutilidade do princípio aristotélico segundo o qual a virtude consiste na mediania entre dois vícios.

Se considero a *boa administração das economias* como a mediania entre a prodigalidade e a avareza e suponho ser esta uma mediania referente ao grau, então um vício passaria ao vício oposto (*contrarie*) somente através da *virtude*, com o que esta seria simplesmente um vício reduzido, ou melhor, um vício desaparecido. O resultado, no caso presente, seria que o real dever de virtude consistiria em não fazer uso algum dos meios para bem viver.

Se nos compete distinguir um vício de uma virtude, a diferença a ser conhecida e explicada não é uma diferença no *grau* de prática das máximas morais, mas no princípio objetivo das máximas. A máxima da *ganância* (como prodigalidade) é obter e manter todos os meios para o bem viver *com a intenção de gozo*. A máxima da *mesquinhez*, por outro lado, é adquirir, bem como manter, todos os meios para o bem viver, mas *sem a intenção do gozo* (isto é, de tal forma que o fim de cada um é somente a posse, e não o gozo).

Por conseguinte, o traço distintivo desse último vício é o princípio de possuir meios para todos os tipos de fins, mas com a ressalva de não querer utilizá-los para si e, assim, privando-se dos confortos necessários ao gozo da vida; e isto contraria diretamente o dever para consigo mesmo no tocante ao fim.[185]

185. A proposição *não se deve fazer demasiado ou demasiado pouco de qualquer coisa* com efeito nada diz, posto que é uma tautologia. O que significa "fazer demasiado"? Resposta: fazer mais do que é bom. O que significa "fazer demasiado pouco"? Resposta: fazer menos do que é bom. O que significa dizer: "Eu *devo*

Consequentemente, a prodigalidade e a mesquinhez não são distinguidas entre si pelo grau; pelo contrário, são distinguidas especificamente por suas máximas opostas.

Questões casuísticas

O *egoísmo* (*solipsismus*) constitui a base tanto da ganância (insaciabilidade na aquisição da riqueza) que almeja o viver suntuoso, quanto da sovinice (ansiedade penosa em torno do esbanjamento); e é possível que pareça que ambas, a prodigalidade, bem como a mesquinhez, devam ser repudiadas meramente porque terminam em pobreza, embora no caso da prodigalidade este resultado seja inesperado e naquele da mesquinhez seja uma escolha (quer-se viver semelhantemente a alguém paupérrimo). E, assim, uma vez que nos restringimos aqui a falar do dever consigo mesmo, pode-se indagar se a prodigalidade ou a mesquinhez deveriam, afinal, ser qualificadas como vícios, ou se ambas não são mera imprudência e, deste modo, situadas completamente além dos limites do dever para consigo mesmo. Entretanto, a mesquinhez não é simplesmente parcimônia equivocada, mas sujeição servil de si mesmo aos bens

---

(fazer ou abster-se de alguma coisa)"? Resposta: que não é bom (que é contrário ao dever) fazer mais ou menos do que é bom. Se essa é a sabedoria em busca da qual deveríamos remontar aos antigos (Aristóteles), como àqueles que estavam mais próximos do manancial – *virtus consistit in medio, medium tenuere beati, est modus in rebus, sunt certi denique fines, quos ultra citraque nequit consistere rectum* (*) – então fizemos uma má escolha ao nos voltarmos ao seu oráculo. Entre a veracidade e a mentira (que são *contradictorie oppositis*) não há mediania (**); mas há realmente uma mediania entre a ingenuidade e a reticência (como *contrarie oppositis*), uma vez que aquele que declara seus pensamentos pode dizer somente o que é verdade sem dizer a *inteira verdade*. Ora, é bastante natural indagar ao mestre da virtude que indique essa mediania para mim. Mas isso ele não pode fazer, pois ambos os deveres de virtude apresentam uma folga em sua aplicação (*latitudinem*) e o julgamento pode decidir o que deve ser feito somente de acordo com regras de prudência (regras pragmáticas), não de acordo com regras de moralidade (regras morais). Em outras palavras, o que deve ser feito não pode ser decidido segundo a maneira do *estrito* dever (*officium strictum*), mas segundo a maneira do *lato* dever (*officium latum*). Por conseguinte, aquele que aquiesce aos princípios básicos da virtude pode, é verdade, cometer uma falta (*peccatum*) pondo esses princípios em prática, por fazer mais ou menos do que o prescrito pela prudência. Mas, na medida em que adere estritamente a estes princípios básicos, não pode praticar um *vício* (*vitium*), e o verso de Horácio, *insani sapiens nomen habeat; aequus iniqui, ultra quam satis est virtutem si petat ipsam* (*) é completamente falso se tomado literalmente. Com efeito, *sapiens* aqui significa apenas um homem *judicioso* (*prudens*), que não pensa fantasticamente na virtude em sua perfeição. Não se trata de um ideal que exija que alguém se aproxime deste fim sem atingi-lo completamente, uma vez que essa última exigência ultrapassa os poderes humanos e introduz uma ausência de sentido (fantasia) no princípio da virtude, pois realmente ser *demasiado virtuoso* – ou seja, ser excessivamente ligado ao próprio dever – seria quase equivalente a traçar um círculo demasiado redondo ou uma linha reta demasiado reta. [(*) Ver a tradução da citação de Horácio na nota 156. (N. T.)] [(**) Apesar da propriedade e força argumentativa da crítica kantiana à teoria aristotélica da mediania no seu ponto frágil, isto é, o critério da intensidade ou quantitativo da virtude, é de se ressalvar e ressaltar que Aristóteles não aplica a teoria da mediania ao que ele chama de *virtudes intelectuais*, quais sejam, a arte, o conhecimento científico, a sabedoria prática (prudência), a sabedoria filosófica e o entendimento. No início do capítulo 3 do Livro VI da *Ética a Nicômaco,* Aristóteles supõe que é através dessas cinco qualidades que a alma atinge a verdade por afirmação ou negação. (N. T.)]

que contribuem para a felicidade, o que é uma violação ao dever para consigo mesmo, visto que se deve ser o senhor deles. Opõe-se à *liberalidade* (*liberalitas moralis*) em geral [não à *generosidade (liberalitas sumptuosa)*, que é apenas uma aplicação desta a um caso especial], ou seja, oposta ao princípio de independência de tudo, exceto da lei, além de ser um caminho no qual o sujeito defrauda a si mesmo. Mas que espécie de lei é esta que o próprio legislador interno não sabe como aplicar? Devo eu economizar em comida ou apenas nos meus gastos com coisas externas? Na velhice ou já na juventude? Ou é a parcimônia em geral uma virtude?

III - Do servilismo

§ 11

No sistema da natureza, um ser humano (*homo phaenomenon, animal rationale*) é um ser de diminuta importância e partilha com o resto dos animais, como produto da terra, de um valor ordinário (*pretium vulgare*). A despeito de um ser humano ter, em seu entendimento, algo mais do que eles e poder estabelecer fins para si próprio, mesmo isto lhe confira apenas um valor *extrínseco* à sua utilidade (*pretium usus*), quer dizer, confira a um ser humano um valor superior do que a um outro, ou seja, um *preço* como de um artigo de uso em troca desses animais como coisas, embora ele ainda tenha um valor mais baixo do que o veículo universal de troca, o dinheiro, cujo valor pode, portanto, ser classificado como preeminente (*pretium eminens*).

Mas um ser humano considerado como uma *pessoa*, isto é, como o sujeito de uma razão moralmente prática, é guindado acima de qualquer preço, pois como pessoa (*homo noumenon*) não é para ser valorado meramente como um meio para o fim de outros ou mesmo para seus próprios fins, mas como um fim em si mesmo, isto é, ele possui uma *dignidade* (um valor interno absoluto) através do qual cobra *respeito* por si mesmo de todos os outros seres racionais do mundo. Pode avaliar a si mesmo conjuntamente a todos os outros seres desta espécie e valorar-se em pé de igualdade com eles.

A humanidade em sua pessoa é o objeto do respeito de sua parte exigível de todo outro ser humano, mas que ele, por sua vez, também não pode perder. Por conseguinte, ele pode e deve valorar-se tanto por um baixo padrão quanto por um alto padrão, dependendo de se vê a si mesmo como um ser dotado de sentidos (em termos de sua natureza animal) ou como um ser inteligível (em termos de sua predisposição moral). Uma vez que ele tem de considerar a si mesmo não apenas como uma pessoa em geral, como também como um *ser humano*, ou seja, como uma pessoa que tem deveres que lhe são impostos por sua própria razão, não é permissível que sua insignificância como um *animal humano* prejudique sua consciência de sua dignidade como um *ser humano racional*, e ele não deve rejeitar a autoestima moral de tal ser, ou seja, deve perseguir seu fim, que é em si mesmo um dever, não de maneira abjeta, não com disposição servil (*animo servili*), como se buscasse um favor, não negando sua dignidade, mas sempre com consciência de sua predisposição moral sublime (que já está contida no conceito de virtude). E esta *autoestima* é um dever do ser humano para consigo mesmo.

A consciência e sentimento da insignificância do próprio valor moral *comparativamente à lei* é a *humildade* (*humilitas moralis*). Uma convicção da grandeza do próprio valor moral, mas tão só por deixar de compará-la com a lei, pode ser chamada de *altivez moral* (*arrogantia moralis*). Renunciar a qualquer pretensão ao valor moral em si próprio, na crença de que com isso se adquirirá um valor emprestado, é *servilismo moralmente falso* (*humilitas spuria*).

A *humildade* em comparar-se com outros seres humanos (e, na verdade, com qualquer ser finito, mesmo um serafim) não é dever; pelo contrário, tentar igualar ou superar outros nesse aspecto, na crença de que desta forma se obterá um valor interior ainda maior, é *ambição* (*ambitio*), a qual é diretamente contrária ao nosso dever para com os outros. Mas diminuir o próprio valor moral meramente como um meio de conquistar o favor de outrem, seja quem for (hipocrisia e bajulação)[186] é falsa (mentirosa) humildade, a qual é contrária ao dever para consigo mesmo, visto que degrada a própria personalidade.

A verdadeira humildade resulta inevitavelmente de nossa sincera e exata comparação de nós mesmos com a lei moral (sua santidade e rigor). Mas de nossa capacidade de legislação interna e do ser humano (natural) se sentir ele mesmo compelido a reverenciar o ser humano (moral) dentro de sua própria pessoa, simultaneamente surge *exaltação* e mais elevada autoestima, o sentimento de seu valor interior (*valor*), do ponto de vista do qual ele está acima de qualquer preço (*pretium*) e possui uma dignidade inalienável (*dignitas interna*), que nele instila respeito por si mesmo (*reverentia*).

§ 12

Este dever com referência à dignidade da humanidade dentro de nós, e assim para conosco, pode ser reconhecido, mais ou menos, nos exemplos da sequência.

186. *Heucheln* – propriamente *häuchlen* (dissimular, mascarar, fingir) – parece derivar de *Hauch* (sopro, hálito), um respirar lamentoso que interrompe o próprio discurso (um suspiro). *Schmeichlen* (bajular) parece originar-se de *Schmiegen* (dobrar, curvar) que, na qualidade de hábito é denominado *Schmiegeln* (servilismo, adulação) e finalmente, no alto alemão, *Schmeicheln*.

Não sejas o lacaio de homem algum. Não permitas que os outros pisem impunemente sobre teus direitos. Não contraias nenhuma dívida para a qual não possas dar plena garantia. Não aceita favores que possas dispensar e não sejas um parasita ou um bajulador ou (o que de fato só se diferencia destes quantitativamente) um mendigo. Sejas parcimonioso, então, para que não te tornes no futuro um necessitado. Queixas e lamentos, mesmo o pranto em meio a dores físicas, são indignos de ti, especialmente se estás consciente de tê-las merecido; assim, a morte de um criminoso pode ser enobrecedora (sua ignomínia afastada) pelo espírito resoluto com que ele morre. Ajoelhar-se ou prostrar-se no chão, mesmo a fim de exibir tua veneração pelos objetos celestiais, é contrário à dignidade da humanidade, como o é invocá-los sob a forma de imagens reais, pois neste caso te humilhas não diante de um *ideal* representado a ti por tua própria razão, mas diante de um *ídolo* de tua própria lavra.

Questões casuísticas

Não é o sentimento do ser humano por sua sublime vocação, ou seja, sua *exaltação de espírito* (*elatio animi*) ou estima por si mesmo, tão intimamente aparentada ao orgulho (*arrogantia*), o próprio oposto da verdadeira humildade (*humilitas moralis*), que seria aconselhável cultivar a humildade mesmo na comparação de nós mesmos com outros seres humanos e não apenas com a lei? Ou esse tipo de autoabnegação não fortaleceria, ao contrário, o veredito de outros sobre nós ao ponto do desprezo de nossa pessoa, de sorte que seria contrário ao nosso dever (ou respeito) a nós mesmos? Curvar-se e prostrar-se ante um ser humano parece em quaisquer casos ser indigno de um ser humano.

Tributos preferenciais de respeito nas palavras e maneiras mesmo àqueles que não possuem autoridade civil – vênias, mesuras (cumprimentos) e frases corteses que marcam com máxima precisão toda distinção de posição, algo totalmente diferente da cortesia (a qual é necessária mesmo para aqueles que se respeitam entre si em termos de igualdade) – o *Du*, *Er*, *Ihr* e *Sie* ou *Ew. Wohledeln*, *Hochedeln*, *Hochedelgeborenen*, *Wohlgeborenen*[187] *(ohe, iam satis est!)*[188] como formas de dirigir-se às pessoas, um pedantismo no qual os alemães parecem superar qualquer outro povo no mundo (possivelmente

187. Tu, ele, vós (polido, plural e singular) ou justa nobreza, nobre alteza, nobreza de ilustre nascimento, bem nascido (Kant se refere aos pronomes de tratamento em geral, especialmente àqueles utilizados com os membros da nobreza e também às expressões com as quais os nobres são geralmente qualificados). (N. T.)

188. Para, é o suficiente! (Horácio, *Sátiras*). (N. T.)

com a exceção das castas da Índia): não prova tudo isso a existência de uma difundida propensão ao servilismo nos seres humanos? (*Hae nugae in seria ducunt.*).[189] Mas aquele que faz de si mesmo um verme não pode queixar-se depois se as pessoas sobre ele pisam.

Seção I
Do dever de um ser humano consigo mesmo como seu próprio juiz inato

§ 13

Todo conceito de dever envolve constrangimento objetivo através de uma lei (um imperativo moral que limita nossa liberdade) e pertence ao entendimento prático, o qual fornece uma regra. Mas a imputação interna de um feito, na qualidade de um caso que se enquadra numa lei (*in meritum aut demeritum)* pertence à *faculdade do juízo* (*iudicium*) que, como o princípio subjetivo de imputação de uma ação, julga com força jurídica se a ação, como um feito (uma ação se sujeitando a uma lei), ocorreu ou não. A ela se segue a conclusão da *razão* (a sentença), ou seja, a conexão do resultado jurídico com a ação (condenação ou absolvição). Tudo isso tem lugar ante um *foro* (*coram iudicio*) que, como uma pessoa moral dando efeito à lei, é chamado de *corte* (*forum*). A percepção[190] de um *foro íntimo*[191] no ser humano ("perante o qual seus pensamentos se acusam ou se escusam entre si") é a *consciência.*

Todo ser humano tem uma consciência e se vê observado, ameaçado e, em geral, conservado no assombro (respeito associado ao medo) por um juiz íntimo, e esta autoridade, vigilante da lei dentro dele, não é algo que ele próprio (voluntariamente) *produz*, mas algo incorporado em seu ser. Acompanha-o como sua sombra quando ele planeja escapar. Ele pode, realmente, atordoar-se ou reduzir-se ao sono por força de prazeres e distrações, mas não consegue voltar a si ou despertar de tempos a tempos; e, quando o faz, ouve imediatamente aquela voz terrível. Ele pode, no máximo, na extrema abjeção, conseguir não dar mais atenção a ela, mas não pode ainda deixar de *ouvi-la.*

189. Essas ninharias conduzem a coisas sérias. (N. T.)

190. ... *Das Bewußtsein...*, *consciência* no sentido psicológico, intelectivo e gnosiológico, conceito amplo que compreende o conceito restrito de *consciência* envolvendo moralidade e/ou juridicidade (*Gewissen*). (N. T.)

191. Literalmente *corte de justiça interna* (... *inneren Gerichtshofes...*). (N. T.)

Ora, essa predisposição original intelectual (uma vez que é o pensamento do dever) e moral chamada *consciência* é peculiar no fato de que, embora seu negócio seja um negócio de um ser humano consigo mesmo, alguém constrangido por sua razão vê a si mesmo constrangido a levá-la à frente pela intimação *de uma outra pessoa*, pois o negócio aqui é aquele de levar um *processo* (*causa*) ao tribunal. Mas pensar num ser humano que é *acusado* por sua consciência, como uma e a mesma pessoa que o juiz, é uma forma absurda de representar uma corte de justiça, visto que neste caso aquele que instaura o processo perderia sempre. Para todos os deveres a consciência de um ser humano, consequentemente, terá de cogitar de alguém que não seja ele próprio (isto é, distinto do ser humano em geral) como o juiz de suas ações, caso contrário a consciência terá de ser uma contradição consigo mesma. Este outro pode ser uma pessoa real ou uma pessoa meramente ideal que a razão cria por si mesma.[192]

Uma tal pessoa ideal (o juiz autorizado da consciência) tem de ser um perscrutador de corações, uma vez que a corte de justiça é instalada *no interior* do ser humano. Tem ele, contudo, também de *impor toda obrigação*, quer dizer, tem de ser ou ser concebido como uma pessoa em relação à qual quaisquer deveres devem ser considerados como também comandos, pois a consciência é o juiz interior de todas as ações livres. Ora, visto que um tal ser moral precisa também possuir todo o poder (no céu e na Terra) a fim de dar efeito às suas leis (como necessariamente requerido pela função de juiz) e visto que um tal ser moral independente é chamado de *Deus*, a consciência tem de ser pensada como o princípio subjetivo de ser responsável perante Deus por todas as nossas ações. Na verdade, esse último conceito se acha sempre encerrado (mesmo que apenas de uma forma obscura) na autopercepção moral da consciência.

Isto não significa dizer que um ser humano está autorizado, através da ideia à qual sua consciência inevitavelmente o conduz, a supor que um tal

---

192. Um ser humano que acusa e julga a si mesmo no âmbito da consciência tem de pensar numa personalidade dupla em si mesmo, um eu duplicado que, por outro lado, tem de permanecer trêmulo na barra de um tribunal que, não obstante seja confiada a ele, por outro lado administra ela mesma a função de juiz que ocupa por autoridade inata. Isso requer esclarecimento, se não se quer que a razão caia em contradição. Eu, o acusador e, todavia, também o acusado, sou o mesmo *ser humano* (*numero idem*). Mas o ser humano, como o sujeito da legislação moral que procede do conceito de liberdade, e em que ele está sujeito a uma lei que ele dá a si mesmo (*homo noumenon*), tem de ser considerado como um outro (*specie diversus*) a partir do ser humano como um ser sensível dotado de razão, ainda que apenas num sentido prático – pois não existe teoria sobre a relação causal do inteligível com o sensível – e essa diferença específica é a das faculdades (superiores e inferiores) do ser humano que o caracterizam. O primeiro é o acusador, contra o qual é concedido ao acusado um conselheiro legal (advogado). Encerrados os procedimentos, o juiz íntimo, como uma pessoa *detentora de poder*, pronuncia a sentença de felicidade ou desventura, a título de resultados morais do feito. Nossa razão não pode prosseguir seguindo o poder dele (como senhor do mundo) nessa função; só podemos reverenciar seu *iubeo* ou *veto* (*) incondicionais. [(*) *Eu comando* ou *eu proíbo*. (N. T.)]

ser supremo *realmente* existe fora de si mesmo – e menos ainda que ele seja *obrigado* por sua consciência a assim agir, pois a ideia não lhe é dada *objetivamente* pela razão teórica, porém somente *subjetivamente* pela razão prática, submetendo-se a si mesma à obrigação de agir em harmonia com essa ideia e através do uso da razão prática, mas *somente levando até o fim a analogia* com um legislador para todos os seres racionais do mundo aos seres humanos é simplesmente apontado o rumo do pensar na conscienciosidade (que também é denominada *religio*) como responsabilidade diante de um ser sagrado (a razão moralmente legisladora) distinto de nós e, no entanto, presente no âmago de nosso ser e de submeter-se à vontade desse ser, como a regra de justiça. O conceito de religião é aqui para nós somente "um princípio para estimativa de todos os nossos deveres como comandos divinos".

1. Num caso envolvendo consciência (*causa conscientiam tangens*), um ser humano pensa a consciência como o advertindo (*praemonens*) antes de tomar sua decisão. Em casos nos quais a consciência é o único juiz (*casibus conscientiae*), ser maximamente escrupuloso (*scrupulositas*) onde o conceito de dever (algo moral em si mesmo) está envolvido não pode ser considerado como distinção sutil (uma preocupação com detalhes triviais), nem pode uma efetiva violação ser considerada um pecadilho (*peccatillium*) e ser deixado para o aconselhamento de uma consciência que discursa à vontade (de acordo com o princípio *minima non curat praetor*).[193] Daí atribuir uma lata consciência a alguém resulta em classificá-lo como *inconsciente.*

2. Uma vez realizado o feito, o acusador primeiramente se apresenta em consciência, mas juntamente com ele se apresenta um *defensor* (advogado); e sua lide não pode ser estabelecida amistosamente (*per amicabilem compositionem*), devendo, ao contrário, ser decidida com todo o rigor do direito. E a sequência disso é...

3. A sentença da consciência ao ser humano, absolvendo-o ou condenando-o com força jurídica, o que conclui o caso. Deve observar-se que, quando a consciência o absolve, jamais pode decidir-se sobre uma recompensa (*praemium*), alguma coisa ganha que não lhe pertencia anteriormente, mas pode trazer consigo somente *regozijo* por ter escapado do perigo de ser julgado punível. Por conseguinte, a bênção encontrada no encorajamento confortante da própria consciência não é *positiva* (alegria), mas apenas *negativa* (alívio da ansiedade precedente), e isto exclusivamente é o que pode ser atribuído à virtude como uma luta contra a influência do princípio mau num ser humano.

---

193. O pretor não está preocupado com insignificâncias. (N. T.)

Seção II
Do primeiro comando de todos os deveres consigo mesmo

§ 14

O comando é *"conhece* (perscruta, sonda) *a ti mesmo"* não em termos de tua perfeição natural (tua aptidão ou inaptidão para todas as espécies de fins discricionários ou mesmo comandados), mas, ao contrário, em termos de tua perfeição moral em relação ao teu dever, isto é, conhece teu coração – se é bom ou mau, se a fonte de tuas ações é pura ou impura, e o que pode ser imputado a ti como pertencente originalmente à *substância* de um ser humano ou como derivado (adquirido ou desenvolvido) e pertencente à tua *condição* moral.

O conhecimento moral de si mesmo, que procura penetrar as profundezas (o abismo) do próprio coração, cuja sondagem é sumamente difícil, é o começo de toda sabedoria humana, pois, no caso de um ser humano, a sabedoria suprema, que consiste na harmonia da vontade de um ser humano com o propósito final desta, requer do ser humano primeiramente que remova o obstáculo interior (uma vontade má efetivamente nele presente) e, em seguida, desenvolva a predisposição original para uma boa vontade dentro dele, que jamais pode ser perdida. (Somente a descida ao inferno do autoconhecimento é capaz de pavimentar o caminho para a divinização.)

§ 15

Esse conhecimento moral de si mesmo principiará por afastar o desprezo fanático por si mesmo como um ser humano (por toda a raça humana), uma vez que isto se contradiz. É somente através da nobre predisposição ao bem em nós, o que torna o ser humano digno de respeito, que se pode considerar alguém que age contrariamente a ele desprezível (o ser humano ele mesmo, mas não a humanidade nele). Mas tal conhecimento também contrabalançará aquela autoestima *egotística* que toma meros desejos – desejos que, embora ardentes, permanecem sempre vazios de obras – por prova de um bom coração. (A *oração*, também, é apenas um desejo declarado intimamente perante alguém que conhece corações.) A imparcialidade na avaliação de si mesmo na comparação com a lei e a sinceridade em reconhecer para si mesmo o próprio valor moral interior ou a falta de valor são deveres para consigo mesmo que resultam diretamente desse primeiro comando para conhecer a si mesmo.

Seção episódica
Da anfibolia nos conceitos morais de reflexão, tomando o que é o dever de um ser humano consigo mesmo por um dever com outros seres

§ 16

Na medida do que pode ser julgado exclusivamente pela razão, um ser humano tem deveres somente para com seres humanos (ele próprio e outros) uma vez que seu dever com qualquer sujeito é constrangimento moral da vontade desse sujeito. Consequentemente, o sujeito constrangedor (que obriga) tem, em primeiro lugar, que ser uma pessoa, e esta pessoa tem, em segundo lugar, que ser dada como um objeto da experiência, posto que cabe ao ser humano se empenhar pelo fim da vontade dessa pessoa, e isso só pode ocorrer numa relação recíproca de dois seres que existem (pois um mero pensamento-entidade não pode ser *causa* de qualquer resultado em termos de fins). Mas, baseados em toda a nossa experiência, desconhecemos qualquer outro ser, salvo o ser humano, que fosse capaz de obrigação (ativa ou passiva). Um ser humano não pode, portanto, ter dever algum com quaisquer seres, além dos seres humanos; e, se ele pensa que tem tais deveres, é devido a uma *anfibolia* em seus conceitos de reflexão, e seu pretenso dever para com outros seres é apenas um dever para consigo mesmo. Um ser humano é levado a esta má interpretação por confundir seu dever *em consideração a* outros seres com um dever *para com* esses seres.

Esse suposto dever pode se referir a objetos distintos de pessoas ou a objetos que *são efetivamente pessoas*, porém pessoas completamente *imperceptíveis* (que não podem ser apresentadas aos sentidos exteriores). Os primeiros objetos (*não humanos*) podem ser mera matéria inorgânica (minerais) ou matéria organizada para reprodução, ainda que destituída de sensação (plantas), ou a parte da natureza dotada de sensação e escolha (animais). Os segundos objetos (*sobre-humanos*) são concebíveis como seres espirituais (anjos, Deus). Cumpre agora indagar se existe uma relação de dever entre seres humanos e seres desses dois tipos e qual relação existe entre eles.

§ 17

A propensão à destruição desregrada do que é belo na natureza inanimada (*spiritus destructionis*) se opõe ao dever de um ser humano para consigo mesmo, pois debilita ou desarraiga aquele sentimento no ser humano que, embora não seja de *per si* moral, é, não obstante, uma disposição de sensibilidade que fomenta grandemente a moralidade ou, ao menos, prepara o caminho para ela: a disposição, a saber, de amar alguma coisa (por exemplo, belas formações de cristais, a beleza indescritível das plantas), mesmo à parte de qualquer intenção de usá-la.

No que toca à parte animada, mas destituída de razão, da criação, o tratamento violento e cruel dos animais é muitíssimo mais estreitamente oposto ao dever de um ser humano para consigo mesmo e ele tem um dever de abster-se de tal prática, pois esta embota seu sentimento compartilhado do sofrimento deles, de modo a enfraquecer e gradualmente desarraigar uma predisposição natural que é muito útil à moralidade nas nossas relações com outros seres humanos. O ser humano está autorizado a matar animais rapidamente (sem produzir sofrimento) e submetê-los a um trabalho que não os force além de suas forças (trabalho ao qual ele mesmo deve submeter-se). Mas experimentos físicos que sejam dolorosos aos animais a serviço da mera especulação, quando o objetivo almejado poderia também ser atingido os dispensando, apresentam-se como abomináveis. Inclusive a gratidão ao longo serviço prestado por um velho cavalo ou um velho cão (tal como se fossem membros da comunidade doméstica) diz respeito *indiretamente* ao dever de um ser humano *em sua consideração* a esses animais; do prisma de um dever *direto*, todavia, é sempre somente um dever do ser humano *para consigo mesmo*.

§ 18

Acresça-se que temos um direito *em consideração ao que* reside inteiramente além dos limites de nossa experiência, mas cuja possibilidade é contemplada no âmbito de nossas ideias, por exemplo, a ideia de Deus; chama-se a isso de *dever religioso*, o dever "de reconhecer todos os nossos deveres *como* (*instar*) comandos divinos". Mas isso não é percepção de um dever para com *Deus*, pois esta ideia procede totalmente de nossa própria razão e nós mesmos a produzimos, seja com o intuito teórico de explicar a nós mesmos o propósito do universo como um todo, seja também com o intuito de servir como estímulo em nossa conduta. Consequentemente, não temos diante de nós nesta ideia um dado ser *a quem* estaríamos obrigados, pois neste caso sua realidade teria, primeiramente, de ser demonstrada (desvelada) através da experiência. Pelo contrário, trata-se de um dever de um ser humano consigo mesmo aplicar essa ideia, a qual se apresenta inevitavelmente à razão, à lei moral neste ser humano, onde é da maior fecundidade moral. Neste sentido (prático) pode-se, portanto, dizer que ter religião é um dever do ser humano para consigo mesmo.

LIVRO II

DEVERES CONSIGO MESMO

Dos deveres imperfeitos de um ser humano para consigo mesmo (relativamente ao fim de um ser humano)

Seção I

Do dever de um ser humano consigo mesmo de desenvolver e aumentar sua perfeição natural, isto é, visando a um propósito pragmático

§19

Um ser humano tem um dever para consigo mesmo de cultivar (*cultura*) seus poderes naturais (poderes do espírito, da alma e do corpo)[194] como meios para todos os tipos de fins possíveis. O ser humano *deve* a si mesmo (como um ser humano) não deixar ocioso e, por assim dizer, *enferrujando* as predisposições e faculdades naturais que sua razão pode algum dia usar. Mesmo supondo que pudesse estar satisfeito com a abrangência inata de suas capacidades para suas necessidades naturais, sua razão deve, primeiramente, mostrar-lhe através de princípios que essa acanhada abrangência de suas capacidades é satisfatória, porquanto na qualidade de um ser capaz de fins (de fazer de objetos seus fins), o ser humano tem de dever o uso de seus poderes não meramente ao instinto natural, mas à liberdade pela qual determina a abrangência deles. Por conseguinte, a base sobre a qual deveria desenvolver suas capacidades (para todas as modalidades de fins) não é o cuidado pelas *vantagens* que o cultivo delas pode produzir, pois a vantagem poderia (de acordo com os princípios de Rousseau) descambar para o lado de suas toscas necessidades naturais. Ao contrário, é um comando da razão moralmente prática de um *dever* de um ser humano para consigo mesmo cultivar suas capacidades (algumas entre elas mais do que outras, porquanto as pessoas têm fins distintos) e ser, de um ponto de vista pragmático, um ser humano igual ao fim de sua existência.

Os *poderes do espírito* são aqueles cujo exercício é possível apenas através da razão. São criativos na medida em que seu uso não é retirado da experiência, mas derivado *a priori* de princípios, da espécie encontrada na matemática, na lógica e na *metafísica da natureza*. Essas duas últimas também estão incluídas na filosofia, nomeadamente *filosofia teórica*, que, então, não significa *sabedoria*,

194. ... *Geistes-, Seelen-und Leibeskräfte*...: Kant distingue, do ponto de vista dos poderes naturais humanos, entre o *mental* (do espírito) e o *psíquico* (da alma). (N. T.)

como a própria palavra sugeriria, mas somente *ciência*. A filosofia teórica, contudo, pode contribuir para promover a meta da sabedoria.

Os *poderes da alma* são aqueles que estão à disposição do entendimento e da regra utilizada por este para realizar quaisquer propósitos que se poderia ter, e devido a isso a experiência é seu guia. Incluem a memória, a imaginação e similares, com base nos quais se pode construir o aprendizado, o gosto (o embelezamento interno e externo), e assim por diante, os quais suprem instrumentos para uma variedade de propósitos.

Finalmente, o cultivo dos *poderes do corpo* (ginástica em sentido estrito) corresponde a cuidar da *coisa básica* (a matéria) num ser humano, sem a qual ele não poderia realizar seus fins. Por conseguinte, o avigoramento contínuo e propositado do animal presente no ser humano constitui um fim deste que é um dever consigo mesmo.

§ 20

Qual dessas perfeições naturais deveria ter precedência e em qual proporção uma no confronto com a outra poderia ser o dever de um ser humano para consigo mesmo fazer delas o seu fim são matérias que cabem a ele eleger de acordo com sua própria reflexão racional em torno de que tipo de vida gostaria de trilhar e se possui os poderes necessários a ela (por exemplo, se deveria ser artes e ofícios, a atividade comercial ou o trabalho intelectual), pois muito distintamente da necessidade da própria subsistência, a qual por si mesma não pode estabelecer um dever, um ser humano tem um dever para consigo mesmo de ser um membro útil do mundo, uma vez que isso também diz respeito ao valor de humanidade em sua própria pessoa, que ele não *deve* aviltar.

Mas o dever de um ser humano para consigo mesmo no tocante à sua perfeição *natural* é apenas um dever lato e imperfeito, pois, a despeito de conter efetivamente uma lei para a máxima das ações, nada determina sobre o tipo e a extensão das próprias ações, permitindo, sim, uma folga para o livre-arbítrio.

Seção II
Do dever de um ser humano consigo mesmo de aumentar sua perfeição moral, isto é, somente com um propósito moral

§ 21

Em primeiro lugar, esta perfeição consiste subjetivamente na pureza (*puritas moralis*) de nossa disposição para o dever, especificamente na lei que é por si mesma com exclusividade o estímulo, mesmo sem a mistura de objetivos provenientes da sensibilidade e em ações sendo realizadas não apenas em conformidade *com* o dever, como também *a partir* do dever. Aqui o comando é "sê santo". Em segundo lugar, na medida em que tem a ver com o inteiro fim moral de alguém, essa perfeição consiste objetivamente em cumprir todos os próprios deveres e em atingir plenamente o próprio fim moral no tocante a si mesmo. Aqui o comando é "sê perfeito". Mas o esforço de um ser humano por esse fim permanece sempre somente como um progresso de *uma* perfeição para outra. "Se há qualquer virtude, e se há qualquer louvor, luta por ela."

§ 22

Este dever para consigo mesmo é um dever *estrito* e *perfeito* do ponto de vista de sua qualidade, mas é *lato* e *imperfeito* do ponto de vista de seu grau, devido à fraqueza (*fragilitas*) da natureza humana.

É o dever de um ser humano *lutar* por essa perfeição, mas não a *alcançar* (nesta vida), e sua conformação a esse dever pode, por conseguinte, consistir apenas no progresso contínuo. Portanto, embora esse dever seja efetivamente estrito e perfeito *relativamente* ao seu objeto (a ideia de que cada um deveria fazer o seu próprio fim ser concretizado), *relativamente* ao sujeito, trata-se apenas de um dever lato e imperfeito para consigo mesmo.

As profundezas do coração humano são insondáveis. Quem conhece a si mesmo suficientemente bem para dizer, ao sentir o estímulo para cumprir seu dever, se procede ele inteiramente da representação da lei ou se não há muitos outros impulsos sensíveis que com ele contribuem que contemplam a própria vantagem (ou o evitar o que é prejudicial) e que, em outras circunstâncias, poderia igualmente servir ao vício? Mas no que respeita à perfeição como um fim moral, é verdadeiro que em sua ideia (objetivamente) há somente *uma* virtude (como força moral das máximas de cada um); mas de fato (subjetivamente) há uma multidão de virtudes, constituídas de numerosas qualidades distintas, e seria provavelmente impossível não encontrar nela alguma falta de virtude, se quiséssemos procurar por ela (embora, em função dessas virtudes, tais qualidades distintas não sejam usualmente chamadas de vícios). Uma soma de virtudes, entretanto, tal que nosso conhecimento de nós mesmos jamais possa adequadamente nos informar se é completa ou deficiente, pode ser a base somente de um dever imperfeito de ser perfeito.

Todos os deveres para consigo mesmo no que respeita ao fim da humanidade em nossa própria pessoa são, portanto, apenas deveres imperfeitos.

Parte II – Dos deveres de virtude com os outros

Capítulo I
Dos deveres com os outros meramente como seres humanos

Seção I
Do dever de amor com outros seres humanos

Divisão

§ 23

A principal divisão pode ser aquela em *deveres com os outros, por cuja prestação submetes também os outros à obrigação,* e *deveres com os outros, cuja observância não resulta em obrigação da parte dos outros.* A prestação dos primeiros é meritória (em relação aos outros), porém a prestação dos segundos é cumprir um dever *que é devido.* O *amor* e o *respeito* são os sentimentos que acompanham a realização desses deveres. Podem ser considerados separadamente (cada um por si), como também podem existir separadamente (pode-se *amar* um semelhante ainda que ele possa merecer apenas pouco *respeito,* e pode-se manifestar o respeito necessário a todo ser humano, independentemente do fato de ele dificilmente ser considerado digno de amor). Entretanto, estão basicamente sempre unidos pela lei em um dever, com a ressalva de que de um tal modo que num momento um dever e noutro momento o outro constitui o princípio do sujeito, com o outro a ele ligado como acessório. Assim reconheceremos que é nossa obrigação ajudar alguém pobre, mas, considerando-se que o favor que prestamos implica o fato de seu bem-estar depender de nossa generosidade, o que o humilha, é nosso dever nos conduzirmos como se nossa ajuda fosse *ou* meramente o que lhe é devido *ou* simplesmente um diminuto serviço de amor, de sorte a poupá-lo da humilhação e conservar seu respeito por si mesmo.

§ 24

Ao nos referirmos às leis de dever (não leis da natureza) e, entre essas, às leis para as relações externas recíprocas dos seres humanos, consideramo-nos num mundo moral (inteligível) onde, por analogia com o mundo físico, a *atração* e a *repulsão* associam os seres racionais (sobre a Terra). O princípio de *amor mútuo* os admoesta constantemente *a se aproximarem* entre si; o do *respeito* que se devem uns pelos outros a se manterem *a uma certa distância* entre si – e, uma vez uma destas grandes forças morais falha, "então o nada (a imoralidade), com a goela escancarada, beberia todo o reino dos seres (morais) como uma gota d'água" (se me permitem usar as palavras de Haller, porém numa referência diversa).[195]

§ 25

Neste contexto, todavia, o *amor* não é para ser entendido como sentimento (*sensação*), isto é, como prazer na perfeição de outros seres humanos; o *amor* não é para ser entendido como *regozijo* neles (uma vez que os outros não podem submeter alguém à obrigação de ter sentimentos). Tem, ao contrário, de ser concebido como a *máxima* da *benevolência* (como prático), que resulta em *beneficência*.

O mesmo é válido quanto ao *respeito* a ser mostrado aos outros. Não é para ser entendido como o mero sentimento oriundo da comparação de nosso próprio *valor* com o de outrem (como uma criança sente meramente por força de hábito em relação aos seus pais, um aluno em relação ao seu professor, ou qualquer subordinado em relação ao seu superior). É, ao contrário, para ser entendido como a *máxima* da limitação de nossa autoestima pela dignidade da humanidade presente numa outra pessoa e, assim, como respeito no sentido prático (*observantia aliis praestanda*).

Ademais, um dever de livre respeito em relação aos outros é, a se expressar com rigor, tão só negativo (da não exaltação de si mesmo acima dos outros) e é assim análogo ao dever de direito de não usurpar o que pertence a quem quer que seja. Consequentemente, embora se trate de um mero dever de virtude, é considerado como *estrito* em comparação a um dever de amor e é esse último que é considerado um *lato* dever.

O dever de amor pelo próximo pode, por conseguinte, também ser expresso como o dever de fazer dos *fins* dos outros o meu próprio (desde, unicamente, que estes não sejam imorais). O dever de respeito por meu próximo está contido na máxima de não degradar nenhum outro ser humano, reduzindo-o a um mero meio para os meus fins (não exigir que outrem descarte a si mesmo para escravizar-se a favor de meu fim).

195. Do poema *Über die Ewigkeit* (*Sobre a eternidade*). (N. T.)

Realizando o dever de amor com alguém, submeto outro à obrigação; torno a mim mesmo merecedor a partir dele. Mas, ao observar um dever de respeito, submeto apenas a mim mesmo a uma obrigação; mantenho a mim mesmo dentro de meus próprios limites de maneira a não diminuir nada do valor que o outro, como um ser humano, está autorizado a creditar para si.

Do dever de amor em particular

§ 26

Posto que o amor aos seres humanos (filantropia) de que cogitamos aqui é amor prático e não o amor que é neles regozijo, é preciso ser tomado por benevolência ativa e, assim, como tendo a ver com a máxima das ações. Alguém que encontra satisfação no bem-estar (*salus*) de seres humanos considerados simplesmente como seres humanos, para quem *está bem* quando as coisas vão bem para todos os outros, é chamado de *amigo da humanidade* em geral (um filantropo). Alguém para o qual *está bem* somente quando as coisas vão mal para os outros é chamado de *inimigo da humanidade* (um misantropo em sentido prático). Alguém que é indiferente a como as coisas vão para os outros, desde que somente estejam bem para si mesmo, é *egoísta* (*solipsista*). Mas alguém que evita outros seres humanos porque não é capaz de encontrar satisfação no relacionamento com eles, ainda que realmente *deseje o bem* para todos eles, seria um *tímido* em relação a eles (*um misantropo do ponto de vista de sua sensibilidade*) e seu afastamento dos seres humanos poderia ser chamado de *antropofobia*.

§ 27

De acordo com a lei ética da perfeição, "ama ao teu próximo como a ti mesmo", a máxima de benevolência (amor prático aos seres humanos) constitui um dever de todos os seres humanos no seu relacionamento mútuo, quer os achemos ou não dignos de amor, pois toda relação moralmente prática com os seres humanos é uma relação entre eles representada pela razão pura, ou seja, uma relação de ações livres em conformidade com máximas que são qualificadas para a produção de uma lei universal e, portanto, não podem ser egoístas (*ex solipsismo prodeuntes*). Quero que todos os demais sejam benevolentes comigo (*benevolentiam*) –, consequentemente, devo também ser benevolente com todos os demais. Mas, posto que todos os *demais*, exceto eu mesmo, não seriam *todos*, de sorte que a máxima não encerraria em si a universalidade de uma lei, que é ainda necessária para impor obrigação, a lei que faz da benevolência um dever incluirá a mim mesmo, na qualidade de um objeto de benevolência, no comando da razão prática. Isto não significa que em função disso me encontro submetido à obrigação de amar a mim mesmo (pois isto ocorre inevitavelmente à parte de qualquer comando, de modo que não há para tal nenhuma obrigação); significa, ao invés, que a razão legisladora, a qual inclui a espécie inteira (e, por conseguinte, também a mim) em sua ideia de humanidade em geral, não o ser humano, me inclui como legislando uma lei universal juntamente com todos os outros no dever de benevolência mútua, de acordo com o princípio de igualdade, e permite que sejas benevolente contigo mesmo sob a condição de seres também benevolente com todos os demais, pois é apenas desta forma que tua máxima (de beneficência) se qualifica para uma legislação universal, princípio no qual está baseada toda lei de dever.

§ 28

Ora, a benevolência presente no amor por todos os seres humanos é, efetivamente, a maior em sua *extensão*, mas a menor em seu *grau*; e, quando digo que me interesso pelo bem-estar *deste* ser humano somente em função de meu amor por todos os seres humanos, o interesse que tenho é tão pequeno quanto é possível a um interesse o ser. Limito-me a não ser indiferente relativamente a ele.

Todavia, um ser humano está mais próximo de mim do que um outro e, em benevolência, estou o mais próximo de mim mesmo. Como isto se ajusta ao preceito "ama o teu *próximo* (o teu semelhante) como a ti mesmo"? Se um está mais próximo de mim do que o outro (no dever de benevolência) e estou, portanto, submetido à obrigação de maior benevolência com um do que com o outro, porém estou reconhecidamente mais próximo de mim mesmo (até de acordo com o dever) do que de qualquer outro, então pareceria que não posso, sem contradizer a mim mesmo, dizer que devo amar todo ser humano como a mim mesmo, uma vez que a medida do amor-próprio não admitiria nenhuma diferença de grau. Mas é inteiramente óbvio que o que se quer dizer aqui não é meramente benevolência em *desejos*, a saber, a se exprimir com rigor, somente extrair prazer do bem-estar de todos os outros, e não exige de mim que contribua para isso (cada um por si mesmo, Deus para todos nós); o que se quer dizer, ao contrário, é benevolência ativa, prática (beneficência), fazendo do bem-estar e da felicidade dos outros o meu *fim*, pois, ao desejar, posso ser *igualmente* benevolente com todos, enquanto ao agir posso, sem violar a universalidade da máxima, variar o grau grandemente, de acordo com os diferentes objetos do meu amor (um dos quais concerne a mim mais proximamente do que a um outro).

São deveres de a) *beneficência*, b) *gratidão* e c) *solidariedade*.[196]

A) Do dever de beneficência

§ 29

Suprir a si mesmo na medida necessária exatamente para ter satisfação no viver (cuidar do próprio corpo, embora sem chegar ao amolecimento) constitui um dos deveres para consigo mesmo. O contrário disso é privar a si mesmo (de maneira servil) do que é essencial ao jubiloso gozo da vida através da avareza, ou privar a si mesmo (de maneira fanática) do gozo dos prazeres da vida, através de uma disciplina exagerada de nossas inclinações naturais. Ambos se opõem ao dever de um ser humano consigo mesmo.

Mas, além da *benevolência* nos nossos desejos pelos outros seres humanos (que nada nos custa), como é possível exigir a título de dever que isso devesse ser também prático, isto é, que todos que disponham dos meios para fazê-lo sejam *beneficentes* com os necessitados? A benevolência é a satisfação com a felicidade (bem-estar) dos outros; a beneficência, porém, é a máxima de fazer da felicidade dos outros o próprio fim, e o dever a este correspondente consiste em ser o sujeito constrangido por sua razão a adotar essa máxima como uma lei universal.

Não é óbvio que qualquer lei dessa natureza fosse encontrada na razão. Pelo contrário, a máxima "Cada um por si, Deus (a sorte) por todos" parece ser a mais natural.

§ 30

Ser beneficente, ou seja, promover com os próprios meios a felicidade de outros seres humanos necessitados, sem esperar por algo em retorno, é o dever de todos, já que todo aquele que se acha em necessidade deseja ser ajudado

196. Kant emprega o termo *Teilnehmung*, cujo significado mais corrente e genérico é *participação* ou mesmo *colaboração*. O sentido aqui é restrito e mais específico, avizinhando-se de *compaixão* ou *simpatia*, sendo quase intercambiável com estes conceitos. O conceito de participação é, do prisma moral do amor, neutro, uma vez que a *participação*, indiscriminadamente, pode ser tanto nas *dores* quanto nas *alegrias* do outro. A solidariedade, a simpatia ou a compaixão, diferentemente, constituem participação especificamente nos sofrimentos, angústias e apuros do outro ser humano. Atentar para os §s 34 e 35 na sequência, nos quais o filósofo de Königsberg, na explicitação técnica deste *dever de amor* (*Liebespflicht*), utiliza também os vocábulos *Mitfreude* (literal e analiticamente "*com alegria*") e *Mitleid* (literal e analiticamente "*com sofrimento*"). (N. T.)

por outros. Mas, se ele deixar sua máxima de não se dispor a dar assistência aos outros, por sua vez, quando estes estiverem necessitados, tornar-se pública, isto é, fazer disto uma lei facultativa universal, então todos, igualmente, lhe negarão a assistência quando ele próprio estiver necessitado ou, ao menos, estariam autorizados a negá-la. Por conseguinte, a máxima do egoísmo entraria em conflito consigo mesma, caso se fizesse dela uma lei universal, quer dizer, ela é contrária ao dever. E, consequentemente, a máxima do interesse comum, de beneficência com os necessitados, constitui um dever universal dos seres humanos, precisamente porque cabe considerá-los como próximos uns para os outros, isto é, seres racionais com necessidades, unidos pela natureza num lugar de habitação, de modo a poderem prestar mútua ajuda.

§ 31

Alguém que é *rico* (dispõe de meios copiosos para a felicidade dos outros, *isto é,* meios que excedem os seus próprios fins) dificilmente deveria sequer considerar a beneficência como um dever meritório da sua parte, ainda que ele também submeta outros à obrigação por ele. A satisfação que extrai de sua beneficência, que não lhe custa sacrifício algum, constitui uma forma de regalar-se em meio aos sentimentos morais. Ele precisa, inclusive, evitar qualquer aparência de estar pretendendo obrigar o outro pelo que faz, pois, se demonstrasse que desejava submeter o outro a uma obrigação (o que sempre humilha o outro aos seus próprios olhos), não seria um autêntico benefício que estaria a ele concedendo. Ao contrário, é mister que ele revele que ele próprio é submetido à obrigação pela aceitação do outro ou honrado por esta, e daí que o dever é meramente algo que ele *deve*, a menos (o que é melhor) que ele possa praticar sua beneficência em completo segredo. Esta virtude é maior quando os recursos do benfeitor são limitados e ele é suficientemente forte para discretamente assumir sobre si mesmo a adversidade da qual poupa o outro ser humano: neste caso nos cabe realmente considerá-lo como moralmente rico.

Questões casuísticas

Até que ponto se deveria despender os próprios recursos na prática da beneficência? Certamente não ao ponto de o benfeitor ele mesmo finalmente chegar a necessitar da beneficência de outros. Quanto valor tem a beneficência estendida com uma mão fria (por um testamento cujo teor é para ser cumprido por ocasião da morte de alguém)? Se alguém que exerce sobre uma outra pessoa (um servo de sua propriedade rural) o maior poder permitido pela lei da terra, *rouba* ao outro a sua liberdade, a fim de tornar a si mesmo feliz conforme as suas próprias escolhas, pode ele – eu o pergunto – considerar a si mesmo como o benfeitor do outro porque dele cuida de modo paternalista de acordo *com seus próprios conceitos* de felicidade? Ou não é a injustiça constituída por privar alguém de sua liberdade algo tão contrário ao dever de direito em geral que alguém que voluntariamente consente em se submeter a essa condição, contando com a beneficência de seu amo, comete a maior das rejeições de sua própria humanidade, e que a máxima preocupação do amo por ele não seria realmente, de modo algum, beneficência? Ou poderia o mérito de uma tal beneficência ser tão grandioso a ponto de superar em peso o direito dos seres humanos? Não posso fazer o bem a quem quer que seja de acordo com *meus* conceitos de felicidade (salvo a crianças novas e aos insanos), pensando que o beneficio forçando-o a receber um presente; ao contrário, só posso beneficiá-lo segundo os *seus* conceitos de felicidade.

Dispor dos recursos para praticar tal beneficência enquanto dependente dos haveres é, majoritariamente, um resultado de certos seres humanos serem favorecidos através da injustiça do governo, o que introduz uma desigualdade de riqueza que faz com que os outros necessitem da beneficência deles. Em tais circunstâncias, um auxílio de um homem rico aos pobres, do que ele tão prontamente se ufana como algo meritório, realmente merece ser qualificado de alguma forma como beneficência?

B) Do dever de gratidão

A *gratidão* consiste em *honrar* uma pessoa devido a um benefício que ela nos concedeu. O sentimento ligado a este julgamento é o respeito pelo benfeitor (quem submete alguém à obrigação), ao passo que o benfeitor é visto apenas numa relação de amor relativamente ao recebedor. Mesmo a mera benevolência cordial da parte de um outro ser humano, destituída de resultados físicos, merece ser chamada de dever de virtude, e esta é a base para a distinção entre a gratidão *ativa* e aquela meramente *afetiva*.

§ 32

A *gratidão* é um dever. Não é meramente uma máxima de prudência para encorajamento do outro, no sentido de exibir-me beneficência adicional ao reconhecer minha obrigação a ele por um favor que fez (*gratiarum actio est ad plus dandum invitatio*),[197] pois eu estaria então utilizando meu reconhecimento

197. Uma ação de gratidão constitui um convite para um acréscimo dela mesma. (N. T.)

meramente como um meio para o meu outro propósito. A gratidão, ao contrário, é constrangimento direto de acordo com uma lei moral, ou seja, um dever.

Mas é preciso que se considere também a gratidão, em particular, como um dever *sagrado*, isto é, um dever cuja transgressão (na qualidade de um exemplo escandaloso) é capaz de destruir o estímulo moral à beneficência em seu próprio princípio, porquanto um objeto moral é sagrado se a obrigação com respeito a ele não puder ser descartada completamente por nenhum ato no harmonizar-se com ele (de maneira que aquele que se acha submetido à obrigação sempre permaneça submetido à obrigação). Qualquer outro dever é dever *ordinário*. Mas não se pode, mediante qualquer retribuição de uma bondade recebida, livrar-se da obrigação por ela, uma vez que o recebedor jamais pode retirar do benfeitor sua *prioridade de mérito*, a saber, o fato de ter sido o primeiro em benevolência. Mas inclusive a mera benevolência cordial, separadamente de qualquer ato tal como esse (de beneficência), já é uma base de obrigação para a gratidão. Uma disposição grata desta espécie é denominada *reconhecimento*.

§ 33

No que tange à *extensão* dessa gratidão, alcança não apenas nossos contemporâneos, como também nossos predecessores, mesmo aqueles que não é possível identificar com certeza. É, inclusive, por essa razão que se julga impróprio não defender os antigos, que podem ser tidos como nossos mestres, de todos os ataques, acusações e menosprezo, na medida do possível. Mas constitui um equívoco tolo atribuir preeminência em matéria de talentos e boa vontade aos antigos, de preferência aos modernos, simplesmente devido à sua antiguidade, como se o mundo estivesse sofrendo um declínio constante em conformidade com leis da natureza a partir de sua perfeição original, e desprezar tudo que é novo no confronto com a antiguidade.

Mas a *intensidade* da gratidão, ou seja, o grau de obrigação a esta virtude, deve ser avaliada por quão útil foi o favor àquele submetido à obrigação e quão altruisticamente foi a ele concedido. O menor grau é conferir *iguais* serviços ao benfeitor, se este puder recebê-los (se ele ainda viver) ou, se ele não puder, conferi-los a outros; isso implica não considerar uma bondade recebida como uma carga da qual alguém se livraria com alegria (uma vez que aquele assim favorecido se coloca a um passo abaixo de seu benfeitor, o que fere seu orgulho), mas mesmo tomar o ensejo para gratidão como uma bondade moral, ou seja, como uma oportunidade dada a alguém para unir a virtude da gratidão com o amor ao ser humano, para combinar o fervor de uma disposição de benevolência com o enternecimento para a benevolência (a atenção para o mais ínfimo grau desta disposição na representação do dever de cada um), e assim cultivar o próprio amor aos seres humanos.

C) O sentimento solidário é geralmente um dever

§ 34

O júbilo participativo e a tristeza participativa[198] (*sympathia moralis*) são sentimentos sensíveis de prazer ou desprazer (que, portanto, devem ser chamados de *estéticos*)[199] diante do estado de alegria ou dor de outrem (sentimento participativo, sentimento solidário). A natureza já implantou nos seres humanos a receptividade a esses sentimentos. Entretanto, usá-la como um meio para promover benevolência ativa e racional é ainda um dever particular, não obstante apenas condicional. É chamado de dever de *humanidade* (*humanitas*) porque o ser humano é considerado aqui não só como um ser racional, mas também como um animal dotado de razão. Ora, a humanidade é localizável *ou* na *capacidade* e *vontade* de participar dos sentimentos dos outros (*humanitas practica*) *ou* meramente na *receptividade*, dada pela própria natureza, ao sentimento de alegria e tristeza em comum com os outros (*humanitas aesthetica*). A primeira é *livre*, sendo chamada, portanto, de *solidária* (*communio sentiendi liberalis*); está baseada na razão prática. A segunda é *não livre* (*communio sentiendi illiberalis, servilis*); pode ser chamada de *comunicável* (visto que é como receptividade ao calor ou a doenças contagiosas), e também de compaixão, uma vez que se espalha naturalmente entre seres humanos que vivem próximos uns dos outros. Há obrigação somente para a primeira.

Foi uma forma sublime de pensar aquela que o estoico atribuiu ao seu sábio quando o fez dizer: "Desejo de um amigo não que ele possa *me* ajudar na pobreza, doença, prisão, etc., mas que eu possa assistir a *ele* e salvar um ser humano". Mas o mesmo sábio, quando não pudesse *salvar* seu amigo, dizia a si mesmo: "O que é isso para mim?". Em outras palavras, ele rejeitava a compaixão.

De fato, quando uma outra pessoa sofre e, embora eu não possa ajudá-la, me permito ser contaminado por sua dor (através de minha imaginação), então nós dois sofremos, ainda que o mal realmente (na natureza) afete apenas *um*. Mas possivelmente não é permitido haver um dever de aumentar os males do mundo e, assim, fazer o bem por *compaixão*. Isso seria, também, uma espécie

---

198. ... *Mitfreude und Mitleid*... (N. T.)
199. ... *ästhetisch*..., o sentido primordial do termo de matriz grega, ou seja, aquilo que é relativo ou pertinente à sensação (*aisthesis*). (N. T.)

insultuosa de beneficência, uma vez que expressa o tipo de benevolência que se tem por alguém indigno, ao que se chama de *piedade*,[200] o que não tem lugar nas relações recíprocas das pessoas, já que não lhes cabe exibir sua dignidade para serem felizes.

§ 35

Mas, embora não seja em si mesmo um dever participar dos sofrimentos (bem como das alegrias) dos outros, constitui um dever se solidarizar ativamente com sua sorte; e contemplando este fim é, portanto, um dever indireto cultivar os sentimentos compassivos naturais (estéticos) em nós, e deles fazer uso como tantos meios para a solidariedade, baseados em princípios morais e o sentimento a eles apropriado. Constitui, portanto, um dever não evitar os lugares onde os pobres, aos quais faltam os mais básicos itens necessários, são encontrados, mas, ao contrário, ir à procura deles e não se afastar de enfermarias ou de prisões de devedores, e assim por diante, com o objetivo de evitar compartilhar de sentimentos dolorosos aos quais podemos não ser capazes de resistir, pois este é ainda um dos impulsos que a natureza implantou em nós para fazer o que a representação do dever por si só não poderia realizar.

Questões casuísticas

Não seria melhor, para o bem-estar do mundo em geral, se a moralidade humana fosse limitada a deveres de direito, cumpridos com a máxima conscienciosidade, e a benevolência fosse considerada moralmente indiferente? Não é tão fácil perceber qual o efeito que isso teria sobre a felicidade humana. Mas, ao menos um grandioso embelezamento moral, nomeadamente o amor aos seres humanos, estaria, neste caso, desaparecendo do mundo. Este é, consequentemente, necessário por si mesmo para apresentar o mundo como um belo conjunto moral em sua plena perfeição, mesmo que não se tenha nenhuma consideração no que respeita a vantagens (de felicidade).

Exprimindo-nos com rigor, a gratidão não é amor dirigido a um benfeitor da parte de alguém que ele haja submetido à obrigação, mas respeito por ele, pois o amor universal ao nosso próximo pode e deve ser baseado na igualdade de deveres, enquanto na gratidão aquele que é submetido à obrigação se situa num degrau abaixo do seu benfeitor. Não é isto, ou seja, o orgulho, que causa

200. ... *Barmherzigkeit*... Kant distingue marcantemente a piedade, ou misericórdia, da compaixão, mesmo porque esta envolve necessariamente o sentimento de participação, completamente ausente na misericórdia. (N. T.)

tanta ingratidão?... Ver alguém acima de si mesmo e sentir ressentimento por não ser capaz de tornar a si mesmo completamente o seu igual (no que concerne a relações de dever)?

Dos vícios do ódio aos seres humanos, diretamente (*contrarie*) opostos ao amor a eles

§ 36

Compreendem a família abjeta da *inveja*, *ingratidão* e *malícia*.[201] Nestes vícios, entretanto, o ódio não é aberto e violento, mas secreto e velado, somando mesquinhez à nossa negligência relativamente ao dever com o próximo, de modo que se transgride também um dever para consigo mesmo.

a) A inveja (*livor*) é uma propensão para ver o bem-estar dos outros com pesar, ainda que não diminua o nosso. Quando ela irrompe de maneira ativa (no sentido de diminuir o bem-estar dos outros) é chamada de *inveja propriamente dita*, *qualificada*; de outro modo, trata-se meramente de *ciúmes* (*invidentia*). E, no entanto, a inveja é somente uma disposição indiretamente malevolente, a saber, uma relutância em ver o nosso próprio bem-estar eclipsado pelo bem-estar do outro porque o padrão que usamos para ver quão bem estamos não é o valor intrínseco de nosso próprio bem-estar, mas o como se mostra ele comparável àquele de outros. Em consonância com isso, fala-se, inclusive, da harmonia e felicidade *invejáveis* num casamento ou família, e assim por diante, simplesmente como se invejar alguém fosse permitido em muitos casos. Sentimentos de inveja estão, portanto, presentes na natureza humana e somente quando irrompem constituem realmente o vício abominável de uma paixão obstinada que tortura a nós mesmos e visa, ao menos do ponto de vista de nossos próprios desejos, à destruição da boa sorte dos outros. Este vício é, portanto, contrário ao dever de cada um para consigo mesmo, bem como para com os outros.

b) Quando a *ingratidão* dirigida ao benfeitor se estende até ao ódio deste, é chamada de *ingratidão propriamente dita*, *qualificada*; de outra maneira, é classificada como mero *não reconhecimento*. É, com efeito, publicamente tida como um dos mais detestáveis vícios; e, todavia, os seres humanos detêm tal notoriedade graças a ela que não é considerado como improvável que alguém pudesse até mesmo produzir um inimigo ao conceder um benefício. O que torna possível um tal vício é compreender mal o próprio dever para

201. ... *Schadenfreude*..., o contentamento experimentado com os males alheios. (N. T.)

consigo mesmo, o dever de não necessitar e pedir a beneficência dos outros, uma vez que isso nos coloca em obrigação relativamente a eles, mas preferir suportar as misérias da vida sozinho a pôr o fardo delas sobre os outros, incorrendo com isso em débito (obrigação), pois tememos que, ao demonstrar gratidão, assumimos a posição inferior de um dependente em relação ao seu protetor, o que é contrário à real autoestima (orgulho na dignidade da humanidade em nossa própria pessoa). Consequentemente, a gratidão é livremente exibida àqueles que devem *necessariamente* nos preceder na concessão de benefícios (aos ancestrais, que são objeto de nossas comemorações, ou aos nossos pais); aos contemporâneos, contudo, é apenas escassamente exibida e, realmente, é precisamente o oposto dela que é exibido para ocultar essa relação de desigualdade. Mas a ingratidão é um vício que choca a humanidade, não meramente devido ao *dano* que um tal exemplo deve acarretar às pessoas em geral, por dissuadi-las de mais beneficência (pois com uma genuína disposição moral podem, pelo simples escárnio dirigido a qualquer retorno favorecedor de sua beneficência, colocar todo o valor moral mais interior sobre ela), mas porque a ingratidão, por assim dizer, paralisa o amor aos seres humanos sobre sua cabeça e faz degenerar a ausência do amor numa autorização para odiar aquele que ama.

c) A *malícia* (satisfação com o mal alheio), o direto oposto da solidariedade, igualmente não é nenhuma estranha à natureza humana; mas, quando vai tão longe a ponto de contribuir para a produção de males ou do próprio mal, torna o ódio aos seres humanos visível e surge em toda a sua hediondez como malícia *qualificada*. É, na verdade, natural que, segundo a lei da imaginação, a saber, a do contraste, sentimos nosso próprio bem-estar, e mesmo nossa boa conduta, mais intensamente quando o infortúnio dos outros ou sua queda no escândalo é colocado ao lado de nossa própria condição como um relevo que o exibe a uma luz maximamente resplandecente. Mas regozijar-se de imediato ante a existência de tais *enormidades* que aniquilam o que é o melhor no mundo no seu todo, e assim também desejar que aconteçam, é odiar secretamente os seres humanos; e isto se opõe diretamente ao amor ao próximo, que nos cabe como um dever. É a *altivez* dos outros quando seu bem-estar é ininterrupto e sua *presunção* na sua boa conduta (a nos expressar a rigor somente na sua boa sorte em ter até então escapado às tentações do vício público) – ambas uma avaliação egotista do próprio mérito – que geram essa alegria malevolente, que se opõe de maneira direta ao nosso próprio dever de acordo com o princípio da solidariedade (tal como expresso pelo honesto Cremes de Terêncio):[202]

202. *Publius Terentius Afer* (190?-159 a.C.), dramaturgo romano. A citação de Kant é de *O atormentador de si mesmo.* (N. T.)

"Sou um ser humano: tudo aquilo que acontece a um ser humano concerne a mim também".

A mais doce forma de malícia é a *sede de vingança*. Além disso, poderia mesmo parecer que se tem o mais elevado direito, e mesmo a obrigação (como uma sede por justiça) de tornar o seu próprio fim prejudicar os outros sem nenhuma vantagem para si mesmo.

Toda ação que viola o direito de um ser humano merece punição, e a função desta é *vingar* um crime naquele que o cometeu (e não meramente reparar o dano que foi feito). Mas a punição não é um ato que a parte ofendida pode empreender com base em sua autoridade particular, mas um ato de uma corte que é dela distinta, que confere efeito à lei de uma *autoridade suprema* acima de todos aqueles sujeitos a ela; e quando (como é indispensável na ética) consideramos os seres humanos como numa condição jurídica, mas de acordo *somente com leis da razão* (não leis civis), então ninguém está autorizado a infligir punição e vingar as ofensas por elas sustentadas, exceto aquele que é também o legislador moral supremo, e ele unicamente (a saber, Deus) pode dizer: "A vingança é minha. Retribuirei". É, portanto, um dever de virtude não apenas refrear-se de retribuir a animosidade alheia com ódio, a título de mera vingança, como também nem sequer clamar ao juiz do mundo por vingança, em parte porque um ser humano já tem culpa própria suficiente para necessitar grandemente de perdão e, em parte – com efeito, especialmente – porque nenhuma punição, não importa de quem proceda, pode ser infligida em função de ódio. Daí ser a *clemência* (*placabilitas*) um dever dos seres humanos. Mas isso não deve ser confundido com a *mansa tolerância* diante das ofensas (*mitis iniuriarum patientia*), a renúncia a meios rigorosos (*rigorosa*) para a prevenção da recorrência das ofensas cometidas por outros, pois neste caso um ser humano estaria jogando fora os seus direitos e permitindo que os outros pisem sobre eles, e com isso violaria seu dever para consigo mesmo.

Observação

Se o vício é entendido no sentido de um princípio básico (um vício propriamente dito), então qualquer vício que tornasse a natureza humana ela mesma detestável seria *inumano,* se considerado *objetivamente*. Mas, considerados *subjetivamente*, isto é, do ângulo daquilo que a experiência nos ensina acerca de nossa espécie, tais vícios continuam sendo *humanos*. Quanto a se, num gesto de veemente reação, se poderia classificar alguns desses vícios como *diabólicos* e, desta forma, também as virtudes que a eles se opõem como *angélicas*, ambos esses conceitos constituem apenas ideias de um máximo utilizado como padrão para comparar graus de moralidade; neles atribui-se a um ser humano seu lugar no *céu* ou no *inferno*, sem fazer dele um tipo intermediário de ser que não ocupa nem um desses lugares nem o outro. A questão pode permanecer aberta aqui quanto a se Haller não a abordou melhor com seu "um ambíguo híbrido de anjo e besta".[203] Dividir, entretanto, algo composto em duas coisas heterogêneas não produz conceito definido algum e não pode nos conduzir a nenhum na ordenação de seres cujas distinções por classe nos são desconhecidas. A primeira comparação (da virtude angélica com o vício diabólico) é um exagero. A segunda, embora os seres humanos, *ai de nós!*... realmente se enquadrem também em vícios animalescos, não justifica lhes atribuir uma predisposição para esses vícios *pertencente à sua espécie*, isto tanto quanto o atrofiamento de algumas árvores na floresta constitui um motivo para transformá-las num *gênero* especial de planta.

Seção II
Dos deveres de virtude para com outros seres humanos provenientes do respeito a eles devido

§ 37

A *moderação* nas próprias exigências em geral, ou seja, a restrição voluntária ao nosso amor-próprio, em vista do amor-próprio dos outros, é chamada de *humildade*. A falta dessa moderação (ausência de humildade), no que respeita a alguém ser digno de ser amado pelos outros, é chamada de *egotismo* (*philautia*). Mas a ausência de humildade nas próprias pretensões para ser *respeitado* pelos outros é *arrogância* (*arrogantia*). O respeito que tenho pelos outros ou que o outro pode exigir de mim (*observantia aliis praestanda*) é, portanto, o reconhecimento de uma *dignidade* (*dignitas*) em outros seres humanos, isto é, de um valor que não tem preço, nenhum equivalente pelo qual o objeto avaliado (*aestimii*) poderia ser permutado. Julgar alguma coisa como sendo destituída de valor é desprezo.

§ 38

Todo ser humano tem um direito legítimo ao respeito de seus semelhantes e está, *por sua vez*, obrigado a respeitar todos os demais. A humanidade ela

203. Trecho de *Über die Ursprung des Übels* (*Sobre a origem do mal*). (N. T.)

mesma é uma dignidade, pois um ser humano não pode ser usado meramente como um meio por qualquer ser humano (quer por outros, quer, inclusive, por si mesmo), mas deve sempre ser usado ao mesmo tempo como um fim. É precisamente nisso que sua dignidade (personalidade) consiste, pelo que ele se eleva acima de todos os outros seres do mundo que não são seres humanos e, no entanto, podem ser usados e, assim, sobre todas as *coisas*. Mas, exatamente porque ele não pode ceder a si mesmo por preço algum (o que entraria em conflito com seu dever de autoestima), tampouco pode agir em oposição à igualmente necessária autoestima dos outros, como seres humanos, isto é, ele se encontra na obrigação de reconhecer, de um modo prático, a dignidade da humanidade em todo outro ser humano. Por conseguinte, cabe-lhe um dever relativo ao respeito que deve ser demonstrado a todo outro ser humano.

§ 39

Desprezar os outros (*contemnere*), ou seja, negar-lhes o respeito devido aos seres humanos em geral, é em todas as situações contrário ao dever, uma vez que se trata de seres humanos. Por vezes não se pode, é verdade, impedir-se intimamente de menosprezar alguns no confronto com outros (*despicatui habere*); a exteriorização disto é, entretanto, uma ofensa. Aquilo que é *perigoso* não constitui objeto de desprezo e, tampouco, o constitui um homem de vícios, e, se minha superioridade aos seus ataques justifica que eu diga que o desprezo, isso somente significa que não estou em perigo em relação a ele, ainda que não tenha preparado alguma defesa contra ele porque ele se revela em toda a sua vileza. Contudo, não posso negar todo respeito sequer a um homem corrupto como um ser humano; não posso suprimir ao menos o respeito que lhe cabe em sua qualidade como ser humano, ainda que através de seus atos ele se torne indigno desse respeito. Assim, pode haver punições infamantes que desonram a própria humanidade (tais como o esquartejamento de um homem, seu despedaçamento produzido por cães, o cortar fora seu nariz e orelhas). Não só são estas punições mais dolorosas do que a perda de posses e da vida àquele que ama a honra (que reivindica o respeito alheio, como devem todos fazê-lo); também fazem um espectador ruborizar-se de vergonha por pertencer à espécie que pode ser tratada dessa maneira.

Observação

Nisto está baseado um dever de respeitar um ser humano inclusive no uso lógico de sua razão, um dever não de censurar seus erros, classificando-os de absurdos, juízo precário, etc., mas de supor que seu juízo deve, não obstante, encerrar alguma verdade e buscar por esta, descobrindo simultaneamente a ilusão enganosa (o fundamento subjetivo que determinou seu juízo que, por um deslize, ele tomou por objetivo) e, assim, explicando a ele a possibilidade de ter errado, a fim de preservar seu respeito por seu próprio entendimento, pois, se pelo uso de tais expressões se nega qualquer entendimento a alguém que a nós se opõe num certo julgamento, como querer levá-lo a compreender que errou? O mesmo se aplica à censura do vício, que jamais deve descambar no completo desprezo e negação de qualquer valor moral a um ser humano corrupto, pois nesta hipótese ele jamais poderia melhorar, o que não é coerente com a ideia do *ser humano*, que, como tal (enquanto um ser moral), nunca pode perder inteiramente sua predisposição para o bem.

§ 40

O respeito pela lei, o qual no seu aspecto subjetivo é chamado de *sentimento moral*, é idêntico à percepção de nosso próprio dever. Esta é a razão porque manifestar respeito por um ser humano como um ser moral (mantendo o seu dever na mais alta estima) é também um dever que outros têm em relação a ele e um direito que ele não pode deixar de reivindicar. Essa reivindicação é chamada de *amor à honra,* e sua manifestação na conduta externa, de *respeitabilidade* (*honestas externa*). Uma ofensa à respeitabilidade é chamada de *escândalo*, um exemplo de desconsideração da respeitabilidade que poderia levar outros a segui-lo. *Produzir* escândalo é completamente contrário ao dever. Mas *experimentar* o escândalo ante o que é meramente não convencional (*paradoxon*), embora seja, de outra maneira, bom em si mesmo, é uma ilusão (uma vez que se sustenta que aquilo que é não usual é também não facultativo), um erro perigoso e destrutivo da virtude, isto porque um ser humano não pode levar tão longe o seu dar o exemplo do respeito devido aos outros, a ponto de degenerar em cega imitação (na qual o costume, *mos*, é erigido à dignidade de uma lei), visto que tal tirania do costume popular seria contrária ao seu dever para consigo mesmo.

§ 41

A omissão no cumprimento de meros deveres de amor é *falta de virtude* (*peccatum*). Mas a omissão no cumprimento do dever oriundo do respeito devido a todo ser humano em geral é um *vício* (*vitium*), pois ninguém é ofendido se deveres de amor são negligenciados; mas uma omissão do dever de respeito infringe a pretensão legal de cada um. A primeira violação se opõe ao dever como seu *contrário* (*contrarie oppositum virtutis*); mas aquilo que não apenas nada acresce de moral como também suprime o valor daquilo que, de outro modo, seria para o bem do sujeito é *vício*.

Por esta razão, também, deveres para com nossos semelhantes que procedem do respeito a eles devido são expressos apenas negativamente, isto é, esse dever de virtude será expresso *apenas indiretamente* (através da proibição de seu oposto).

Dos vícios que violam o dever de respeito por outros seres humanos

Estes vícios são: a) *soberba*, b) *detratação* e c) *escárnio*.

A) Soberba

§ 42

A soberba (*superbia* – como exprime esta palavra, a inclinação para estar sempre *no alto*) é um tipo de ambição (*ambitio*) no qual exigimos que os outros pensem pouco de si mesmos na comparação conosco. É, portanto, um vício que se opõe ao respeito que todo ser humano pode legalmente reivindicar.

Difere do *orgulho propriamente dito* (*animus elatus*), o qual constitui *amor à honra*, ou seja, uma preocupação em nada ceder da dignidade humana própria na comparação com os outros (de modo que o adjetivo *nobre* é geralmente acrescentado a *orgulho* neste sentido), pois a soberba exige dos outros um respeito que lhes nega. Mas o orgulho ele mesmo se torna uma falha e uma ofensa quando ele, também, se reduz a uma exigência dirigida aos outros para que se preocupem com sua própria importância.

A soberba é, por assim dizer, uma solicitação da parte de alguém que busca honra de seguidores, os quais ele pensa estar autorizado a tratar com desprezo. É óbvio que isso é *injusto* e se opõe ao respeito devido aos seres humanos em geral; que é *insensatez*, ou seja, frivolidade em usar meios para alguma coisa a estes tão ligada a ponto de não ter valia para ser tomada como fim; que alguém soberbo é, inclusive, *maluco*, quer dizer, manifesta uma ofensiva ausência de entendimento ao usar tais meios que devem acarretar, da parte dos outros, precisamente o oposto de seu fim (pois, quanto mais demonstra ele que tenta obter respeito, mais todos o negam a ele). Mas talvez não seja tão prontamente notado que alguém soberbo é sempre *mesquinho* nas profundezas de sua alma, porquanto ele não exigiria que os outros se tivessem em pouca conta ao se compararem a ele, a menos que soubesse que, se sua fortuna subitamente mudasse, ele próprio não julgaria difícil rastejar e renunciar a qualquer reivindicação ao respeito dos outros.

B) Detratação

§ 43

Por *detratação* (*obtrectatio*) ou calúnia não quero dizer *ultraje* (*contumelia*), uma *falsa* detratação a ser apresentada perante uma corte; refiro-me apenas à inclinação imediata, desprovida de qualquer objetivo em vista, para trazer a público algo prejudicial ao respeito dos outros. Isso é contrário ao respeito devido à humanidade em geral, pois todo escândalo produzido debilita esse respeito, sobre o qual repousa o impulso para o moralmente bom e, na medida do possível, torna céticas as pessoas no tocante a ele.

A *propagação* (*propalatio*) intencional de alguma coisa que prejudica a honra alheia – mesmo que não se trate de matéria de justiça pública, e mesmo que aquilo que é dito seja verdadeiro – reduz o respeito pela humanidade em geral, de sorte a finalmente arrojar uma sombra de indignidade sobre a nossa própria raça, tornando a misantropia (a fuga da convivência com seres humanos) ou o desprezo a disposição de alma predominante, ou embotar o sentimento moral de cada um, expondo-nos reiteradamente à visão de tais coisas e acostumando-nos com ela. É, portanto, um dever de virtude não extrair um prazer malicioso na exposição das faltas alheias, de maneira que alguém venha a ser considerado tão bom quanto ou, ao menos, não pior do que outros, mas sim lançar o véu do amor aos seres humanos sobre suas faltas, não meramente abrandando nossos julgamentos, como também mantendo esses julgamentos para nós mesmos, pois os exemplos de respeito que damos aos outros podem estimular o seu empenho para merecê-lo. Por esta razão, a obsessão de espionar os costumes dos outros (*allotrio-episcopia*) é já por si só uma ofensiva indiscrição por parte da antropologia, a que todos podem resistir de direito como uma violação do respeito devido.

C) Escárnio

§ 44

A *censura leviana* e a *zombaria*, a propensão para expor os outros ao riso, transformar suas falhas em objeto imediato de divertimento, é uma espécie de malignidade. É completamente diferente do *gracejo*, da familiaridade entre amigos, na qual alguém se diverte com as singularidades deles, as quais só têm aparência de falhas, sendo realmente marcas da sua coragem de, às vezes, divergir do império da moda (pois isto não é ridicularização). Mas expor ao ridículo as falhas reais de uma pessoa, ou suas supostas falhas, como se fossem reais, com o fito de despojá-la do respeito que merece, e o pendor para fazer isso, uma obsessão para a zombaria *cáustica* (*spiritus causticus*), encerra em si um júbilo diabólico, o que o torna uma violação ainda mais séria de nosso dever de respeito pelos outros seres humanos.

Isso deve ser distinguido do descartar jocoso, mesmo se zombeteiro, e acompanhado de desprezo, de um ataque insultuoso de um adversário (*retorsio iocosa*), mediante o qual o zombador (ou, em geral, um adversário malicioso, porém ineficiente) é transformado ele próprio no objeto de riso. Esta é uma defesa legítima do respeito que se pode exigir dele. Mas, quando o objeto de sua zombaria não é realmente nada espirituoso, mas um objeto no qual a razão necessariamente assume um interesse moral, então não importa quanto escárnio o adversário possa ter proferido e, com isto, exposto a si mesmo ao riso, será mais próprio à dignidade do objeto e respeito pela humanidade *ou* não apresentar defesa alguma ante o ataque *ou* conduzi-lo com dignidade e seriedade.

Observação

Perceber-se-á que no título acima as virtudes não foram tão louvadas quanto os vícios, a elas opostos, censurados. Entretanto, isso já está implícito no conceito do respeito que estamos obrigados a manifestar aos outros seres humanos, que é somente um dever *negativo*. Não estou obrigado a *reverenciar* os outros (considerados meramente como seres humanos), isto é, manifestar-lhes alta estima *positiva*. A única reverência a que estou obrigado por natureza é a reverência pela lei em geral (*reverere legem*); e reverenciar a lei, mas não reverenciar outros seres humanos em geral (*reverentia adversus hominem*) ou realizar alguns atos de reverência para eles, é um dever universal e incondicional de um ser humano em relação aos outros, que cada um deles pode exigir como o respeito originalmente devido a outros (*observantia debita*).

As diferentes formas de respeito a serem exibidas aos outros, de acordo com diferenças em suas qualidades ou relações contingentes – diferenças de idade, sexo, nascimento, força ou fraqueza, ou mesmo posição e dignidade, que dependem em parte de arranjos arbitrários –, não podem ser formuladas detalhadamente e classificadas nos primeiros princípios metafísicos de uma doutrina da virtude, uma vez que isso somente tem a ver com seus puros princípios racionais.

Capítulo II
Dos deveres éticos recíprocos dos seres humanos relativamente à condição destes

§ 45

Estes (deveres de virtude) realmente não requerem um capítulo especial no sistema da ética pura; uma vez que não envolvem princípios de obrigação para os seres humanos em geral entre si, não podem propriamente constituir uma *parte* dos primeiros princípios metafísicos de uma doutrina da virtude. São apenas regras modificadas de acordo com diferenças dos sujeitos aos quais o princípio de virtude (do prisma do que é formal) é *aplicado* em casos que surgem na experiência (o material). Consequentemente, como qualquer coisa dividida numa base empírica, não admitem uma classificação que se poderia garantir ser completa. A despeito disso, tal como uma passagem da metafísica da natureza à física é necessária – uma transição que possui suas próprias regras especiais –, algo similar é acertadamente exigido da metafísica dos costumes: uma transição que, ao aplicar os puros princípios do dever a casos da experiência, *esquematizaria* esses princípios, por assim dizer, e os apresentaria como prontos para o uso moralmente prático. Como se deveria comportar, por exemplo, com seres humanos que se encontram num estado de pureza ou de vileza moral?... Com os educados ou os rudes?... Com os letrados ou os iletrados e com os letrados, na medida em que utilizam sua ciência na qualidade de membros da sociedade polida ou externa, como especialistas em seu campo (eruditos)?... Com aqueles cujo conhecimento é pragmático ou aqueles nos quais ele procede mais do espírito e do gosto? Como deveriam as pessoas ser tratadas de acordo com suas diferenças de posição, idade, sexo, saúde, prosperidade ou pobreza, e assim por diante? Estas questões não produzem tantos tipos diferentes de obrigação *ética* (pois só há *uma*, a da virtude em geral), mas somente tantos modos diferentes de aplicá-la (corolários). Resulta que não podem ser apresentadas como seções da ética e membros da divisão de um sistema (que precisam proceder *a priori* de um conceito racional), podendo apenas ser anexadas ao sistema. Todavia, mesmo essa aplicação concerne à completa apresentação do sistema.

Da mais íntima união do amor com o respeito na *amizade*

§ 46

A *amizade* (considerada na sua perfeição) é a união de duas pessoas através de iguais amor e respeito mútuos. É fácil perceber que isso é um ideal de cada um que participa e compartilha solidariamente do bem-estar do outro através da vontade moralmente boa que os une, e, ainda que não produza a felicidade completa da vida, a adoção desse ideal na disposição das duas pessoas entre si as torna merecedoras de felicidade, daí tendo os seres humanos um dever de amizade. Mas se percebe de pronto que a amizade é apenas uma ideia (embora uma ideia praticamente necessária) e inatingível na prática, ainda que o empenho pela amizade (como um máximo de boa disposição mútua) seja um dever estabelecido pela razão, e não um dever ordinário, mas um dever de honra, pois, nas suas relações com seu próximo, como pode um ser humano determinar se um dos elementos que é requisito deste dever (por exemplo, a benevolência recíproca) é *igual* na disposição de cada um dos amigos? Ou, ainda mais difícil, como pode ele declarar qual a relação existente na mesma pessoa entre o sentimento procedente de um dever e aquele procedente do outro (o sentimento procedente da benevolência e o do respeito)? E como pode estar certo de que, se o *amor* de um é mais forte, este não pode, exatamente devido a isso, perder algo do *respeito* do outro, de forma que será difícil para ambos equalizar amor e respeito subjetivamente, equalização esta requerida pela amizade? Isto porque o amor pode ser considerado como atração e o respeito como repulsa, e se o princípio do amor convida os amigos a se aproximarem um do outro, o princípio do respeito requer que permaneçam a uma apropriada distância um do outro. Essa restrição à intimidade, que é expressa na regra de que mesmo os melhores amigos não deveriam se tornar demasiado familiares entre si, contém uma máxima que vale não apenas para o superior em relação ao inferior, como também o contrário, pois o superior, antes de compreendê-lo, sente seu orgulho ferido e pode desejar que o respeito do inferior seja colocado momentaneamente de lado, mas não suprimido. Mas, uma vez violado o respeito, sua presença interior é irreparavelmente perdida, ainda que as marcas externas dele (maneiras) sejam trazidas de volta ao seu curso anterior.

A amizade pensada como atingível em sua pureza ou plenitude (entre Orestes e Pilades, Teseu e Piritous) é o cavalinho de pau dos autores de romances. Por outro lado, diz Aristóteles: "Meus caros amigos, não há amigo algum!

As observações que se seguem podem nos fazer atentar para as dificuldades da amizade perfeita".[204]

De um ponto de vista moral é, está claro, um dever para um dos amigos indicar as falhas do outro para este; isto é a favor do melhor interesse do outro e é, portanto, um dever de amor. Mas o outro vê nisto uma falta do respeito que esperava de seu amigo, e acha que ou já perdeu ou está em constante perigo de perder alguma coisa do respeito de seu amigo, visto que é observado e secretamente criticado por ele; e mesmo o fato de seu amigo observá-lo e descobrir falhas nele parecerá por si ofensivo.

Como se aspira a um amigo, quando se está na necessidade (alguém que seja, é claro, um amigo ativo, pronto para ajudar às suas próprias custas)! Mas, de qualquer modo, é igualmente um pesado fardo sentir-se acorrentado à sorte de uma outra pessoa e encarregado de suas necessidades. Consequentemente, a amizade não pode ser uma união que colime a vantagem mútua, mas uma união puramente moral, e a ajuda de que cada um possa contar do outro em caso de necessidade não deve ser encarada como o fim e fundamento determinante da amizade – pois neste caso se perderia o respeito do outro –, mas somente como a manifestação exteriorizadora de uma sincera benevolência interior, a qual não deveria ser submetida à prova, uma vez que isto é sempre perigoso; cada um dos dois se acha generosamente interessado em poupar ao outro a sua carga e suportá-la toda sozinho, mesmo ocultando isso completamente de seu amigo, ainda que, não obstante, ele possa sempre lisonjear-se de que em caso de necessidade poderia seguramente contar com a ajuda do outro. Mas, se um deles aceita um favor do outro, então pode muito bem ser capaz de contar com a igualdade no amor, mas não no respeito, pois vê obviamente a si mesmo um degrau abaixo no estar submetido à obrigação, sem ser capaz, por sua vez, de impor obrigação. A despeito da doçura experimentada pela posse mútua de um modo que se avizinha da fusão em uma pessoa, a amizade é algo tão delicado (*teneritas amicitiae*) que jamais se encontra, por um momento, segura quanto a interrupções, se é permitido que se apoie em sentimentos e se este mútuo compartilhar e esta mútua autocapitulação não forem submetidos a princípios ou regras preventivas na excessiva familiaridade e limitadoras do amor mútuo por exigências de respeito. Tais interrupções são comuns entre pessoas incultas, ainda que não resultem sempre numa cisão (pois a ralé se bate e se atura). Estas pessoas não podem se separar e, no entanto, não podem estar em mútua harmonia, posto que necessitam de brigas para saborear a doçura de se unirem numa reconciliação. Mas, de uma maneira ou outra, o amor na

204. *Ética a Nicômaco*, Livro IX, capítulos 10 e 11. *Ética a Eudemo*, Livro VII, capítulo 12. (N. T.)

amizade não pode ser um afeto, pois a emoção é cega em sua escolha, e depois de algum tempo ela se eleva na fumaça.

§ 47

A amizade moral (enquanto distinta da amizade baseada na sensação) é a completa confiança de duas pessoas, no sentido de se revelarem mutuamente seus juízos e sentimentos secretos, na medida em que essas revelações sejam compatíveis com o mútuo respeito.

O ser humano é um ser destinado a viver em sociedade (ainda que seja também um ser insociável) e, ao cultivar a condição social, experimenta intensamente a necessidade de *revelar-se* aos outros (mesmo sem nenhum propósito ulterior). Mas, por outro lado, confinado e acautelado por medo do abuso que outros podem fazer do desvelamento de suas ideias, ele se acha constrangido a bloquear em si mesmo uma boa parte de suas opiniões (especialmente aquelas acerca de outros seres humanos). Ele gostaria de discutir com alguém o que pensa a respeito de seus semelhantes, do governo, da religião, etc., mas não pode se arriscar a isto, em parte porque a outra pessoa, ao mesmo tempo que silencia sobre suas próprias opiniões, poderia usar isso para prejudicá-lo e, em parte, porque no que tange a exibir suas falhas, a outra pessoa pode ocultar as suas, de sorte que ele perderia alguma coisa do respeito do outro indivíduo por expor-se com total franqueza a ele.

Se ele encontra alguém detentor de entendimento – alguém que, adicionalmente, partilha de sua perspectiva geral das coisas – com quem ele não precisa se tomar de ansiedade quanto àquele perigo, podendo revelar-se mediante completa confiança, pode então divulgar seus pontos de vista. Não está completamente sozinho com seus pensamentos, como numa prisão, mas goza de uma liberdade que não é possível ter com a massa, entre os quais ele é forçado a fechar-se em si mesmo. Todo ser humano tem seus segredos e não ousa confiar cegamente nos outros, em parte devido a uma disposição vil, presente na maioria dos seres humanos para usá-los em detrimento dele e, em parte, porque muitas pessoas são indiscretas ou incapazes de julgar e discernir entre o que pode e o que não pode ser repetido. A necessária combinação de qualidades é esporadicamente encontrada numa pessoa (*rara avis in terris, et nigro simillima cygno*),[205] particularmente porque a mais estreita amizade requer que um amigo judicioso e no qual se confia esteja também obrigado a compartilhar os segredos a ele confiados a

205. Ave rara sobre a Terra, tal como um cisne negro (Juvenal, *Sátiras*). (N. T.)

ninguém mais, não importa quão confiável se o julgue, sem uma permissão explícita para assim agir.

Esta (amizade meramente moral) não é simplesmente um ideal, mas como (os cisnes negros) efetivamente existe aqui e ali em sua perfeição. Mas aquela amizade (pragmática), a qual sobrecarrega a si mesma com os fins alheios, embora por amor, não pode possuir nem a pureza nem a completitude que são requisitos para uma máxima precisamente determinante; trata-se de um ideal dos desejos de cada um, que desconhece limites em seu conceito racional, mas que tem de ser sempre muito limitado na experiência.

Um *amigo dos seres humanos* em geral (isto é, de toda a raça) é alguém que assume um *interesse afetivo*[206] no bem-estar de todos os seres humanos (o participar do regozijo de todos) e jamais o transtornará sem sincero arrependimento. A expressão "um amigo dos seres humanos", não obstante, tem um significado um pouco mais estrito do que "alguém que meramente ama os seres humanos" (filantropo), uma vez que a primeira inclui também a representação e a consideração pela *igualdade* entre eles e, consequentemente, a ideia de que, ao submeter os outros à obrigação por meio de sua beneficência, ele próprio se acha obrigado, como se todos fossem irmãos sob a autoridade de um pai que quer a felicidade de todos – isto porque a relação de um protetor, na qualidade de benfeitor, com aquele que protege, o qual lhe deve gratidão, é efetivamente uma relação de amor mútuo, mas não de amizade, posto que o respeito a cada um deles devido não é igual. Considerar seriamente o dever de ser benevolente como amigo dos seres humanos (um necessário rebaixamento de si mesmo) serve para proteger contra o orgulho que geralmente se apodera daqueles suficientemente felizes para ter os recursos para a beneficência.

APÊNDICE

Das virtudes da convivência social (*virtutes homileticae*)

§ 48

Constitui um dever para consigo mesmo, bem como para com os outros, não se *isolar* (*separatistam agere*), mas usar as próprias perfeições morais na convivência social (*officium commercii, sociabilitas*). Ao se fazer de si mesmo um

206. ... *ästhetischen Anteil...* (N. T.)

centro fixo dos próprios princípios, deve-se considerar esse círculo traçado em torno de si como também formando parte de um círculo que tudo inclui daqueles que, em sua disposição, são cidadãos do mundo, não exatamente para fomentar, na qualidade de fim, o que é o melhor para o mundo, mas apenas para cultivar o que conduz indiretamente a esse fim: o cultivo de uma disposição de reciprocidade – comodidade, concórdia, amor mútuo e respeito (afabilidade e decoro, *humanitas aesthetica, et decorum*) –, e assim associar as graças com a virtude. Realizar isso é em si mesmo um dever de virtude.

Estas são, efetivamente, apenas obras externas ou subprodutos (*parerga*) que produzem uma atraente ilusão semelhante à virtude, que, inclusive, não é falaz, uma vez que todos sabem como deve ser assumida. Afabilidade, sociabilidade, cortesia, hospitalidade e suavidade (no desacordo sem conflito) não passam, com efeito, de moedas divisionárias; no entanto, promovem o sentimento pela própria virtude, através de um esforço para aproximar essa ilusão o máximo possível da verdade. Mediante todas elas, que são meramente as boas maneiras que se está obrigado a exibir na convivência social, obriga-se os outros também e, assim, estimula-se uma disposição virtuosa pelo fato de, ao menos, tornar-se moda a virtude.

Mas surge a questão de nos ser permissível ou não também convivermos com os corruptos. A menos que abandonemos o mundo, não há como deixar de encontrá-los e, ademais, o nosso julgamento deles não é competente. Mas se o vício é escandaloso, ou seja, um exemplo publicamente exposto de desprezo pelas estritas leis do dever, o que, portanto, traz desonra consigo, então, ainda que a lei do país não o puna, é mister que se rompa a associação que existia ou que se a evite o máximo possível, uma vez que a convivência contínua com tais pessoas destitui a virtude de sua honra e a põe à venda a qualquer um que seja suficientemente rico para subornar parasitas com os prazeres do desregramento.

DOUTRINA DOS MÉTODOS DA ÉTICA

Seção I
O ensino ético

§ 49

O próprio conceito de virtude já tem como implícito que a virtude precisa ser adquirida (que não é inata); não há necessidade de recorrermos ao conhecimento antropológico baseado na experiência para percebermos isso, uma vez que a faculdade moral de um ser humano não seria virtude, não fosse ela produzida pela *força* da resolução do ser humano no conflito com poderosas inclinações opostas. A virtude é o produto da pura razão prática, na medida em que esta ganha ascendência sobre tais inclinações com percepção de sua supremacia (fundada na liberdade).

Que a virtude pode e precisa ser ensinada é consequência já de não ser ela inata; uma doutrina da virtude é, portanto *algo ensinável*. Mas, visto que não se conquista o poder de pôr na prática as regras da virtude simplesmente se ensinando como se deve comportar, a fim de conformar-se ao conceito de virtude, os estoicos se limitaram a entender que a virtude não pode ser *ensinada* meramente por *conceitos de dever* ou mediante exortações (por *paraenese*), necessitando, ao contrário, ser *exercitada* e *cultivada* mediante esforços, com o fito de combater o inimigo interior dentro do ser humano (ascese), pois não se pode incontinenti fazer tudo o que se quer fazer sem primeiramente ter experimentado e exercitado os próprios poderes. A *decisão*, contudo, para fazer isso tem de ser tomada de imediato e por completo, uma vez que uma disposição (*animus*) para ceder por vezes ao vício, com o propósito de escapar dele gradativamente, seria ela mesma impura e mesmo viciosa, não gerando, consequentemente, nenhuma virtude (a qual está baseada num princípio único).

§ 50

No que toca ao método de ensino (uma vez que toda teoria científica tem de ser tratada metodicamente, pois de outra maneira seria formulada de modo tumultuado), este também deve forçosamente ser *sistemático* e não *fragmentário,* caso se pretenda apresentar a doutrina da virtude como *ciência.* Entretanto, pode ser formulada *ou* através de *palestras*, quando todos aqueles aos quais é dirigida se limitam a ouvir, *ou* através de *questões*, quando o mestre pergunta aos seus alunos aquilo que deseja ensinar-lhes. Esse método erotético é, por seu turno, dividido no método do *diálogo* e naquele da *catequese*, em função de o mestre dirigir suas questões à razão do aluno ou simplesmente à memória deste, pois, se o mestre quer questionar a razão de seu aluno, precisa fazê-lo num diálogo no qual mestre e aluno se dirigem perguntas *cada um por seu turno.* O mestre, através de suas perguntas, norteia o curso de pensamento do seu jovem aluno, meramente lhe apresentando casos em que sua predisposição para certos conceitos se desenvolverá (o mestre é a parteira das ideias do aluno).[207] O aluno, que assim compreende que ele próprio é capaz de pensar, reage mediante questões suas em torno de obscuridades nas proposições admitidas ou acerca de suas dúvidas relativas a elas, proporcionando assim ensejos para que o próprio mestre *aprenda* a interrogar habilmente, conforme o dito *docendo discimus*[208] (pois a lógica não considerou ainda seriamente o suficiente o repto que lhe foi lançado, ou seja, que deveria também fornecer regras para a direção na investigação das coisas, isto é, não deveria se limitar a suprir regras para juízos *conclusivos*, devendo também suprir regras para juízos *preliminares* [*iudicia praevia*], através dos quais se é conduzido às ideias. Uma tal teoria pode servir de guia mesmo para o matemático em suas descobertas e, além disso, ele amiúde faz uso dela).

§ 51

Para o aluno principiante, o primeiro e mais essencial instrumento de ensino da doutrina da virtude é uma *catequese* moral. Esta deve preceder uma catequese religiosa; não pode ser entrelaçada, simplesmente como uma interpolação, nos ensinamentos da religião, devendo, ao contrário, ser apresentada separadamente

---

207. Este método *fundamental e tecnicamente* nada mais é do que o célebre método socrático (a *maiêutica*) (ressalvada a diferença enfatizada por Kant na sequência), que foi empregado extensivamente nos diálogos de Platão, mais visceralmente nos diálogos platônicos ditos *éticos*, nos quais Platão é marcantemente influenciado pelo pensamento socrático (*Cármides*, *Laques*, *Eutidemo*, *Lísis*). Kant insistirá numa determinada diferença efetiva, mas o princípio do método (a parturição da ideia) é o mesmo. (N. T.)
208. Ensinando, aprendemos. (N. T.)

na qualidade de um todo que subsiste por si mesmo, pois é somente através de princípios morais puros que uma transição da doutrina da virtude à religião pode ser empreendida, posto que, se assim não fosse, os credos religiosos seriam impuros. De sua própria parte, mesmo os mais dignos e mais eminentes teólogos hesitaram em esboçar uma catequese para ensinar religião estatutária (pelo que eles pessoalmente responderiam), ainda que se houvesse pensado ser isso o mínimo que poderia ser esperado do imenso tesouro do saber desses teólogos.

Mas uma pura catequese *moral*, como ensino básico dos deveres de virtude, não envolve um tal escrúpulo ou dificuldade, uma vez que (na medida em que concerne ao seu conteúdo) pode ser desenvolvida a partir da razão humana ordinária e (na medida em que concerne à sua forma) basta que seja ajustada às regras do ensino adequadas à instrução mais preliminar. O princípio formal de tal instrução não permite, entretanto, o *diálogo* socrático a título de meio para ensinar com essa finalidade, visto que o aluno não faz ideia de que questões formular, de modo que exclusivamente o mestre executa o questionamento. Mas a resposta que ele metodicamente extrai da razão do aluno deve ser registrada por escrito e preservada em termos definidos que sejam dificilmente alteráveis para, assim, consigná-la à memória do aluno. Deste modo, a maneira de ensino por catequese difere tanto da maneira *dogmática* (na qual somente o mestre discursa) quanto da maneira *dialogal* (na qual tanto o mestre quanto o discípulo fazem perguntas e oferecem respostas mutuamente).

§ 52

O meio *experimental* (técnico) para o cultivo da virtude é o *bom exemplo* da parte do próprio mestre (sua conduta exemplar) e o exemplo *que adverte* os outros, pois, para um ser humano ainda não desenvolvido, a imitação constitui a primeira determinação de sua vontade para aceitar máximas que ele, posteriormente, produz para si mesmo. Formar um hábito é estabelecer uma inclinação duradoura, independentemente de qualquer máxima através de satisfações frequentemente reiteradas dessa inclinação; é um mecanismo do senso, em lugar de um princípio do pensamento (e que é mais fácil adquirir do que dele se livrar depois). No que respeita ao poder dos exemplos[209] (bons

209. A palavra alemã *Beispiel* ("exemplo", caso) é comumente utilizada como sinônimo de *Exempel* (exemplo), mas estes dois vocábulos não têm realmente o mesmo significado. Tomar alguma coisa como um *exemplo* e apresentar um *caso* a fim de esclarecer uma expressão são conceitos completamente distintos. Um exemplo é um caso particular de uma regra *prática*, na medida em que esta regra representa uma ação como praticável ou impraticável, ao passo que um *caso* é apenas um particular (*concretum*) representado de acordo com conceitos enquanto contidos num universal (*abstractum*), sendo uma apresentação de um conceito que visa meramente ao teórico.

ou maus) que podem ser mostrados ante a propensão para a imitação ou advertência, aquilo que nos é proporcionado pelos outros não pode estabelecer máxima alguma de virtude, já que uma máxima de virtude consiste precisamente na autonomia subjetiva da razão prática de cada ser humano e, assim, tem como implícito que a própria lei, e não a conduta de outros seres humanos, deve servir como nosso estímulo. Por conseguinte, um mestre não dirá ao seu aluno desobediente: segue o exemplo daquele menino bom (organizado, diligente)!..., pois isso só o levaria a odiar tal menino, que o coloca numa luz desfavorável. Um bom exemplo (conduta exemplar) não deveria servir como um modelo, mas somente como uma prova de que é realmente possível agir em conformidade com o dever. Desta maneira, não se trata da comparação com qualquer outro ser humano (como ele é), mas com a *ideia* (de humanidade), como ele *deve* ser, sendo assim comparação com a lei, que deve atuar como o padrão constante de instrução de um mestre.

Observação
Fragmento de uma catequese moral

O mestre extrai da razão de seu aluno, por meio do questionamento, o que deseja a ele ensinar, e, caso o aluno não saiba responder à questão, o mestre, guiando a razão dele, lhe sugere a resposta.

1. *Mestre:* Qual o teu maior, efetivamente teu completo desejo na vida?
   Aluno: (mantém-se em silêncio).
   Mestre: Que *tudo* sempre acontecesse da maneira que desejarias.
2. *Mestre:* E qual o nome dado a esta condição?
   Aluno: (mantém-se em silêncio).
   Mestre: O nome dado é *felicidade* (bem-estar constante, o gozo da vida, plena satisfação com a própria condição).
3. *Mestre:* Ora, se coubesse a ti dispor de toda a felicidade (possível no mundo), a conservarias toda para ti mesmo ou a dividirias com teus semelhantes?
   Aluno: Eu a dividiria com os outros e os tornaria felizes e satisfeitos também.
4. *Mestre:* Ora, isso prova que tens um *coração* suficientemente bom. Mas vejamos se tens uma boa *cabeça* para acompanhá-lo. Darias realmente a um indivíduo preguiçoso almofadas macias para que ele pudesse deixar passar sua vida numa doce ociosidade? Ou perceberias que a um bêbado nunca falta vinho e o que mais precisa ele para embriagar-se? Darias a um impostor um ar encantador e boas maneiras para ludibriar outras pessoas? E darias a um homem

violento audácia e punhos fortes para que fosse capaz de esmagar outras pessoas? Cada uma destas coisas é um meio que alguém desejaria para se tornar feliz da sua própria maneira.

Aluno: Não, eu não daria.

5. *Mestre:* Percebes, então, que, mesmo que tivesses toda a felicidade em tuas mãos e juntamente com ela a melhor vontade, ainda assim não a darias desconsideradamente a qualquer um que estendesse a mão para recebê-la; ao contrário, primeiramente tentarias descobrir em que medida cada um é digno de felicidade. Mas, no que concerne a ti, não terias, ao menos, escrúpulos quanto a começar por te proveres de tudo o que tens como tua felicidade?

Aluno: Não teria nenhum.

Mestre: Mas não ocorre a ti perguntar, novamente, se tu mesmo é digno de felicidade?

Aluno: É claro que sim.

Mestre: Ora, a força em ti que luta somente rumo à felicidade é *inclinação*, mas aquilo que limita tua inclinação à condição de seres primeiramente digno de felicidade é tua *razão*; e tua capacidade para frear e vencer tuas inclinações por meio de tua razão é a liberdade de tua vontade.

6. *Mestre:* Quanto a como deverias te dispor a participar da felicidade e, também, se tornar, ao menos, não indigno dela, a regra e instrução pertinentes a isto residem exclusivamente em tua *razão*. Isto corresponde a dizer que não precisas aprender essa regra para tua conduta a partir da experiência ou do ensino de outros. Tua própria razão te ensina o que tens de fazer e te comanda diretamente a fazê-lo. Supõe, por exemplo, que surge uma situação na qual poderias obter um grande benefício para ti mesmo ou teu amigo, elaborando uma mentira sutil que não prejudicaria ninguém: o que diz tua razão a respeito disso?

Aluno: Que não devo mentir, não importa quão grandes pudessem ser os benefícios para mim e meu amigo. Mentir é torpe e torna o ser humano indigno da felicidade. Aqui existe uma necessidade incondicional através de um comando (ou proibição) da razão que tenho de obedecer; e perante ele todas as minhas inclinações devem silenciar.

Mestre: Como chamamos essa necessidade, que a razão impõe diretamente a um ser humano, de agir conforme a lei da razão?

Aluno: Chamamo-la de *dever*.

Mestre: Portanto, a observância desse dever por parte de um ser humano constitui a condição universal e única de ser digno da felicidade, e este *seu ser digno da felicidade* é idêntico à sua observância da virtude.

7. *Mestre:* Mas ainda que estejamos conscientes dessa vontade boa e ativa em nós, em virtude da qual nos julgamos dignos (ou, ao menos, *não indignos*) da felicidade, podemos nisso fundar uma segura esperança de partilhar da felicidade?

Aluno: Não, não nisso unicamente, pois nem sempre está em nosso poder nos proporcionarmos felicidade, e o curso da natureza não se conforma por si com o mérito. Nossa boa sorte na vida (nosso bem-estar em geral) depende, pelo contrário, de circunstâncias que estão bem longe de se acharem sob nosso controle. Consequentemente, nossa felicidade permanece sempre um desejo que não pode se converter numa esperança, a não ser que algum outro poder seja adicionado.

8. *Mestre*: Possui a razão, efetivamente, quaisquer fundamentos próprios para supor a existência de um tal poder, que aquinhoa felicidade em conformidade com o mérito ou culpa de um ser humano, um poder ordenador da totalidade da natureza e que governa o mundo com sabedoria suprema?... Quer dizer, quaisquer fundamentos para a crença em Deus?

Aluno: Sim, pois vemos nas obras da natureza, que estamos capacitados a julgar, uma sabedoria tão vasta e profunda que só podemos explicá-la a nós mesmos pela arte inexprimivelmente grandiosa de um criador do mundo. E, no que diz respeito à ordem moral, que constitui o mais excelso embelezamento do mundo, temos motivo para esperar um regime de governo não menos sábio, tal que, se não nos tornarmos indignos da felicidade ao violar nosso dever, poderemos também ter esperança de partilhar a felicidade.

Nesta catequese, que deve ser levada a cabo através de todos os artigos da virtude e do vício, o maior cuidado precisa ser tomado no sentido de basear o comando do dever não nas vantagens ou desvantagens resultantes de observá-lo, se é o caso de submeter à obrigação um ou mesmo os outros, mas por completo puramente no princípio moral. Somente uma menção fortuita deveria ser feita de vantagens e desvantagens, como se de um suplemento que poderia realmente ser dispensado, ainda que seja útil, meramente como instrumento, ao gosto daqueles que são naturalmente fracos. É a *vergonha* do vício, não sua *nocividade* (ao próprio agente), que precisa ser enfatizada acima de tudo, pois, a menos que a dignidade da virtude seja exaltada acima de tudo o mais nas ações, o próprio conceito de dever se desvanece e descamba em meros preceitos pragmáticos, uma vez que a percepção de um ser humano de sua própria nobreza então desaparece, com o que ele é posto à venda, podendo ser comprado a um preço que as inclinações sedutoras lhe oferecem.

Ora, quando isso é desenvolvido sábia e cautelosamente a partir da própria razão de um ser humano, atentando-se para diferenças de idade, sexo e posição que ele encontrará gradualmente, então há ainda alguma coisa a surgir no final, que move a alma rumo ao íntimo e coloca o ser humano numa posição em que ele pode considerar a si mesmo unicamente num máximo deslumbramento à predisposição original que nele faz morada, cuja impressão jamais é apagada. Quando, a saber, no desfecho de sua instrução seus deveres são, mais uma vez, através da sumarização, recontados em sua ordem (recapitulados); e, quando, no caso de cada um deles, sua atenção é atraída para o fato de que nenhuma das dores, adversidades e sofrimentos da vida – nem sequer a ameaça da morte – que é possível que o atinjam porque ele fielmente acata ao seu dever pode subtrair-lhe a consciência de que ele é senhor e superior de todas elas, então esta questão está dele muito próxima: o que há em ti em que se pode confiar para o encetar combate com todas as forças da natureza dentro de ti e em torno de ti e subjugá-las, caso entrem em conflito com teus princípios morais? A despeito da solução a ser dada a esta questão estar inteiramente além da capacidade da razão especulativa, a questão assoma por si mesma; e, se ele a considera seriamente, a própria incompreensibilidade no domínio desse conhecimento de si mesmo deve produzir uma exaltação em sua alma que somente mais a inspira a manter sagrado seu dever quanto mais é ela assaltada.

Nesta instrução catequética moral seria sumamente útil para o desenvolvimento moral do aluno suscitar algumas questões casuísticas na análise de todo dever e permitir que as crianças reunidas testassem seu entendimento fazendo com que cada uma declarasse como resolveria o problema complicado a ela proposto. A vantagem disso não é apenas o fato de ser um cultivo da razão muitíssimo adequado à capacidade dos não desenvolvidos (uma vez que questões sobre o que é o nosso próprio dever podem ser solucionadas muito mais facilmente do que questões especulativas), resultando no modo mais apropriado de aguçar o entendimento dos jovens em geral; sua vantagem está particularmente no fato de que é natural para um ser humano *amar* uma matéria de estudo que ele, por meio de seu próprio trato, conduziu a uma ciência (na qual é ele agora proficiente); e, assim, por meio desta espécie de prática, o aluno é atraído, sem que o perceba, para um interesse na moralidade.

É, contudo, muitíssimo importante nesta educação não apresentar a catequese moral mesclada à religiosa (combiná-las em uma) ou, o que é ainda pior, fazer com que seja uma sequência da catequese religiosa. Ao contrário, o aluno deve sempre ser levado a uma clara compreensão na catequese moral, a qual deveria ser apresentada com máxima diligência e de modo consumado, pois, se assim não for, a religião que ele mais tarde professará não passará de hipocrisia; ele reconhecerá deveres por força do medo e simulará um interesse por eles que não está presente em seu coração.

Seção II
Ascese ética

§ 53

As regras para a prática da virtude (*exercitiorum virtutis*) visam a uma disposição de ânimo que é a uma vez *brava* e *jubilosa*, no cumprimento de seus deveres (*animus strenuus et hilaris*), porquanto a virtude não se restringe a reunir todas as suas forças para vencer os obstáculos que deve combater; envolve também o sacrifício de muitas alegrias da vida, perda que por vezes pode tornar nossa alma melancólica e amuada. Mas aquilo que não é feito com prazer, mas apenas como um serviço compulsório, carece de valor interior para alguém que atende à sua virtude deste modo, e um tal serviço não é por ele amado; em lugar disso, ele se esquiva o máximo possível das oportunidades de praticar a virtude.

Quanto ao princípio de uma prática vigorosa, animada e denodada da virtude, o cultivo da virtude, isto é, a *ascese* moral, toma como sua divisa o dito estoico: acostuma-te a tolerar os infortúnios da vida que podem ocorrer e a prescindir de seus prazeres supérfluos (*assuesce incommodis et desuesce commoditatibus vitae*).[210] Trata-se de uma espécie de *regime* para manter o ser humano moralmente sadio. Mas *saúde* é apenas um tipo negativo de bem-estar que não pode ela mesma ser sentida. Alguma coisa precisa ser acrescentada a ela, alguma coisa que, ainda que seja somente moral, propicie um agradável fruir à vida. É o coração sempre jubiloso, de acordo com a ideia do virtuoso Epicuro,[211] pois quem deveria ter mais razão de ser de um espírito jubiloso, e nem sequer julgar o dever de colocar-se numa jubilosa disposição de ânimo e torná-la habitual, do que aquele que está ciente de nenhuma transgressão intencional em si mesmo e está assegurado contra cair em alguma? (*hic murus aheneus esto* etc., Horácio).[212] Por outro lado, a ascese dos monges, a qual devido a medo supersticioso ou aversão hipócrita de si mesmo se ocupa do

210. Acostuma-te aos desconfortos e desacostuma-te aos confortos da vida. (N. T.)
211. Epicuro de Samos (342?-270 a.C.), filósofo grego. (N. T.)
212. Que seja isto nossa muralha de bronze etc. (N. T.)

autoflagelo e da mortificação da carne, não está dirigida à virtude, mas a uma fantástica purificação de si mesmo do pecado, pela imposição de castigos sobre si mesmo. Em lugar do arrependimento moral dos pecados (com vistas ao melhoramento), quer fazer penitência através de punições escolhidas e infligidas por si mesmo. Mas este castigo é uma contradição (uma vez que a punição deve sempre ser imposta por outrem); ademais, é incapaz de produzir o júbilo que acompanha a virtude, acarretando consigo, ao contrário, um ódio secreto pelo comando da virtude. A ginástica ética, portanto, consiste apenas em combater impulsos naturais o suficiente para capacitar a dominá-los quando surge uma situação na qual ameaçam a moralidade; consequentemente, torna-nos bravos e jubilosos na percepção de nossa liberdade restaurada. Arrepender-se de algo e impor uma penitência sobre si mesmo (como o jejum) em função não de cuidados de higiene, mas considerações piedosas, são, moralmente falando, duas medidas precautórias muito diferentes. Arrepender-se de uma transgressão passada quando dela se lembra é inevitável e, com efeito, é inclusive um dever não permitir que esta lembrança desapareça; fazer penitência, todavia, o que é triste, melancólico e amuado, torna a própria virtude odiada e afasta dela os adeptos. Por conseguinte, o treinamento (disciplina) ao qual um ser humano se submete como prática pode se tornar meritório e exemplar somente através do júbilo que o acompanha.

CONCLUSÃO

A doutrina religiosa como doutrina dos deveres a Deus está além dos limites da pura filosofia moral

Protágoras de Abdera[213] principiou seu livro com as seguintes palavras: "Quanto a haver deuses ou não, não sei o que dizer".[214] Por isso os atenienses o expulsaram de sua terra e da cidade e incineraram seus livros ante uma assembleia pública (Quintiliano, *Institutio Oratoria*, Livro III, capítulo I). Assim agindo, os juízes atenienses, na qualidade de seres humanos, fizeram-lhe um grande mal. Mas, como funcionários do Estado e juízes, procederam com total acerto e de maneira coerente, pois como poderia alguém fazer um juramento a

213. Protágoras de Abdera (480?-410? a.C.), o mais célebre dos sofistas gregos. No que toca ao ato público mencionado por Kant, ocorreu muito provavelmente em 411 a.C.. (N. T.)

214. *De diis, neque ut sint, neque ut non sint, habeo dicere.* Esta citação era de sua obra intitulada Περὶ θεῶν (*Peri theon – Dos deuses*). (N. T.)

não ser que houvesse sido pública e legalmente decretado, por suprema autoridade (*de par le Sénat*), que há deuses?[215]

Mas, na hipótese de concedermos essa crença e admitirmos que a *religião* é uma parte integral da doutrina geral dos deveres, o problema agora será determinar os limites da ciência a que ela pertence. Deverá ser considerada uma parte da ética (pois o que está em questão aqui não podem ser os direitos dos seres humanos entre si), ou terá de ser considerada como situada inteiramente além dos limites de uma moral puramente filosófica?

O *aspecto formal* de toda religião, desde que a religião seja definida como "a soma de todos os deveres *como* (*instar*) comandos divinos", pertence à moral filosófica, uma vez que tal definição expressa somente a relação da razão com a ideia de Deus que a razão produz para si mesma; e isto não transforma, ainda, um dever religioso num dever *a* (*erga*) Deus, como um ser que existe fora de nossa ideia, posto que ainda abstraímos de sua existência. O fundamento sobre o qual um ser humano deve pensar todos os seus deveres em conformidade com esse *aspecto formal* da religião (a relação deles com uma vontade divina dada *a priori*) é apenas subjetivamente lógico, *quer dizer*, não podemos com excelência tornar a obrigação (o constrangimento moral) intuitiva para nós mesmos, sem com isso pensar na vontade de *outrem*, a saber, a de Deus (da qual a razão, ao legislar leis universais, é apenas a porta-voz). Mas este dever *relativamente a Deus* (nos expressando propriamente, relativamente à ideia que nós mesmos fazemos de um tal ser) é um dever de um ser humano para consigo mesmo, isto é, não é objetivo, uma obrigação de prestar certos serviços para outro, mas apenas subjetivo, a favor do fortalecimento do incentivo moral na nossa própria razão legisladora.

Mas, no que respeita ao *aspecto material* da religião, a soma dos deveres *a* (*erga*) Deus, isto é, o serviço a lhe ser prestado (*ad praestandum*), poderia conter deveres especiais como comandos divinos que não procedem apenas da razão promulgando leis universais, de sorte que seriam por nós cognoscíveis tão

215. Mais tarde, entretanto, um grande e sábio legislador moral proibiu cabalmente a prestação de juramentos como algo absurdo e, concomitantemente, que quase faz fronteira com a blasfêmia; contudo, de um ponto de vista político, as pessoas ainda sustentam que esse dispositivo é absolutamente indispensável a título de meio a serviço da administração da justiça pública e interpretações liberais dessa proibição têm sido cogitadas com o fito de abrandá-la. Embora fosse absurdo jurar seriamente que existe um deus (porque necessariamente já se postulou isso para, afinal, se estar capacitado a prestar juramento), a questão persiste: se um juramento não seria possível e válido se alguém jurasse somente no caso de haver um deus (como Protágoras, nada decidindo a respeito). De fato, todo juramento que foi prestado tanto sincera quanto circunspectamente pode muito bem ter sido prestado precisamente neste sentido, pois, se alguém quer simplesmente jurar que um deus existe, sua proposta, parece, não envolve risco algum para ele, acredite ele no deus ou não. Se há um deus (o enganador dirá), então atingi o alvo; se não há, então tampouco há alguém para me pedir contas, e por um tal juramento não corro risco algum. Mas, se *houver um deus*, então não haverá perigo de ser pego numa mentira deliberadamente dita precisamente para enganá-lo?

só empiricamente, não *a priori*, e pertenceriam, portanto, somente à religião revelada. Teriam, por conseguinte, inclusive, que supor a existência de tal ser, não meramente a ideia dele para finalidades práticas, e não o supor por força da vontade, mas como alguma coisa que pudesse ser demonstrada como dada diretamente (ou indiretamente) na experiência. Mas uma tal religião, ainda assim, não abrangeria parte alguma de uma *moral puramente filosófica*, não importa quão bem fundamentada poderia ela, de outra maneira, ser.

Assim, a *religião*, na qualidade de doutrina dos deveres *a* Deus, situa-se totalmente além dos limites da ética puramente filosófica, e isto serve como justificativa ao autor da presente obra ética por não ter adotado a prática usual de trazer a religião, concebida nesse sentido, para dentro da ética, a fim de torná-la completa.

Podemos, efetivamente, falar de uma "religião nos limites da simples razão",[216] a qual não é, entretanto, derivada *exclusivamente da razão*, mas é também baseada nos ensinamentos da História e da Revelação, e considera apenas a *harmonia* da pura razão prática com estas (mostra que inexiste um conflito entre elas). Mas neste caso, igualmente, a religião não é *pura*; é, ao contrário, *religião aplicada* a uma história que é entregue a nós, e não há lugar para ela numa *ética* que é pura filosofia prática.

Observação conclusiva

Todas as relações morais de seres racionais que envolvem um princípio da harmonia da vontade de um com a de outro são redutíveis a *amor* e *respeito*; e, na medida em que este princípio seja prático, no caso do amor, a base para determinar a vontade de um é redutível ao *fim* do outro, e, no caso do respeito, ao *direito* do outro. Se um deles é um ser que só possui direitos e nenhum dever para com o outro (Deus), de modo que o outro só possua deveres e nenhum direito relativamente a ele, então o princípio da relação moral entre eles é *transcendente* (por outro lado, a relação moral de seres humanos com seres humanos, cujas vontades se limitam mutuamente, detém um princípio *imanente*).

O fim divino relativamente à espécie humana (no que tange a criá-la e guiá-la) só pode ser pensado como procedente do *amor*, isto é, como a *felicidade* dos seres humanos. Mas o princípio da vontade de Deus relativamente ao *respeito* (veneração) a ele devido, que limita os efeitos do amor, isto é, o princípio do direito de Deus, não pode ser outro senão o da *justiça*. Expressando-o em termos humanos, Deus criou seres racionais *pela necessidade*, por assim dizer,

216. Kant se refere à sua obra de 1793: *Die Religion innerhalb der Grenzen der bloßen Vernunft*. (N. T.)

de ter alguma coisa externa a si mesmo que ele pudesse amar ou pelo que pudesse ele também ser amado.

Mas, no juízo de nossa própria razão, a exigência que a justiça divina faz de nós não tem essa grandeza, mas é mesmo maior (porque o princípio é um princípio restritivo): e a exigência é aquela da justiça *punitiva*, pois não há lugar para *recompensa* (*praemium, remuneratio gratuita*) na justiça para seres que só têm deveres e nenhum dever em relação ao outro, mas apenas em seu amor e beneficência (*benignitas*) para com eles; ainda menos pode uma reivindicação por *compensação* (*merces*) ser feita por esses seres, e a *justiça compensatória* (*iustitia brabeutica*) na relação de Deus com os seres humanos é uma contradição.

Mas na ideia de um exercício de justiça por um ser que está acima de qualquer interferência com seus fins há algo que não pode ser bem reconciliado com a relação dos seres humanos com Deus, nomeadamente, o conceito de *lesão* que poderia ser feita ao governante infinito e inacessível do mundo, pois o que aqui está em questão não são as violações de direitos dos seres humanos entre si, para as quais Deus, na qualidade de juiz que pune, profere a sentença, mas de uma violação que se supõe ter sido cometida contra o próprio Deus e seu direito. O conceito disto é *transcendente*, ou seja, está situado inteiramente além do conceito de qualquer justiça punitiva, da qual pudéssemos apresentar qualquer exemplo (isto é, qualquer exemplo entre seres humanos), e envolve princípios extravagantes que não podem ser harmonizados com aqueles que usaríamos nos casos da experiência e que são, em consonância com isso, completamente vazios para nossa razão prática.

Aqui a ideia de justiça punitiva divina é personificada. Não há um ser julgador particular que a exerce (pois neste caso este ser entraria em conflito com princípios de direito); em lugar disso é a *justiça* – como se fosse uma substância (de outra maneira, chamada de justiça *eterna*) que, como o *fado* (destino) dos antigos poetas filosóficos, está acima mesmo de Júpiter – que julga em torno de direitos, de acordo com uma necessidade férrea, inevitável, que é para nós, ademais, insondável.[217] Agora alguns exemplos disso.

A punição (de acordo com Horácio) não deixa o criminoso fora de seu olhar quando este caminha a passos largos e orgulhosamente diante dela; pelo contrário, ela se mantém coxeando atrás dele até apanhá-lo. Sangue inocentemente derramado clama por vingança. O crime não pode permanecer sem vingança; se a punição não atingir o criminoso, então os descendentes deste deverão sofrê-la, ou, se ela não o atingir durante sua existência, então terá de

217. Kant alude ao conceito de ἀνάγκη (*anagkê*). (N. T.)

ocorrer numa vida após a morte,[218] o que é aceito e prontamente feito objeto de crença de maneira expressa, de sorte que a exigência de justiça eterna possa ser instaurada. Eu não admitirei que a *culpa de sangue* ocorra em meu país, concedendo o perdão a um duelista perverso e assassino por quem intercedeis – disse um sábio governante. A *culpa por pecados* tem de ser expiada, mesmo que uma pessoa completamente inocente devesse oferecer a si mesma para expiá-la (caso em que o sofrimento que ela assume para si mesma não poderia propriamente ser chamado de punição, posto que ela própria não cometeu crime algum). Tudo isso deixa claro que esse julgamento de condenação não é atribuído a uma *pessoa* que administra a justiça (pois a pessoa não poderia julgar dessa forma sem prejudicar os outros), mas que a *justiça*, por si mesma, como um princípio transcendente atribuído a um sujeito suprassensível, determina o direito desse ser. Tudo isso, com efeito, se conforma ao *aspecto formal* desse princípio, mas conflitua com o *aspecto material* dele, o *fim*, que é sempre a felicidade dos seres humanos, pois, em vista da eventual multidão de criminosos que conservam o registro de sua culpa continuando no crime, a justiça punitiva faria o *fim* da criação consistir não no *amor* do criador (como se deve, no entanto, pensar que seja), mas, ao contrário, na rigorosa observância de seu *direito* (ela converteria em fim o próprio direito de Deus, localizado em sua *glória*). Porém, uma vez que essa última (justiça) é apenas a condição que limita a primeira (benevolência), isso parece contradizer princípios da razão prática, pelos quais a criação de um mundo deveria que ter sido omitida se houvesse produzido um resultado tão contrário à intenção de seu autor, o que só pode ter amor como sua base.

De tudo isso fica claro que, na ética, como pura filosofia prática de legislação interior, somente as relações morais *de seres humanos com seres humanos* são compreensíveis por nós. A questão de qual tipo de relação moral é válida entre Deus e os seres humanos ultrapassa completamente os limites da ética e é totalmente incompreensível para nós, e isso confirma, então, o que foi sustentado acima: que a ética não pode estender-se além dos limites dos deveres dos seres humanos entre si.

218. Não é sequer necessário aventar a hipótese de uma vida futura a esta para apresentar essa ameaça da punição como completamente cumprida, pois um ser humano, considerado do prisma de sua moralidade, é julgado como um objeto suprassensível por um juiz suprassensível não sob condições de tempo; somente sua existência é relevante aqui. Sua vida sobre a Terra – seja ela efêmera ou longa ou até mesmo infindável – é apenas sua existência aparente, e o conceito de justiça não precisa ser determinado mais estritamente, uma vez que a crença numa vida futura, propriamente falando, não é originária (não vem primeiro), de maneira a deixar o efeito da justiça criminal sobre ela ser visto; pelo contrário, é da necessidade de punição que a inferência de uma vida futura é tirada.

ÍNDICE DA DIVISÃO DA ÉTICA[219]

219. Este índice, que mantivemos, segundo a edição original, após o texto da *Doutrina da virtude*, não passa de um índice minimizado, se não precário. É de se notar, inclusive, que nem sempre é fiel à integridade dos títulos internos a que corresponde. O leitor deve ater-se, preferivelmente, ao *Sumário* apresentado no início desta obra. Cumpre lembrar, mais uma vez, que, originalmente, a *Doutrina da virtude* foi publicada separadamente da *Doutrina do direito*. (N. T.)

CRONOLOGIA

Nota: esta é uma cronologia sumária e básica, quase que restrita aos eventos e fatos envolvendo diretamente *Immanuel Kant*. Todas as obras sem a indicação do autor são da autoria de Kant, mas não as indicamos aqui em sua totalidade.

1712 – Nasce Jean-Jacques Rousseau.

1724 – Nasce *Immanuel Kant*, em Königsberg, no leste da Prússia, em 22 de abril.

1727 – Morre Isaac Newton.

1730-1732 – O menino Kant frequenta a escola primária (*Vorstädter Hospitalschule*).

1732-1740 – Kant prossegue seus estudos no *Collegium Fridericianum* (instituição paroquiana pietista).

1740-1746 – Kant frequenta a Universidade de Königsberg.

1747-1754 – K. atua como tutor particular de membros de famílias residentes próximo a Königsberg.

1755 – Morre Montesquieu. K. finda sua dissertação sob o título: *Exposição sucinta de algumas meditações sobre o fogo*; é graduado como *doutor* pela Faculdade de Filosofia da Universidade de Königsberg. K. expõe uma teoria astronômica em um trabalho intitulado *História natural universal e teoria dos céus*. K. apresenta à Faculdade de Filosofia o artigo *Nova elucidação dos primeiros princípios de cognição metafísica.*

1756 – Aparecem três tratados de K. sobre sismologia (em torno de um terremoto ocorrido em Lisboa).

1760 – Benjamin Franklin inventa o para-raios.

1762 – Surge a obra *A falsa sutileza das quatro figuras silogísticas.*

1763 – Vem a lume *O único argumento possível em apoio de uma demonstração da existência de Deus.*

1763 – Publicação de *Dos delitos e das penas*, de Cesare Beccaria.

1764 – Aparecem *Observações acerca do sentimento do belo e do sublime* e também *Investigação concernente à distinção entre os princípios da teologia natural e a moral.*

1766 – Vem à luz *Sonhos de um visionário esclarecidos pelos sonhos da metafísica.*

1770 – Kant é nomeado professor de lógica e metafísica na Universidade de Königsberg, o que enseja o aparecimento da dissertação *Da forma e princípios do mundo sensível e do inteligível.*

1774 – Aparecem os primeiros trabalhos de Lavoisier.

1778 – Morrem Voltaire e Rousseau.

1781 – *Crítica da razão pura*, primeira edição.

1783 – *Prolegômenos a toda metafísica futura.*

1784 – *Ideias rumo a uma história universal de um ponto de vista cosmopolita*; *Uma resposta à questão: o que é iluminismo?*

1785 – Kant executa uma revisão das *Ideias para uma filosofia da história da humanidade,* de Herder; *Fundamentos da metafísica dos costumes.*

1786 – Kant é eleito para a Academia de Ciências em Berlim; surge a obra *Início conjetural da história humana*; também *Fundamentos metafísicos da ciência natural*; ainda *O que é orientação no pensar?*

1787 – *Crítica da razão pura*, segunda edição.

1788 – *Crítica da razão prática*; *Do uso de princípios teleológicos em filosofia.*

1789-1791 – Realizada na França a Assembleia Constituinte.

1790 – *Crítica do juízo*, primeira edição.

1793 – *Do adágio: que pode ser verdadeiro na teoria mas não tem uso prático*; *Crítica do juízo*, segunda edição; *A religião nos limites da simples razão.*

1794 – Kant sofre censura do censor imperial; eleito no mesmo ano para a Academia de Ciências de São Petersburgo; publicação de *O fim de todas as coisas.*

1795 – *Da paz perpétua.*

1796 – Em julho deste ano, aos 72 anos, Kant dá sua última palestra.

1797 – Aparece a *Metafísica dos costumes* (publicada separadamente no mesmo ano: primeiro a *Doutrina do direito* e depois a *Doutrina da virtude*); *Do pretenso direito de mentir por motivos benevolentes.*

1798 – *Antropologia de um ponto de vista pragmático*; *O conflito das faculdades* (obra da qual a Parte II é *Uma velha questão novamente suscitada: está a espécie humana constantemente progredindo?*).

1800 – *Lógica* é publicada.

1803 – Kant adoece; surge ainda sua obra *Pedagogia (Educação)*.

1804 – Morte de Immanuel Kant, a 12 de fevereiro; seu sepultamento ocorre no dia 28 desse mês.

GLOSSÁRIO

***Observação*:** a compreensão das acepções diferenciadas que Kant atribui a vários termos correntes do vocabulário filosófico é absolutamente indispensável ao estudo e entendimento de seu pensamento. Cumpre, contudo, alertar o leitor que este é apenas um glossário *básico* e *sumário*. Um glossário completo do que se convencionou chamar de "terminologia kantiana" ultrapassaria, devido à sua extensão, as limitações desta edição. A propósito, Kant não empresta, inclusive, acepções fixas aos termos, ocorrendo variações conceituais (especialmente ao longo de suas diferentes obras) no próprio âmbito interno do vocabulário kantiano e mesmo duplicidade de acepções. No que respeita particularmente à *Metafísica dos costumes*, é de se notar que o filósofo de Königsberg regularmente conceitua ele próprio os termos apresentados em destaque, o que minimiza um glossário que pretendesse contemplar mais especificamente conceitos jurídicos e éticos.

Notas

1. *Abreviaturas das obras de Kant em referência*
   CRP – Crítica da razão pura
   CRPr – Crítica da razão prática
   CJ – Crítica do juízo
   A – Antropologia
   MC – Metafísica dos costumes
   FMC – Fundamentos da metafísica dos costumes
   FMCN – Fundamentos metafísicos da ciência da natureza
   L – Lógica
2. Os substantivos estão registrados com inicial maiúscula; adjetivos e verbos, com inicial minúscula. Na indicação dos termos originais em alemão consideramos algumas alterações ortográficas efetuadas ou sugeridas pelos atuais editores alemães.

A

absoluto (*absolut*) – diz-se de uma coisa daquilo que nela tem validade do ponto de vista de si mesma e, por conseguinte, do prisma de sua interioridade; da qualidade de alguma coisa ser válida de modo irrestrito em todos os seus aspectos. (CRP)

Analítica (*Analytik*) – estudo das formas do entendimento.

Analítica transcendental (*transzendentale Analytik*) – conhecimento das formas *a priori* do entendimento puro. (CRP)

Anfibolia transcendental (*transzendentale Amphibolie*) (o mesmo que *anfibolia dos conceitos de reflexão*) – ambiguidade produzida pela aplicação dos predicados puramente intelectuais determinados pelos conceitos de reflexão aos fenômenos sensíveis, com o fito de compreendê-los ou transcendê-los, isto à revelia das condições que caracterizam a sensibilidade. (CRP e MC).

Antinomia (*Antinomie*) – desacordo ou contradição ocorrida entre as leis da razão pura. A antinomia ocorre, ademais, no domínio da razão prática, naquele do juízo teleológico e naquele do gosto. (CRP, CRPr e CJ)

Antropologia moral (*moralische Anthropologie*) – ciência cujo objeto de estudo é o ser humano, sendo o conhecimento deste dirigido àquilo que deve produzir sabedoria para viver, em harmonia com os princípios da metafísica dos costumes.

Antropologia pragmática (*pragmatische Anthropologie*) – a ciência do ser humano dirigida àquilo que pode ser assegurado e incrementado graças à destreza humana.

Antropologia teórica (*theoretische Anthropologie*) – ciência do ser humano em geral no que concerne às faculdades humanas.

Antroponomia (*Anthroponomie*) – a lei moral oriunda e resultante da razão. (MC)

Apercepção empírica (*empirische Apperzeption*) – ação de referir uma representação à consciência (percepção – *Bewußtsein*) de si. (CRP)

Apercepção transcendental (*transzendentale Apperzeption*) – consciência (percepção – *Bewußtsein*) de si. (CRP)

A posteriori – diz-se daquilo (particularmente cognições e conceitos) que não só se funda na experiência e desta depende, como também é *logicamente posterior* a ela. (CRP)

A priori (o mesmo que *puro*) – diz-se daquilo (particularmente cognições e conceitos) que não só independe da experiência, como lhe é necessariamente *anterior* do ponto de vista *lógico*. (CRP)

Arquitetônica (*Architektonik*) – sistematização teórica científica presente no conhecimento em geral.

Autonomia da vontade (*Autonomie der Wille*) – caráter da vontade pura na medida em que esta é indeterminável, salvo em função de sua própria essência. (CRPr)

C

Casuística (*Kasuistik*) – no que tange à aplicação das regras éticas às circunstâncias particulares, o questionamento e investigação dos problemas que abarcam particularidades resultantes de dita aplicação.

Categoria (*Kategorie*) – conceito fundamental do entendimento puro, ou seja, a forma *a priori* do conhecimento representativa das funções essenciais do pensamento expresso no discurso. Há quatro grandes classes de categorias: *quantidade* (unidade, pluralidade, totalidade); *qualidade* (realidade, negação, limitação); *relação* (inerência e subsistência *(substância e acidente)*, causalidade e dependência *(causa e efeito)*, comunidade *(permuta entre o agir e o sofrer)*; *modalidade* (possibilidade – impossibilidade, existência – não ser, necessidade – contingência). (CRP)

Causalidade (*Kausalität*) – a segunda categoria (da relação) na sua associação necessária à Dependência. Corresponde à causa. (CRP)

Coisa em si (*Ding an sich*) – a coisa particular enquanto subsistente em si mesma, realidade última, pensável *a priori* mas empiricamente imperceptível. Ver *Nôumenon*.

Comunidade (*Gemeinschaft*) – a terceira categoria da relação, expressa na relação de reciprocidade do agir e sofrer (ação e paixão – *poiesis kai pathos*). (CRP)

Conceito de reflexão (*Reflexionsbegriff*) – conceito pelo qual o entendimento estabelece o confronto das representações (matéria e forma, identidade e diversidade, interioridade e exterioridade, harmonia e oposição). (CRP e MC)

Conceito puro (*reine Begriff*) – todo conceito construído *a priori*, ou seja, sem nenhum concurso da experiência. (CRP)

Conflito (*Widerstreit*) – contradição na qual incorre a razão no seu empenho de descobrir um fenômeno *incondicional* que determinasse a dependência de todos os fenômenos condicionados. Ver *Antinomia*. (CRP)

construir (*konstruieren*) – representar um conceito ou relação numa intuição *a priori*. (CRP)

Contingência (*Zufälligkeit*) – a terceira categoria (oposicional à *Necessidade*) da modalidade; no quadro das categorias, a contingência é a última. (CRP)

Convicção (*Überzeugung*) – certeza de cunho lógico. (CRP)

Coragem (*Tapferkeit*) – disposição ou faculdade moral caracterizada pela determinação e resistência diante da ação injusta do outro. Kant distingue a coragem (valor) da *Virtude*. (MC)

Cosmologia racional (*vernünftige Kosmologie*) – o elenco de problemas levantados e estudados que tocam à origem e natureza do mundo enquanto realidade.

Crença (*Glaube(n)*) – o assentimento que é suficiente somente do ponto de vista subjetivo. (CRP)

Crítica (*Kritik*) – investigação filosófica ou filosofia enquanto investigação que obedece ao seguinte roteiro sistemático: 1. valoração do objeto de estudo; 2. estabelecimento de afirmações acerca do objeto estudado e, ademais, apresentando como exigência metodológica primeiro expor e esclarecer as condições do conhecimento, para só então pretender-se produzir conhecimento.

Criticismo – termo com o qual se designa a doutrina filosófica de Immanuel Kant.

D

Deísmo (*Deismus*) – doutrina que sustenta a crença de que mediante a razão só se pode atingir a cognição da *existência* de Deus, porém não o conhecimento da natureza de Deus ou, mais propriamente, seus atributos. Ver *Teísmo*.

Dependência (*Dependenz*) – a segunda categoria (da relação) na sua associação necessária à Causalidade. Corresponde ao efeito. (CRP)

Dever estrito (*strenge Pflicht*) – dever cujas aplicações revelam precisão e são bem determinadas. Os *deveres de direito* são deveres *estritos*. (FMC e MC)

Dever lato (*weitere Pflicht*) – dever cujas aplicações carecem de precisão, encerrando um aspecto de valoração pessoal indeterminável. Os *deveres de virtude* são deveres *latos*. (FMC e MC)

Dialética (*Dialektik*) – lógica das aparências; a lógica geral como suposto *Órganon*. Kant emprega este substantivo em acepção pejorativa, chamando por vezes a *Dialética* (à qual às vezes ajunta os adjetivos *formal (formale)* ou *lógica (logische)* de "sofística dos antigos".

Dialética formal (*formale Dialektik*) – ver *Dialética*.

Dialética lógica (*logische Dialektik*) – ver *Dialética*.

Dialética transcendental (*transzendentale Dialektik*) – crítica das aparências ou ilusões lógicas.

dialético (*dialektisch*) – diz-se dos raciocínios enganosos, ilusórios ou sofísticos.

Dignidade humana (*Menschenwürde*) – princípio moral segundo o qual o ser humano deve ser tratado como um fim (*Zweck*) em si, e jamais meramente como um meio que visa a um fim distinto e externo a ele mesmo. (FMC)

direito (*recht*) – diz-se do ato que se conforma ao dever. (MC)

discursivo (*diskursiv*) – diz-se do conhecimento geral em oposição ao conhecimento do particular (intuitivo).

Dogma (*Dogma*) – proposição ou juízo sintético direto por conceitos. (CRP). Ver *Matema*.

Dogmatismo (*Dogmatismus*) – com referência à metafísica, o preconceito que consiste em dela ocupar-se sem uma prévia *crítica da razão pura*. Kant atribui um sentido negativo e pejorativo a este termo. (CRP)

Doutrina da virtude (*Tugendlehre*) – doutrina (teoria) que se ocupa do princípio interno das ações humanas e da determinação dos fins morais destas. É o título da segunda grande parte da *Metafísica dos costumes*. (MC)

Doutrina do direito (*Rechtslehre*) – doutrina (teoria) que se restringe a considerar a ordem das ações humanas exteriores. É o título da primeira grande parte da *Metafísica dos costumes*. (MC)

E

empírico (*empirisch*) (o mesmo que *a posteriori*) – diz-se daquilo que na experiência (*empeiria*) é instaurado externamente ao próprio espírito, não tendo como origem nem as formas nem as leis deste. Opõe-se a *puro* (*a priori*).

Entendimento (*Verstand*) – a faculdade ou função do espírito humano de unir sequencialmente as sensações e realizá-lo dentro de sistemas concatenados empregando as categorias. (CRP)

Espaço (*Raum*) – Intuição pura fundamental para a percepção do sujeito cognoscente, anterior a toda experiência. Tal como o *Tempo*, o espaço, para Kant, não é um existente e não tem realidade própria, não é um *Nôumeno* nem um *Fenômeno*, não é um conceito discursivo e, tampouco, um conceito empírico; é uma projeção intuitiva pura da consciência humana. Ver *Tempo*.

Esquema transcendental (*transzendentales Schema*) – representação intermediária que, de um lado, apresenta homogeneidade com o conceito *a priori* (ou seja, destituído de qualquer conteúdo empírico) e, de outro, apresenta homogeneidade com as percepções (no que é pertinente à ordem do sensível), admitindo consequentemente a subsunção de maneira indireta das percepções ou das imagens em submissão às categorias. (CRP)

Estética transcendental (*transzendentale Ästhetik*) – estudo ou investigação das formas *a priori* da sensibilidade, o que implica o estudo paralelo do tempo e do espaço. (CRP)

estético (*ästhetisch*) – que diz respeito às formas *a priori* da sensibilidade, envolvendo o tempo e o espaço.

Eudemonismo (*Eudämonismus*) – Kant restringe a acepção clássica e tradicional desta palavra (ou seja, *doutrina ética que sustenta o princípio de que a finalidade da ação humana é a felicidade (eudaimonia)* individual ou coletiva). Dentro da concepção ética kantiana parece ser contemplada somente a felicidade individual; na verdade, mais precisamente, o fim ético mais profundo e prevalente imerso no nosso relacionamento com o outro é *nossa perfeição* quando nos afeta e *sua felicidade* quando o afeta. (A e MC)

Existência (*Dasein*) – a segunda categoria positiva da classe da modalidade. (CRP)

F

Faculdade (*Vermögen*) – poder ou capacidade de executar certos tipos de ação. Kant limita o significado desta palavra, atribuindo-lhe conceitualmente um caráter necessária e exclusivamente *ativo* do ponto de vista do sujeito (agente), distinguindo e opondo *Faculdade* a *Receptividade* (*Empfänglichkeit*). (A) Entretanto, como ocorre amiúde, Kant nem sempre usa este termo ao longo de seus escritos em um sentido sempre idêntico e unívoco. Ele se refere alhures à *Sensibilidade* (que é receptividade) como "faculdade cognoscente inferior".

Fatum – o ocorrível por força de uma necessidade cega, graças à qual certos eventos seriam autodetermináveis e independentes das próprias causas que os houvesse produzido. (CRP)

Felicidade (*Glückseligkeit*) – satisfação da totalidade das inclinações sob três pontos de vista: o da *extensão* (implicando a multiplicidade das inclinações satisfeitas), o da *intensidade* (implicando o grau de satisfação) e o da *protensão* (implicando a duração da satisfação). (CRP)

Fenômeno (*Phänomen, Erscheinung*) – tudo aquilo que se mostra (aparece) no tempo e no espaço, ou seja, tudo aquilo que é "objeto de experiência possível", manifestando as relações que as categorias determinam. Opõe-se a *Nôumeno* ou *Coisa em si*. (CRP)

Filodoxia (*Philodoxie*) – diletantismo intelectual que consiste em suscitar, promover e inflamar as questões filosóficas sem, contudo, o propósito de perseguir e descobrir soluções científicas e de aceitação universal para elas.

Fim em si (*Zweck an sich*) – o *fim* absoluto, incondicional por contraposição aos *fins* relativos ou de intermediação, os quais são *meios* de um outro fim mais elevado; além disso, o *Fim em si* é objetivo e necessário, opondo-se aos *Fins* subjetivos e contingentes que uma vontade poderia destinar-*se* dando-lhes um valor particular (e não universal).

Forma (*Form*) – um dos dois componentes constitutivos do conhecimento (o outro é a *Matéria* [*Materie*]) constituído, por sua vez, pelas leis do pensamento que estabelecem em meio aos dados sensoriais múltiplos relações que facultam captá-los e compreendê-los.

I

Idealismo empírico (*empirisch Idealismus*) – teoria que considera a existência dos objetos no espaço externamente ao sujeito humano como dúbia e indemonstrável, ou falsa e impossível.

Idealismo problemático (*problematisch Idealismus*) – forma cartesiana do Idealismo empírico. Kant refuta o Idealismo empírico e propõe o Idealismo transcendental (ver na imediata sequência).

Idealismo transcendental (*transzendental Idealismus*) – doutrina segundo a qual todos os fenômenos são considerados indiscriminadamente e sem exceção *simples representações*, não coisas em si, e tempo e espaço não passam de *formas sensíveis de nossa intuição* e não determinações dadas em si mesmas ou condições dos objetos como coisas em si. (CRP)

Ideia (*Idee*) – forma de todo pensamento por cuja percepção imediata se tem consciência desse próprio pensamento. (CRP) Ver *Representação*.

Ideia transcendental (*transzendentale Idee*) – aquilo que, no domínio do pensamento, não se origina dos sentidos e, inclusive, ultrapassa as próprias noções do entendimento.

Imperativo (*Imperative*) – do ponto de vista lógico, proposição sob a forma específica de um comando, particularmente de um comando emitido pelo espírito humano e dirigido a si mesmo.

Imperativo categórico (*kategorisch Imperative*) – imperativo no qual o comando é incondicional (exemplo: *Sê bom!*). Kant assinala a singularidade do Imperativo categórico fundamental na fórmula: "Age sempre em conformidade com uma máxima que desejarias que pudesse ser ao mesmo tempo uma lei universal". (FMC)

Imperativo hipotético (*hypothetisch Imperative*) – imperativo no qual o comando emitido se condiciona, na qualidade de *meio*, a um certo *fim* a ser atingido ou atingível (exemplo: *Estuda assiduamente, se desejas obter um futuro melhor!*).

Impossibilidade (*Unmöglichkeit*) – a primeira categoria negativa da modalidade. (CRP)

Inerência (*Inhärenz*) – a existência atribuída aos acidentes da matéria (por exemplo, ao movimento como acidente da matéria). Com a Subsistência, constitui a primeira categoria da relação. (CRP)

Intuição (*Anschauung*) – visão imediata e direta de um objeto do pensamento presente no espírito e captado em sua realidade individual. (CRP)

J

Juízo analítico (*analytische Urteil*) – juízo no qual o predicado já está contido no sujeito (exemplo: *o triângulo tem três lados*). Opõe-se a Juízo sintético. (CRP)

Juízo assertórico (*assertorische Urteil*) – juízo cuja *Modalidade* é pertinente à categoria da *Existência* (a segunda categoria positiva da modalidade) na sua distinção da categoria da *Necessidade* (a terceira categoria positiva da modalidade). Exemplo: *a pedra é dura*. Ver *Categoria*.

Juízo indefinido (*unendlische Urteil*) – juízo que exprime afirmação, mas com predicado negativo (exemplo: *a soberania da vida é não morrer*).

Juízo limitativo (*beschränkende Urteil*) – o mesmo que *Juízo indefinido*.

Juízo problemático (*problematische Urteil*) – juízo no qual admite-se a afirmação ou a negação apenas como possibilidade (exemplos: *a redução dos juros pode ser a solução*; *talvez ele não esteja doente*).

Juízo sintético *a posteriori* (*synthetische a posteriori Urteil*) – juízo cujo predicado não se acha implícito no sujeito e se funda na experiência (exemplo: *a água do rio está fria*).

Juízo sintético *a priori* (*synthetische a priori Urteil*) – juízo cujo predicado não está implícito (contido) no sujeito e independe da experiência (exemplo: *Deus é infinito*).

L

Lei moral (*Sittengesetz*) – formulação ou enunciado do princípio de ação universal e obrigatória que serve de diretriz aos atos de todo ser racional na consecução de sua autonomia. (CRPr)

Limitação (*Limitation*) – a terceira categoria da qualidade.

Lógica (*Logik*) – ciência das leis necessárias do entendimento e da razão em geral. (L)

Lógica transcendental (*transzendentalen Logik*) – lógica na qual se isola o entendimento, retendo-se da cognição somente a parte do pensamento cuja fonte única é o entendimento. (CRP)

Lugar transcendental (*transzendentaler Ort*) (o mesmo que *Tópico transcendental*) – lugar destinado a um conceito ao referi-lo ao entendimento ou à faculdade sensorial. (CRP)

M

Matema (*Mathema*) – proposição sintética por construção de conceitos. (CRP). Ver *Dogma*.

Matéria (*Materie*) – Kant utiliza este termo basicamente em duas acepções, quais sejam: 1. o conjunto dos dados concretos formadores do conteúdo do pensamento (acepção gnosiológica na qual Kant opõe Matéria à Forma); (CRP). 2. tudo aquilo que se move no espaço (acepção física). (FMCN)

Máxima (*Maxime*) – regra de conduta dotada de validade (do ponto de vista do indivíduo humano que a adota) que contempla sua própria vontade, sem conexão com as vontades alheias. (MC)

Metafísica (*Metaphysik*) – Kant empresta quatro sentidos a esta palavra no conjunto de sua obra, sendo o primeiro o mais importante e o mais empregado e o quarto o menos importante e menos empregado.

1. Conjunto de conhecimentos obtidos graças exclusivamente à razão pura (ou seja, a faculdade de conhecer *a priori* mediante conceitos, sem o concurso dos dados empíricos ou das intuições do tempo e do espaço). Nesta acepção, K. utiliza o vocábulo aplicando-o à parte *construtiva* da filosofia, que se distingue e se opõe à parte *crítica*.
2. Conjunto de todo o conhecimento filosófico puro, incluindo o *conhecer* constituído pela *Crítica* (ver este termo).
3. Teoria dos artigos de fé da razão.
4. Os princípios que servem como reguladores do discurso científico.

metafísico (*metaphysisch*) – diz-se daquilo que genericamente constitui o conhecimento puro e especificamente o juízo moral *a priori*. Kant deslocou este adjetivo, bem como o substantivo correspondente (*Metafísica*), do plano e disciplina que ocupavam na filosofia pré-kantiana (com origem na filosofia antiga grega), ou seja, a ontologia, para a gnosiologia.

Modalidade (*Modalität*) – a quarta grande classe de categorias (ver *Categoria*). A Modalidade concerne ao aspecto funcional dos juízos (juízo apodíctico, juízo assertórico, juízo problemático), aos quais correspondem *três pares de conceitos do entendimento* denominados *Categorias da Modalidade*, a saber, Possibilidade (*Möglichkeit*) – Impossibilidade (*Unmöglichkeit*), Existência (*Dasein*) – Não ser

(*Nichtsein*) e Necessidade (*Notwendigkeit*) – Contingência (*Zufälligkeit*).

Multiplicidade (*Vielheit*) – a segunda categoria da quantidade. (CRP)

N

Não ser (*Nichtsein*) – a segunda categoria negativa da modalidade. (CRP)

Necessidade (*Notwendigkeit*) – a terceira categoria positiva da modalidade. (CRP)

Negação (*Negation*) – a segunda categoria da qualidade. (CRP)

Nôumeno (*Noumenon*) – realidade inteligível imanifesta em oposição à realidade sensível manifesta (a realidade que é desvelada aos sentidos, isto é, o Fenômeno) e, por conseguinte, a Coisa em si.

P

Paixão (*Leidenschaft*) – inclinação ou tendência acompanhada de estados afetivos, intelectivos e imagens que é suficientemente intensa, potente e duradoura para exercer domínio sobre o espírito.

passional (*leidenschaftlich*) – o mesmo que *patológico* (ver a seguir).

patológico (*pathologisch*) – que diz respeito aos sentimentos e, mais especificamente, às paixões.

Percepção (*wahrnehmung*) – consciência empírica, isto é, consciência na qual ocorre concomitantemente sensação. (CRP)

Possibilidade (*Möglichkeit*) – a primeira categoria positiva da modalidade. (CRP)

Postulado (*Postulat*) – proposição teórica, mas indemonstrável como tal na medida em que está indissoluvelmente unida a uma lei prática incondicionalmente válida *a priori*. (CRPr)

Predicamentos (*Prädikamente*) – o mesmo que Categorias.

Predicáveis (*Prädicabilien*) – conceitos *a priori*, mas não originários e sim derivados, que são deduzíveis dos predicamentos ou categorias.

Princípio imanente (*immanente Prinzip*) – princípio aplicável estritamente nos limites da experiência possível. (CRP)

Prolegômenos (*Prolegomena*) – exposição inicial de uma doutrina ou ciência à guisa de introito à discussão completa e aprofundada de uma ou outra. É exemplo disto a obra de Kant intitulada *Prolegomena zur jeden künftigen Metaphysik* (Prolegômenos a toda Metafísica Futura).

Propedêutica (*Propädeutik*) – uma ciência (especialmente a Lógica) cujo estudo constitui instrumento necessário para a realização do estudo de outra ciência. Este conceito kantiano, a rigor, está calcado no próprio conceito original aristotélico. Para Aristóteles, entretanto, só existe *uma* propedêutica: a Lógica, que *não* é ciência, mas meramente instrumento, ferramenta (o que ele chamou de *Analítica* e posteriormente foi chamado de *Órganon*) indispensável a toda ciência.

Prova fisicoteológica (*physicotheologischer Beweis*) – argumento a favor da existência de Deus criado com base nos caracteres exibidos pelo mundo físico, quais sejam, o *cósmico* (a ordem), o *teleológico* (a finalidade) e o *estético* (a beleza). Este argumento kantiano é reforçado principalmente pela própria impossibilidade de afirmar que tais caracteres sejam produto do acaso.

Prudência (*Klugheit*) – habilidade para escolher os meios conduzentes ao próprio bem-estar e ao incremento deste. (FMC)

puro (*rein*) – Kant atribui basicamente duas acepções a este adjetivo:

1. que diz respeito ao conhecimento não mesclado a nada que lhe é estranho (CRP);
2. que diz respeito ao conhecimento inteiramente independente e isento de qualquer experiência ou sensação (o mesmo que *a priori*).

Q

Qualidade (*Qualität*) – a segunda das grandes classes das categorias (realidade, negação e limitação). (CRP)

Quantidade (*Quantität*) – a primeira das grandes classes das categorias (unidade, multiplicidade e totalidade). (CRP)

R

Racionalismo (*Rationalismus*) – sistema de princípios de caráter universal e necessário (*não* princípios particulares e contingentes) que serve à organização dos dados da experiência.

Razão (*Vernunft*) – Kant atribui três sentidos diferentes a este termo:

1. (sentido genérico) tudo aquilo que no âmbito do pensamento é *a priori* e não tem origem na experiência;
2. (sentido lato) faculdade intelectual que produz os princípios do conhecimento puro;
3. (sentido restrito e específico) faculdade superior no exercício do pensar, responsável pelos conceitos especiais de alma, mundo e Deus.

Razão prática (*praktische Vernunft*) – a razão enquanto considerada detentora do princípio *a priori* da ação, ou seja, a regra moral. (CRPr)

Razão pura (*reine Vernunft*) – a razão enquanto considerada detentora dos princípios capazes de permitir a produção do conhecimento de um objeto de modo exclusivamente *a priori*, ou seja, sem o concurso nem a mediação da experiência.

Realidade (*Realität*) – a primeira categoria da qualidade. (CRP)

Reflexão (*Überlegung*) – percepção ou consciência da relação de certas representações dadas com nossas distintas fontes de conhecimento.

Reflexão transcendental (*transzendentalen Überlegung*) – operação graças à qual a comparação, ou mais precisamente o *vínculo existente entre diversas representações*, é investigado, apurando-se se este vínculo deve ser referido à intuição sensível *ou* ao entendimento puro.

Relação (*Relation*) – a terceira grande classe das categorias. (CRP)

Representação (*Vorstellung*) – Christian Wolff, um dos filósofos que exerceram influência no "jovem Kant", trouxe a palavra *Vorstellung* à linguagem filosófica com o sentido mesmo de *ideia* ou *imagem "mental"*. Os filósofos alemães que o sucederam a adotaram nesta acepção, inclusive Kant e Schopenhauer (*Die Welt als Wille und Vorstellung – O Mundo como Vontade e Representação*). Embora já consagrada nas traduções para as línguas latinas *nesse sentido*, a palavra *representação* como sinônimo de *ideia* é vista com certas restrições e tida como um tanto inconveniente por certos estudiosos da linguagem filosófica.

Representação cética (*skeptische Vorstellung*) – com referência às antinomias, método que consiste em demonstrar que quer se adote a *tese* ou a *antítese*, desemboca-se em um *não sentido*, uma vez que o mundo assim concebido é sempre *ou* maior *ou* menor do que o conceito (concepção) por meio do qual o pensamos. (CRP)

Respeito (*Achtung*) – sentimento gerado mediante o reconhecimento de um valor moral numa pessoa humana ou em um ideal. (CRPr e MC)

Rigorismo (*Rigorismus*) – doutrina que em matéria moral não se dispõe a admitir ações indiferentes ou atribuir um valor moral às ações humanas que não são motivadas pelo acato à lei.

S

Santidade (*Heiligkeit*) – estado caracterizado pela posse de uma pureza perfeita das disposições da vontade no qual o ser humano realiza o bem por força de inclinação e amor. (CRPr) Kant distingue enfaticamente entre *Santidade* e *Virtude* (*Tugend*), pois nessa última inexiste uma pureza perfeita e espontânea, o ser humano *virtuoso* realizando o bem por força do dever e acato à lei, agitado pelo conflito com as tendências de suas sensações.

Sensibilidade (*empfindlichkeit*) – capacidade de receber representações dos objetos de acordo com o modo como nos afetam. (CRP)

Sentido interior (*innerer Sinn*) – faculdade pela qual o espírito se intui a si mesmo ou intui seu estado interior. (CRP)

Sentido moral (*moralischer Sinn*) – faculdade que permite distinguir com segurança de maneira intuitiva o bem e o mal, mormente ao se considerarem os fatos concretos.

simples (*bloß*) – diz-se daquilo que não encerra elementos complementares ou adicionais.

Este conceito é distintamente utilizado já no título de uma das obras de Kant: *Die Religion innerhalb der Grenzen der bloben Vernunft* (*A Religião nos Limites da Simples Razão*).

Síntese (*Synthesis*) – mais genericamente a ação de unir reciprocamente várias representações e de conceber sua multiplicidade sob a forma de um conhecimento único.

soberano (*höchst*) – na CRP, Kant atribui duas acepções a este adjetivo *no superlativo* (irmanadas em um duplo sentido), indicando-as mediante dois vocábulos distintos (o que não é tecnicamente possível em português). Vejamos.

1. soberano (*oberst*) – o mais elevado (*supremum*), isto é, relativo à condição incondicionada que não está submetida a nenhuma outra (*originarium*);
2. soberano (*vollendet*) – o mais consumado (*consummatum*), isto é, relativo ao todo que não é uma parte de um todo ainda maior da mesma espécie (*perfectissimum*).

Soberano (*Souverän*) – na MC (mais precisamente na parte da *Doutrina do direito*), Kant se vê às voltas com a acepção *política* deste substantivo, mas utiliza alternadamente vocábulos diferentes ao lidar com um conceito aparentemente idêntico, como se os vocábulos apresentassem suficiente e relativa sinonímia, quais sejam o latino *Souverän* e os anglo-saxônicos *Herrsher* e *Beherrscher*. Neste caso, contudo, do ponto de vista semântico, Kant não instaura acepções efetivamente novas e distintas das usuais acepções emprestadas conceitualmente à palavra Soberano.

Solipsismo (*Solipsismus*) – Kant atribui dois sentidos intimamente imbricados (pois o primeiro abarca tecnicamente o conceito do segundo) a este termo herdado de Wolff:

1. (sentido lato) o amor de si próprio (*Selbstliebe*);
2. (sentido estrito) o egoísmo (*Selbstsucht*) e a arrogância (*Hochmut – superbia*). (CRPr e MC)

Sonho (*Traum*) – Kant acolhe este termo estranho à filosofia, atribuindo-lhe um sentido figurativo: pensamento que, ao mesmo tempo, não encerra consistência interna e não se coaduna com a realidade. Ver o texto de Kant *Die Träume eines Geistersehers erläutert durch die Träume der Metaphysik* (Os *Sonhos* de um Visionário esclarecidos pelos *Sonhos* da Metafísica).

Subsistência (*Subsistenz*) – a existência da substância. Com a Inerência constitui a primeira categoria da relação. (CRP)

Substância (*Substanz*) – conceito puro gerado pela forma do juízo categórico, na medida em que afirma ou nega um predicado tocante a um sujeito. Em sua vinculação com o acidente constitui *Inerência e Subsistência*, a primeira das categorias da relação.

T

Teísmo (*Theismus*) – doutrina que sustenta como crença a capacidade de determinar *por analogia* a natureza de Deus, ou seja, seus atributos. Ver *Deísmo*.

Tempo (*Zeit*) – representação necessária presente no fundamento da totalidade das intuições. Quanto ao mais, como o espaço, o tempo é intuição sensível necessária e universal projetada pelo sujeito humano consciente e cognoscente, sem existência própria e realidade.

Teologia moral (*Moraltheologie*) – Kant emprega esta expressão com duas acepções ligadas à moral:

1. Doutrina teológica que se ocupa de demonstrar a existência de Deus com fundamento nos fins morais humanos; (CJ)
2. Parte da teologia que determina os deveres morais do ser humano em função da vontade de Deus. (CJ)

Tese (*Thesis*) – o primeiro componente e proposição dogmática das antinomias.

Teurgia (*Theurgie*) – ilusão exaltada caracterizada pela crença de que se pode experimentar a presença de outros seres suprassensíveis e exercer sobre eles, inversamente, uma influência. (CJ) A acepção kantiana é essencialmente aquela negativa da acepção usual de teurgia (alta magia que envolve o uso, em suas operações, do poder de Deus ou dos seres espirituais excelsos sobre a natureza).

Tópica transcendental (*transzendentale Topik*) – determinação do *tópico transcendental* que é apropriado designar ou destinar a cada um dos conceitos em função dos diversos usos a que se prestam, bem como a indicação paralela das regras que permitem a elaboração de tal determinação a serviço de todos os conceitos. (CRP)

Tópico transcendental (*transzendentalen Ort*) – o mesmo que *Lugar transcendental*.

Totalidade (*Allheit*) – a terceira categoria da quantidade, que precisamente sintetiza as duas primeiras categorias da quantidade, quais sejam, a Unidade (*Einheit*) e a Multiplicidade (*Vielheit*). (CRP)

transcendental (*transzendental*) – Kant emprega este importantíssimo adjetivo originariamente para designar um conhecimento, estando o mesmo, portanto, regularmente disseminado nas suas Analítica, Dialética, Estética, Lógica etc. Mas não há uma acepção única deste termo em Kant, ainda que as acepções da palavra sejam intimamente correlatas. Vejamos:

1. diz-se daquilo que é uma *condição a priori* e não um dado empírico;
2. diz-se de toda investigação que colima as formas, princípios ou ideias puras (*a priori*) na sua relação necessária com a experiência. (CRP)

Kant opõe *transcendental* alternadamente a *empírico*, *transcendente* e *metafísico*.

transcendente (*transzendent*) – diz-se daquilo que ultrapassa (transcende) toda experiência possível, com referência seja a princípios do conhecimento (gnosiologia), seja a realidades e seres (ontologia). (CRP)

U

Unidade (*Einheit*) – a primeira categoria da quantidade e a *primeira* de todas as categorias. (CRP)

V

Verdade formal (*formale Wahrheit*) (o mesmo que *Verdade lógica*) – verdade constituída tão só pela harmonia interna do conhecimento na sua própria esfera, abstraindo-se cabalmente a totalidade dos objetos e toda diferença que os distinga. (L)

Verdade lógica (*logische Wahrheit*) – o mesmo que *Verdade formal*.

Verdade material (*materiale Wahrheit*) – característica de uma proposição verdadeira em si mesma (independentemente do contexto em que se encontre).

Virtude (*Tugend*) – disposição constante (alimentada pelo empenho e pela coragem) na volição do bem e no hábito de praticá-lo. (MC) Kant retira a Coragem (*Tapferkeit – fortitudo*) do tradicional quadro das virtudes morais, distinguindo-a da Virtude (ver *Coragem*).

Este livro foi impresso pela Paym Gráfica e Editora
em fonte Garamond Premier Pro sobre papel Norbrite Cream 67 g/m²
para a Edipro na primavera de 2017.